전자응용과 기계장치제어

졸업작품 만들기 (II)

안 희 백 저

Ohm사

머리말

우리 주변에는 버리는 물건이 매우 많다. 옷, 침대, 장롱, 책상은 물론 각종 가전제품에 컴퓨터까지 너무 많이 버리며 살고 있다. 이왕 버리는 전기전자기기가 있으면 뚜껑을 열고 내부를 들여다보자. 우리가 늘 사용하던 제품들이 내부가 어떻게 생겼나 관심을 가지는 것이 기술을 배우는 기본자세 아닐까?

얼마 전 지하철을 환승하고 있었다. 에스컬레이터는 멈춰있고 계단에 사람들이 여유롭게 움직이는 상황이었다. 사람들의 흐름에 따라 에스컬레이터 시작점에 다다랐을 때 에스컬레이터의 내부에 큰 톱니바퀴가 보이고 한 기술자가 스패너를 들고 뭔가를 수리하는 모습이었다. 나는 그 자리에 멈춰서서 에스컬레이터의 구조가 저렇게 생겼구나 하면서 한참 구경하다가 발걸음을 옮겼다. 그런데 환승통로를 지나가는 사람이 꽤 많았어도 나처럼 뚜껑 열린 에스컬레이터 내부를 관심 있게 보는 사람은 없었다. 어떤 종류의 기술자라도 기술자라면 관심 있게 보는 게 당연한 것 아닌가? 내가 이상한 사람인가?

양평 용문사에 갔다. 은행나무로 유명한 그 용문사에. 산비탈에 계단식으로 남향 햇살을 받으며 사찰은 자리잡고 있었고 은행나무는 정말 컸다. 그런데 산사의 풍경과는 어울리지 않는 그 무엇을 발견했다. 은행나무에서 30m정도 떨어진 곳에 쇠로 된 송전용 철탑 비슷한게 높이는 매우 높고 높이에 비해서는 좀 허약해 보이는 그 구조물...... 뭣에 쓰는 물건인고? 한참을 생각해 보았다. 그 구조물에 대한 안내 표지판은 없고, 송전용 전선도 없고, 무선 안테나도 아니고, 아래에서 위로 아무리 살펴봐도 특별히 매달린 것도 없고......아 피뢰침이구나. 은행나무를 벼락으로부터 보호하기 위한 피뢰침.

한강시민공원에 갔다. 고수부지 한가운데에 덩그러니 자리잡은 화장실. 아 그런데 뭔가 이상하네. 화장실의 귀퉁이에 큰 쇠말뚝이 박혀있고 화장실몸체는 그 말뚝에 완전히 고정되지 않은 채 말뚝을 크게 감싸안은 듯한 고리에 연결되어 있었다. 그 참 이상한 구조로다. 그 형상은 한 개가 아니고 네 귀퉁이가 다 그렇군. 아 이 화장실은 땅에 붙어있는 것이 아니라 선박의 형태로구나. 홍수가 나서 물이 불으면 물위로 뜰 수 있는 구조인데 물의 높이에 따라 오르내리도록 말뚝을 박고 고리에 걸어두었구나. 그러고 보니 고리 안쪽에 도르레도 있네.

하긴 홍수가 나서 화장실이 떠내려가도 안되지만 물에 잠기는 것도 곤란하니 누가 만들었는지 참 잘 만들었군.

참 나도 별종이야. 화장실 가서 그냥 볼일이나 보면 되지 그런게 왜 눈에 띌까?

하지만 대한민국 이공계 동포 여러분!

주변에 있는 여러 가지 현상에 호기심을 좀 더 가져봅시다. 월드컵에 출전하는 독일의 골키퍼가 누구인지에 관심을 갖기보다는 텔레비전 내부에 어떤 회로가 사용되는지에 관심을 가져 봅시다. 컴퓨터 게임에 필요한 아이템의 특성 파악에 관심을 갖기 보다는 자동차 타이어에 '185/65R14'라고 쓰인게 무슨 의미인지 관심을 가져 봅시다.

아파트 공사장에 있는 타워크레인이라는 것. 어느 날 보면 키가 커져있단 말이죠. 나는 그게 정말 궁금하고 아주 가까운 거리에서 타워크레인의 키가 커지는 현장을 보고 싶은데 아직은 그 기회가 닿지 않았어요. 타워크레인 같은 것은 내가 밥 먹고 사는 업종과 다르니 어떻게 조립하는지 몰라도 전혀 상관은 없지만 그래도 궁금하단 말입니다.

얼마 전 과천에 있는 미술관에 가본 적이 있습니다. 학생들의 대화가 귀에 들어와 옆을 보니 '얘 너무 멋있다 어디서 구했니?' 미대 학생들의 작품 중 나무가지에 열매처럼 매달린 그것은 아 마일러콘덴서! 전자를 아는 땜장이들은 매일 보는 마일러콘덴서가 미술품의 한 부분으로 훌륭하게 사용되었군요. 색깔도 빨강 파랑 초록 예쁘고, 크기도 다양하고, 납땜하려고 길게 나온 다리는 맨손으로 비틀어서 매달기에 제격이고, 게다가 값도 싸고.....우리 주변에는 훌륭한 것들이 너무 많습니다.

이공계 동포 여러분!

자신의 업종과 상관없는 것이라면 몰라도 자기 전공분야에 대해서 만큼은 호기심을 좀 더 가집시다.

이 책은 제목이 '전자응용과 기계장치제어 졸업작품 만들기 (II)'입니다. 졸업작품을 왜 만듭니까? 작품을 만들면서 고민해 보고 시행착오를 격어 보는 것 그 자체가 그 무엇보다 좋은 공부이기 때문에 교수님이 만들어라 하는 것 아닙니까?

이 책에는 대단한 첨단기술은 없습니다. 남들이 모르는 획기적인 아이디어도 많지 않습니다. 그러나 에디슨 시절에 제조하여 고종황제가 사용하던 직류발전기의 원리도 모르면서 첨단기술을 논의해 본들 무슨 소용이 있겠습니까? 이 책에서는 간단하면서도 잘 알려진 전자기술을 활용해 보는 것으로 작품제작의 예를 제시해 보았습니다. 이 책에서 제시된 작품을 그대로 제작해 보아도 좋겠지만 여러분들이 생각한 아이디어와 이 책 내용의 일부라도 결합하여 생각의 폭을 조금이라도 넓힐 수 있기를 바랍니다.

이 책이 세상에 나오기까지 힘써 주시고 배려해 주신 OHM사의 사장님과 직원 여러분께 감사드리며 저의 아내 명현옥 아들 성규 딸 민영과 음으로 양으로 도와주신 벗들께 감사드립니다.

차 례

작품제작을 시작하기 전에 ········· 9
1. 전자부품 전문 인터넷 쇼핑몰 ········· 9
2. 과학상자 부품 활용하기 ········· 11
3. 트랜지스터와 FET의 스위칭 ········· 15
깜짝 제작 ········· 15

작품1 폐 컴퓨터를 활용한 전원장치 ········· 27
1. 전원장치에 대하여 ········· 27
2. 폐 컴퓨터를 활용한 전원장치의 제작 ········· 34
3. 회로 이해 ········· 45

작품2 자석으로 열리는 자동문 ········· 52
1. 문짝과 안테나의 설치 ········· 54
2. 회로의 구상 ········· 54
3. 자동문의 제작 ········· 58
4. 문을 움직이는 다른 방법 ········· 67

작품3 번호인식 자동문 ········· 72
1. 회로의 구상 ········· 72
2. 제작용 회로도 ········· 74
3. 부품 ········· 77
4. 제작 ········· 78
5. 동작 확인 ········· 80

작품4 엘리베이터의 제작 ······ 82

1. 구조물의 구상 ······ 82
2. 센서와 회로의 구성 ······ 84
3. 제작의 회로 ······ 96
4. 부품 ······ 99
5. 제작 ······ 100

작품5 타이머 부착 무빙워커 ······ 105

1. 회로의 구상 ······ 106
2. 부품 ······ 108
3. 제작 ······ 112
4. 회로이해 ······ 116

작품6 인체감지센서 응용제작 ······ 121

1. 인체감지센서란 무엇인가? ······ 121
2. 어떤 센서를 사용하여 작품에 응용할 것인가? ······ 122
3. 센서 모듈의 제작 ······ 123
4. 응용제작 ······ 134

작품7 CCFL 깜빡이 ······ 154

1. 냉음극 형광램프(CCFL)란? ······ 154
2. 어떤 회로로 작품을 제작할 것인가? ······ 156
3. 마이컴 이용하여 CCFL 깜빡이기 ······ 173
4. CCFL을 사용한 대형 Seven Segment Display ······ 197

전자응용과 기계장치제어

졸업작품 만들기 (II)

→ 작품제작을 시작하기 전에 9

→ 작품 1 폐 컴퓨터를 활용한 전원장치 27

→ 작품 2 자석으로 열리는 자동문 52

→ 작품 3 번호인식 자동문 72

→ 작품 4 엘리베이터의 제작 82

→ 작품 5 타이머 부착 무빙워커 105

→ 작품 6 인체감지센서 응용 제작 121

→ 작품 7 CCFL 깜빡이 154

작품제작을 시작하기 전에

본격적인 작품제작을 시작하기 전에 제작에 필요한 부품의 검색과 미리 알아두어야 할 사항들을 간략하게 본다.

1. 전자부품 전문 인터넷 쇼핑몰

우리나라는 정보통신 강국이다. 전세계 200개가 넘는 나라 중 각 가정마다 초고속 인터넷통신망과 고성능 컴퓨터가 완비된 나라는 몇 나라 되지 않는다. 인터넷의 보급에 힘입어 인터넷 쇼핑몰이 활성화 되어 있으며, 전자부품 전문 인터넷 쇼핑몰 또한 여러 곳 운영되고 있다. 필자가 전자공작에 몰두하여 부품을 구하러 다니던 과거에는 전자상가를 하루 종일 뒤지고 다녔지만 지금은 인터넷 검색을 통하여 원하는 부품을 검색하고 온라인 송금하면 48시간 내에 부품이 배달된다.

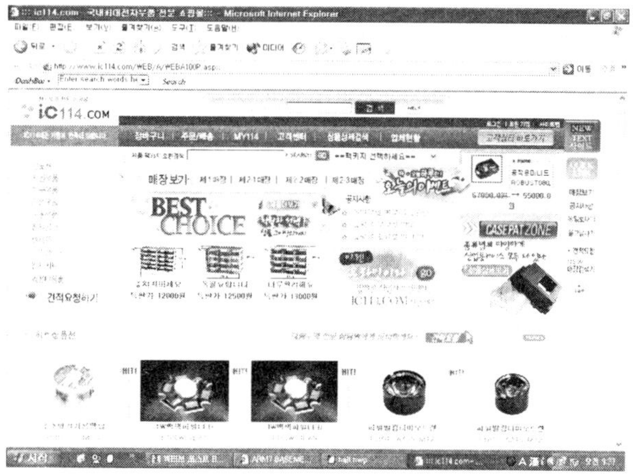

〈그림 1〉 www.ic114.com

필자는

www.ic114.com

www.devicemart.co.kr

www.segyung.com

등을 자주 들러본다.

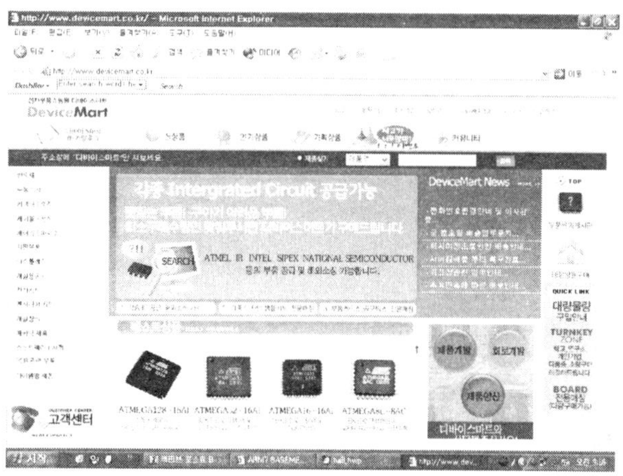

〈그림 2〉 www.devicemart.co.kr

〈그림 3〉 www.segyung.com

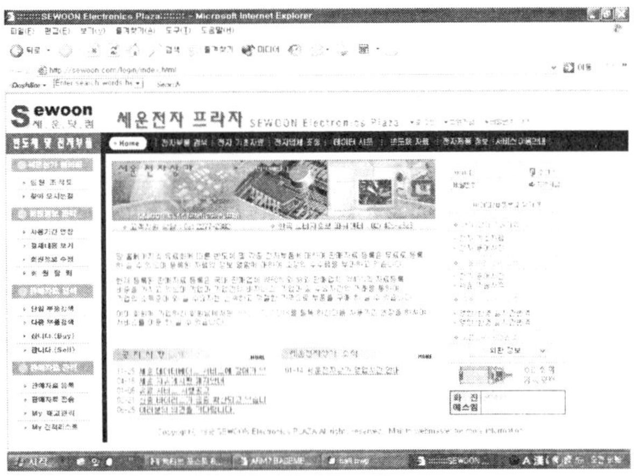

〈그림 4〉 www.sewoon.co.kr

2. 과학상자 부품 활용하기

작품을 제작할 때 전기적인 동작이나 회로구성에 어려움도 있지만, 기구적인 구조물을 제작함에 더욱 어려울 때가 더 많다. 어느 정도 이상의 비용을 들여서 알루미늄을 가공한다던가 하여 구조물을 제작할 수도 있겠지만, 이는 바람직한 방법이라 할 수 없을 것이다. 비용이 비싸지 않으면서 쉽게 구할 수 있고 원하는 형태를 구현하는데 적절하며 기계적으로 튼튼한 '과학상자'의 부품을 활용하여 작품을 제작해 보기로 한다. 과학상자는 초등학교 중학교 등에서 사용하는 '꼬맹이'용이라 성인이 사용하기에는 좀 저급처럼 보일 수도 있겠으나, 과학상자의 부품 중 필요한 것을 잘 활용한다면 훌륭한 작품으로 탄생할 수 있다. 과학상자는 각 호별로 묶어서 판매되지만, 필요한 부품만 필요량 만큼 통신판매하므로 www.jeilscience.co.kr에서 부품을 구입할 수 있다.

〈그림 5〉 www.jeilscience.co.kr의 홈페이지

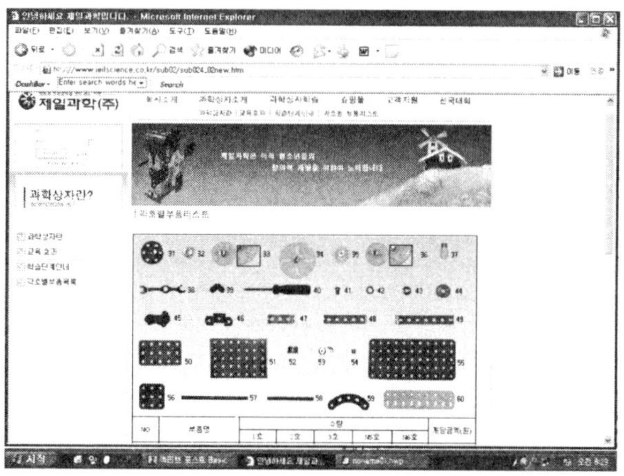

〈그림 6〉 각 호별 부품리스트

각 부품의 명칭과 형태는 <그림 6>과 같이 '각호별 부품리스트'에서 볼 수 있으며 부품의 주문은 <그림 7>의 '쇼핑몰/과학상자부품'에서 한다.

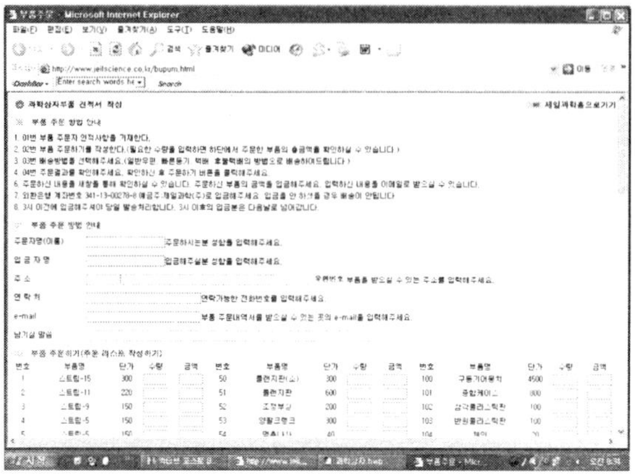

〈그림 7〉 과학상자부품의 주문

작품제작에 유용한 부품의 형태와 명칭

부품을 구입하여 제작하여 보고 애초의 생각과 잘 맞지 않으면 다시 구입하는 등 시행착오를 반복한 이후라면 제작하고 싶은 형태와 구조물의 크기에 따라 어떤 부품이 몇 개 필요한지 예상할 수 있겠지만, 처음 제작할 경우에는 어떤 부품이 필요한지 막막할 수 있으므로 <그림 8~11>에서 작품제작에 유용한 부품의 형태와 명칭을 보인다.

106 체인기어 105 체인기어소
54 멈춤나사 41 볼트 0.6cm
42 너트 43 와셔(소)

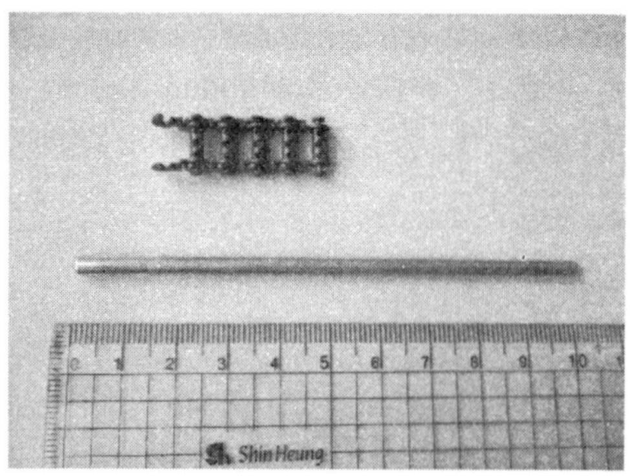

104 체인 20 축10cm

〈그림 8〉 과학상자 부품1

<그림 8>에서의 '체인기어'와 '체인기어소'는 체인을 걸기 위한 것이기도 하지만 여러 개를 연결하여 감속기어로 사용하기에 매우 좋다. <그림 8>에서는 10㎝ 길이의 축을 보였지만 25⇒4㎝, 24⇒5㎝, 23⇒7.5㎝, 21⇒9㎝, 19⇒14㎝, 18⇒29㎝ 등 다양한 길이의 축이 있으므로 필요에 따라 골라 쓸 수 있다. <그림 9>의 앵글은 각종 구조물을 만드는 곳에 유용하며 6⇒앵글25, 7⇒앵글19, 8⇒앵글11, 9⇒앵글9, 10⇒앵글7, 11⇒앵글3 등 알맞은 길이를 골라 쓸 수 있다. 여기서 '앵글7'이라면 구멍이 7개 있는 것이다.

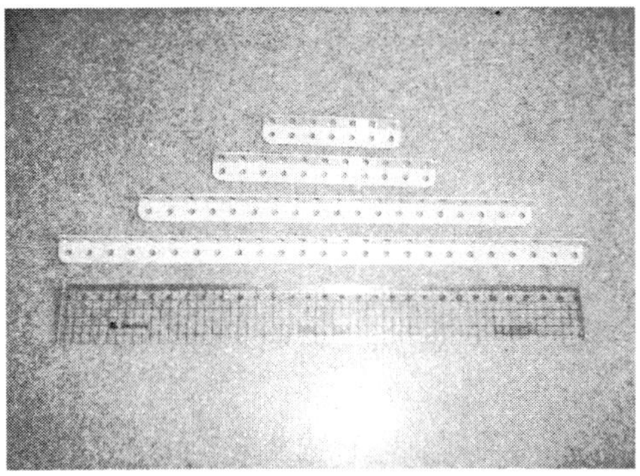

앵글

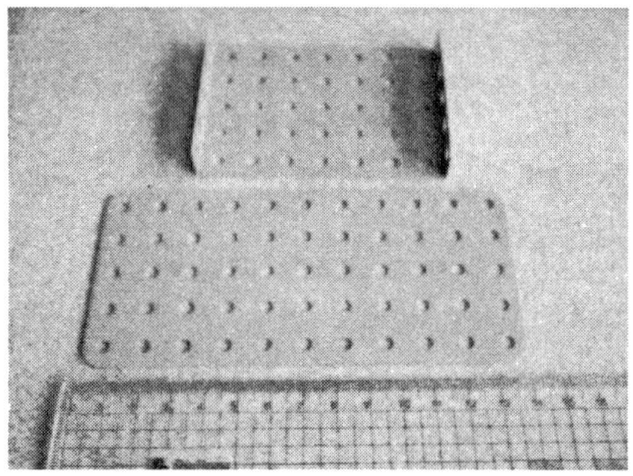

55 평판, 51플랜지판

〈그림 9〉 **과학상자 부품2**

스트립

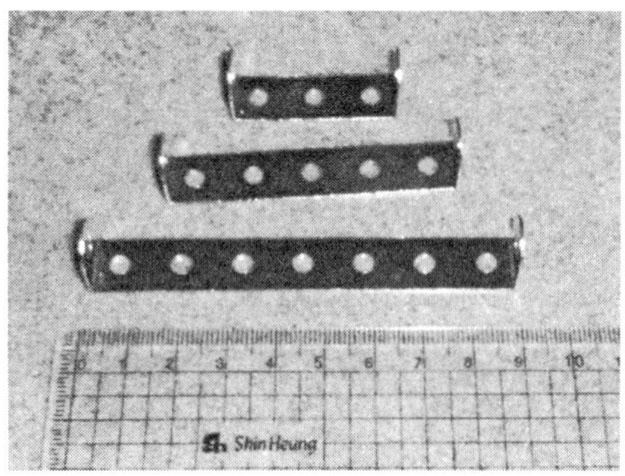

ㄷ형 스트립

〈그림 10〉 **과학상자 부품3**

<그림 10>의 스트립에는 1⇒스트립15, 2⇒스트립11, 3⇒스트립9, 4⇒스트립5가 있으며 ㄷ형 스트립에는 47⇒ㄷ형스트립3, 48⇒ㄷ형스트립5, 49⇒ㄷ형스트립7이 있다.

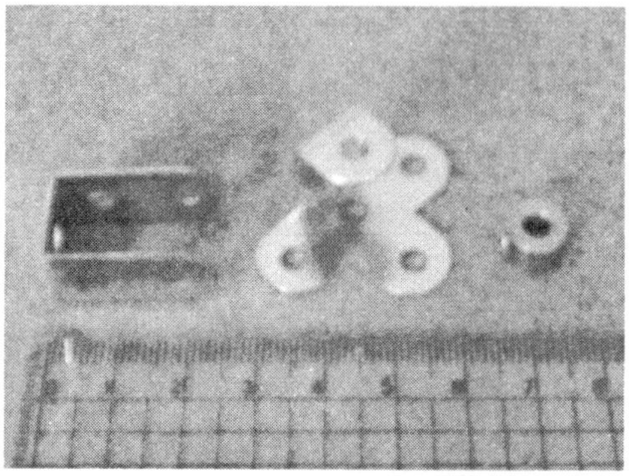

14 ㄷ형브래킷(대) 133 조향브래킷
52 조정부싱

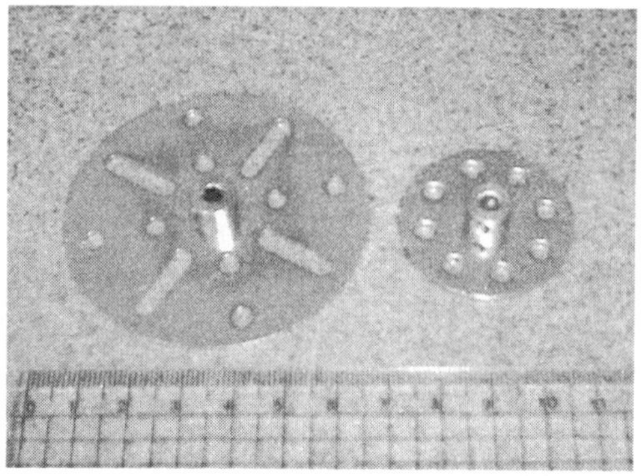

64 면판휠 30 휠판8

〈그림 11〉 **과학상자 부품4**

이상에서 과학상자 부품 중 자주 활용되는 것들을 살펴보았다. 나머지는 지면 관계상 생략하고 이 외에도 많은 부품이 있으므로 www.jeilscience.co.kr에서 확인하여 활용하기 바란다.

3. 트랜지스터와 FET의 스위칭

트랜지스터와 FET는 증폭, 스위칭, 발진 등 여러 용도로 사용되는데 이 책에서는 스위칭으로 사용하는 작품이 대부분이므로 트랜지스터와 FET의 스위칭에 대하여 간략하게 살펴본다.

트랜지스터는 BJT(Bipolar Junction Transistor), UJT(Unijunction Transistor), FET (Field Effect Transistor)로 분류할 수 있다. 흔히 트랜지스터라고 하는 KTC3198, 2SD880, KSE13003 등은 BJT이다. 전 세계의 트랜지스터를 한 곳에 모아 분류하여 숫자를 세어 본다면 90% 이상이 BJT이며 최초로 발명되어 트랜지스터라 이름 붙여진 것이 이것이므로 일반적으로 트랜지스터라 하면 BJT를 의미한다.

(1) BJT와 FET의 구조 및 특징

BJT와 FET는 둘 다 발진, 증폭, 스위칭 등의 용도로 사용할 수 있다. 그러나 물리적인 내부의 구조가 다르기 때문에 각각 특징과 장점이 있다. 입력과 출력의 접속에서 가장 흔히 사용하는 방법은 BJT에서는 에미터 접지, FET에서는 소스 접지이다. 이 때 입력은 베이스 또는 게이트가 되며 출력은 콜렉터 또는 드레인이 된다. 전기적인 특성에서 BJT의 입력은 '베이스 전류'이며 FET의 입력은 '게이트 전압'이다. 이 '전압' '전류'의 차이점이 BJT와 FET의 가장 확실한 특징이다.

입력과 출력의 특성을 나타내는 수식으로 BJT에서는

$\frac{\text{출력전류}}{\text{입력전류}} = \frac{\triangle I_C}{\triangle I_B}$ 이며 이를 β또는 h_{FE}로 정의한다.

같은 의미로서 FET에서는

$\frac{\text{출력전류}}{\text{입력전압}} = \frac{I_D}{V_{GS}}$ 이며 이를 gm(transconductance)이라 한다.

BJT를 증폭기로 사용할 때 입력전압이 몇 V일 때 출력전압이 몇 V인가 하는 전압증폭을 하게 되는데 이때에도 트랜지스터에 연결된 저항에 의해 전류가 전압으로 환산될 뿐 트랜지스터 그 자체에는 전압증폭이란 존재하지 않는다. BJT에서는 베이스 전류가 없이는 절대 동작하지 않지만, FET에서는 전류가 아닌 게이트 전압으로 동작된다. 입력에 전류가 흐르지 않아도 된다는 것이다. 그래서 BJT로 만들어진 것은 전력소모가 많고 FET로 만들어진 것은 전력소모가 적게 된다. 표준 논리 게이트도 마찬가지로 TTL은 전력소모가 많지만 CMOS는 전력소모가 적은 것도 같은 이유이다.

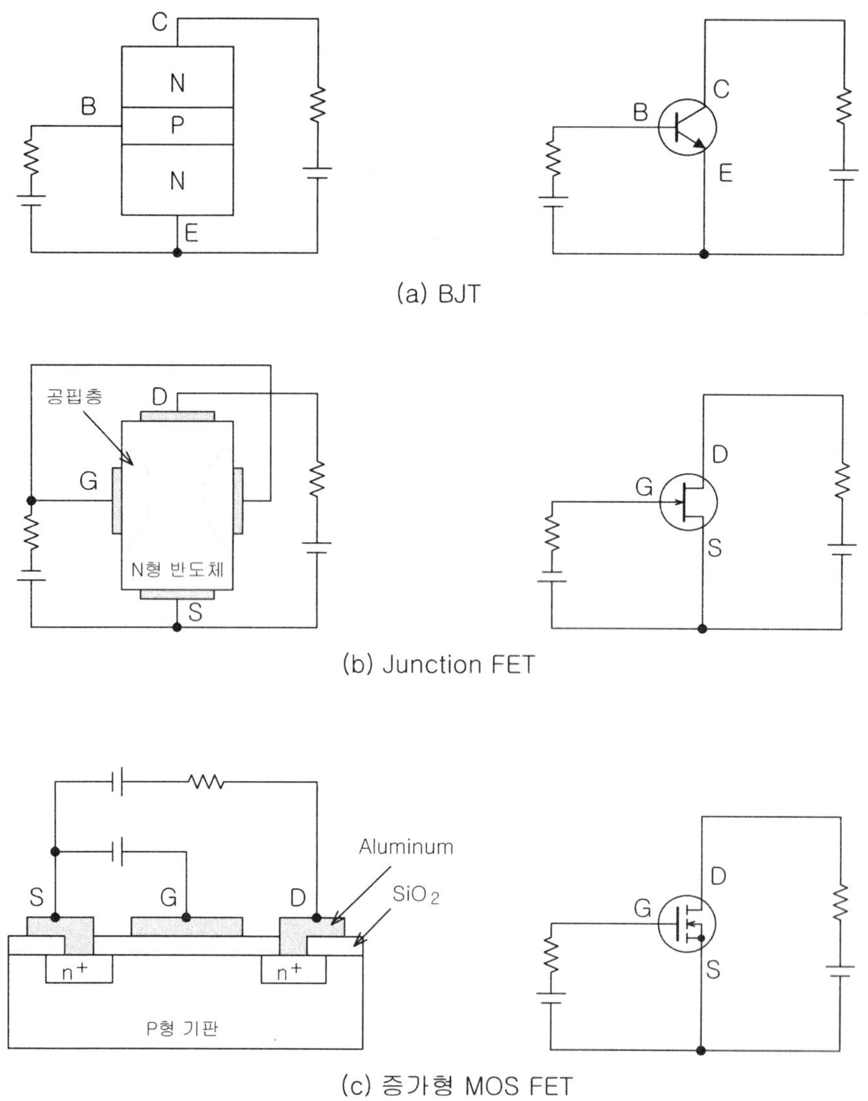

〈그림 12〉 **BJT와 FET의 구조**

<그림 12>와 <그림 13>에서 BJT와 FET의 구조 및 입출력 특성을 정리하여 보았다. BJT는 입력인 베이스 전류가 0이면 출력인 콜렉터 전류가 0이고 베이스 전류에 비례하는 콜렉터 전류가 흐르게 된다. 그러나 Junction FET는 입력인 V_{GS}(게이트-소스간 전압)가 0일 때에도 꽤 큰 드레인 전류가 흐르고 역방향의 V_{GS}가 가해져야 출력인 드레인 전류가 제한된다. <그림 12>의 Junction FET의 구조에서 볼 때 V_{GS}에 의해 공핍층의 영역이 넓어지나 좁아지냐에 따라 드레인-소스 간의 통로가 좁아지고 넓어지게 되어 드레인 전류의 크기가 제어되는데, V_{GS}가 0일 때에도 통로는 충분히 열려 있기 때문에 드레인 전류가 흐를 수 있게 된다. <그림 18>에서 증폭기로 사용된 FET의 예를 보였는데 V_{GS}가 0V임을 확인할 수 있다.

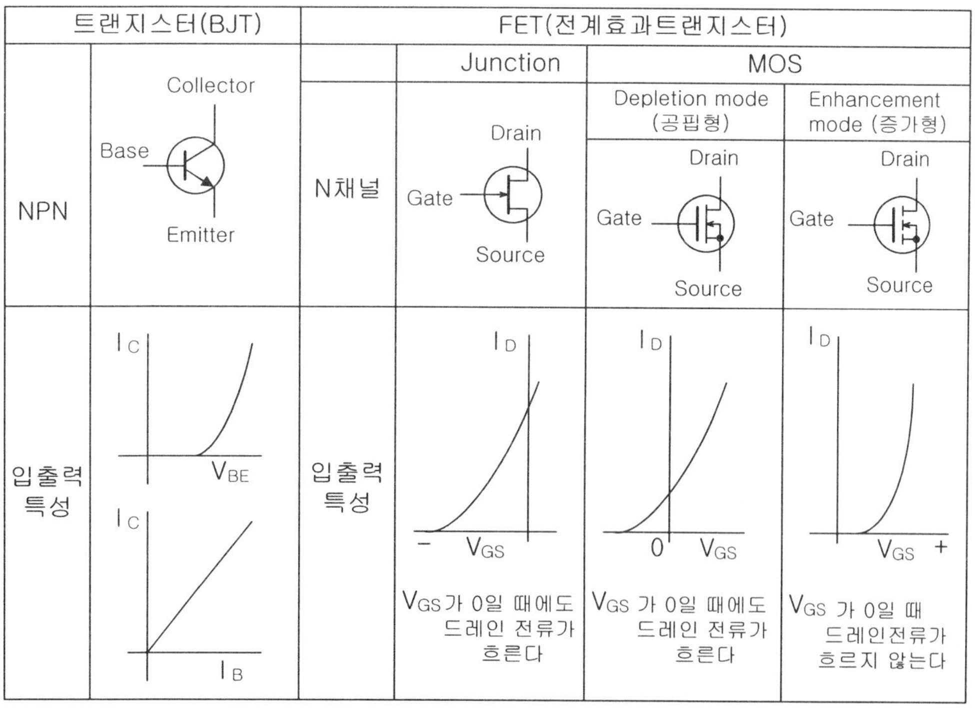

〈그림 13〉 **BJT와 FET의 입출력 특성**

MOS는 Metal oxide semiconductor의 약어이다. '산화 금속 반도체'라는 말인데 그림12(c)의 구조를 보면 'SiO_2 ,알루미늄, 반도체'를 표현한 것을 알 수 있다. <그림 12(c)>에서는 게이트전압이 0일 때는 채널이 형성되지 않으며, 게이트와 소스 사이에 양의 전압을 가하면 게이트 아래의 기판 영역에 있는 정공이 밀려나면서 공핍영역이 생긴다. 이후 게이트 전압이 충분히 크게 되면 드레인-소스 간에 전류가 흐르게 된다. 디지털 회로에서 전원전압을 5V를 많이 사용하므로 이에 맞게 5V에서 동작되도록 개발된 MOS FET가 스위칭용으로 널리 사용된다. 즉 게이트전압이 0V이면 드레인 전류가 흐르지 않고 게이트전압이 5V이면 충분한 드레인 전류가 흐르게 된다.

근본적으로 물리적인 의미에서 어떻게 전류가 흐르는가 하는 것을 탐구해야 할 필요가 있을 때도 있겠지만, 작품제작 등의 용도로 사용할 때에는 몇 가지의 기본 사항만 알아도 큰 어려움은 없다.

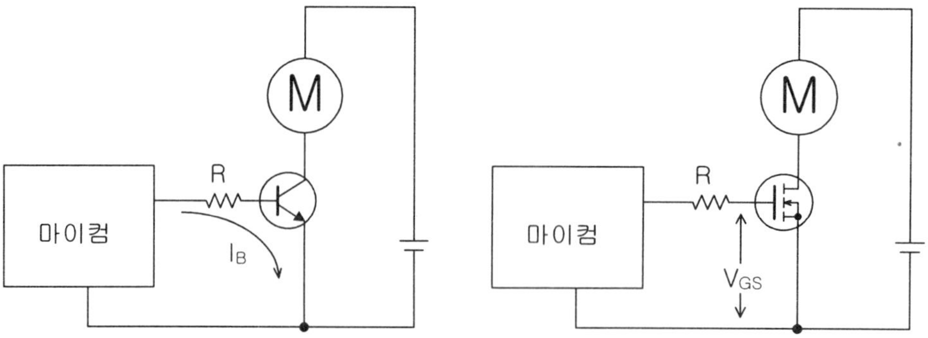

(a) BJT (b) MOS FET

〈그림 14〉 **BJT와 FET의 스위칭**

마이컴에서의 출력 5V냐 0V냐 하는 상태로 직류모터를 켜고 끄는 회로를 그림14에서 생각해 본다. BJT에서 마이컴의 출력이 5V라면 베이스전류가 흐르고 그에 따른 콜렉터전류에 의해 모터에 전원이 공급된다. 이때 충분한 콜렉터전류가 흐르려면 충분한 베이스전류가 필요하며 그에 맞게 R의 값을 설정해야 한다. R 값을 계산하는 방법은 <그림 7-4>에서 그 예를 보기로 한다. <그림 14(b)>의 MOS FET에서도 마이컴 출력이 5V일 때 모터에 전원이 공급되기는 마찬가지이다. 그러나 이때 FET의 게이트에는 전류가 흐르지 않는다. V_{GS}(게이트-소스간 전압)라는 전압만으로 제어되기 때문이다. 그러므로 R의 값이 큰 의미가 없다. 전압만으로 제어된다는 것은 큰 장점이며 큰 전류를 스위칭할 때 더욱 의미가 있다. 아래의 표에서 스위칭용 MOS FET의 예를 보였다. TO-220패키지에서 최대전류는 20A에 이른다. 이는 같은 패키지의 BJT에 비하면 매우 큰 전류이며 이 또한 MOS FET의 장점이다.

형명	Vdss	Id	Pd	제조사	패키지
2N7000	60V	0.2A	0.4W	Fairchild	TO-92
2SK975	60V	1.5A	0.9W	HITACHI	TO-92L
BSN254	250V	0.31A	1W	Philips	TO-92
2SK1746	600V	2A	40W	TOSHIBA	TO-220
2SK1378	400V	10A	125W	TOSHIBA	TO-220
BUZ11	50V	33A	90W	SGS	TO-220
SSS4N60B	600V	4A	100W	Fairchild	TO-220
IRF510	100V	5.6A	33W	Fairchild	TO-220
IRF530	100V	14A	55W	Fairchild	TO-220
IRF540	100V	28A	107W	Fairchild	TO-220
IRF610	200V	3.3A	38W	Fairchild	TO-220
IRF620	200V	5A	40W	Fairchild	TO-220
IRF640	200V	18A	139W	Fairchild	TO-220
IRF730	400V	5.5A	73W	Fairchild	TO-220
IRF740	400V	10A	125W	Fairchild	TO-220
IRF830	500V	4.5A	100W	Fairchild	TO-220
IRFP150	100V	40A	150W	International Rectifier	TO-247
IRFP250	200V	30A	150W	International Rectifier	TO-247
IRFP460	500V	20A	280W	International Rectifier	TO-247

(2) FET를 사용한 회로의 예

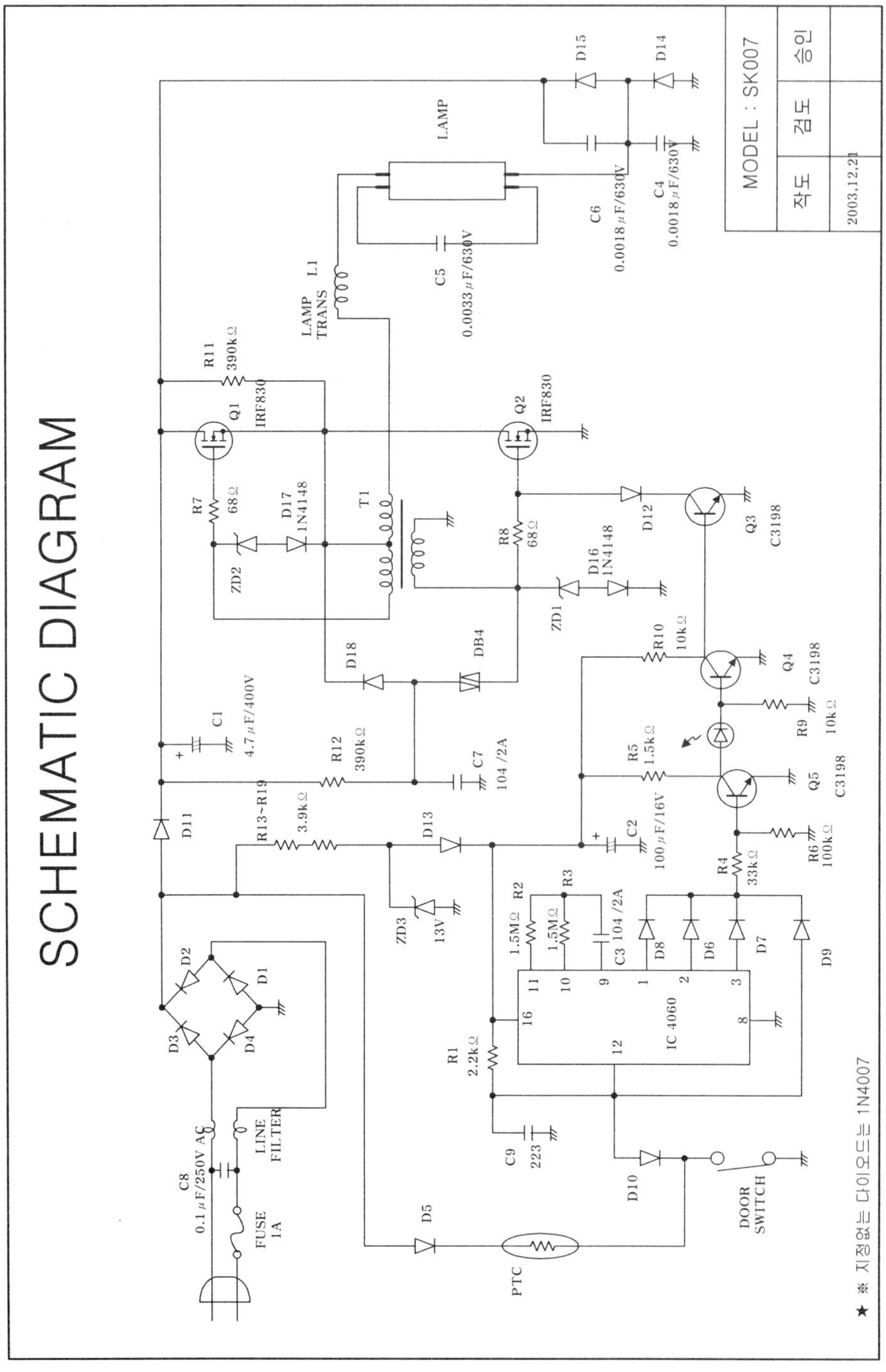

<그림15> 자외선 형광램프 제어 회로

트랜지스터가 발명되고 초창기에는 BJT만 존재하고 FET는 한참 후에 실용화된 것이며 반도체의 제조기술이 발달되기 전에는 FET는 실험실에서만 존재할 뿐 상용화되지 못하였다. 그만큼 FET가 더 어렵다는 이야기이다. 어떤 경우에는 BJT나 FET 둘 다 무리 없이 사용할 수도 있지만, FET의 독특한 장점 때문에 최근에는 FET의 사용이 많아지고 있다. 고급 앰프의 초단이나 튜너의 Front end에는 FET의 사용이 당연하며, SMPS의 스위칭 소자로 FET를 많이 사용한다.

여기서는 FET를 사용한 회로의 예를 몇 가지 보도록 한다.

<그림 15>는 자외선 형광램프를 켜는 일종의 전자식안정기 회로이다. 형광등을 켜기 위하여 높은 전압이 필요한데, 과거에는 코일의 유도 기전력으로 고압을 발생하려고 바이메탈의 접속으로 몇 차례 깜빡 깜빡 한 후에 형광등이 켜지는 방식을 사용하였으나 요즘은 전자식안정기를 많이 사용한다. 행동의 반응이 느린 사람을 '형광등'이라 비유하였는데 이젠 그 말도 전자식안정기 덕분에 사라지게 되었다. <그림 15>에서 Q1, Q2에 FET인 IRF830을 사용하였다. 고압을 발생하기 위하여 전원을 80㎑정도의 주파수로 스위칭하고 L1에서 수 천 볼트의 유도기전력이 발생된다.

<그림 16>은 오디오의 프리앰프 중 PHONO EQ AMP 부분이다. PHONO는 LP DISC를 재생하는 턴테이블의 카트리지에서 발생된 전기신호가 입력되는 것인데, 고급 오디오에서는 꽤 까다로운 특성이 요구된다. 다이내믹 레인지의 확보를 위하여 전원은 ±35V를 사용하였으며 초단은 FET로 구성된 차동증폭기이다. 이 정도라면 고성능 OP AMP라고 할 수 있을 정도의 고급 증폭기이다. 실제로 라디오 수신기(튜너 ; TUNER)의 초단에도 FET를 사용하고, OP AMP도 FET로 된 것이 고급품이다.

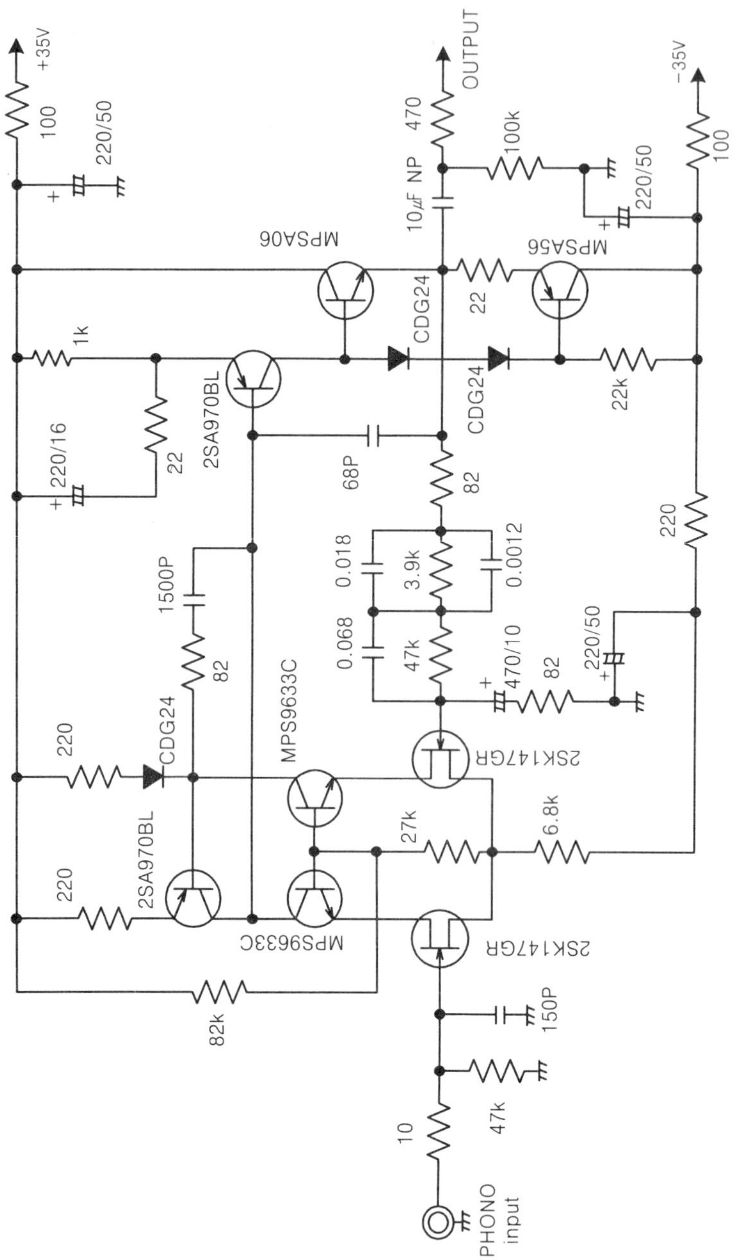

〈그림 16〉 프리앰프의 회로예

<그림 17>은 음향기기의 라우드니스(Loudness)를 전자식으로 ON/OFF 하는 회로이다. 소리가 작을 때 저음을 상대적으로 더 느끼지 못하는 사람의 귀의 특성을 보정해 주는 기능을 라우드니스라 한다. 2SK30 같은 N채널 FET로 스위칭하려 한다면 -전압을 게이트에 가해야만 드레인전류가 흐르지 않는 상태로 되므로 <그림 17>에서는 P채널 FET를 사용하였다. 회로에서의 가변저항에는 직류전류가 흐르면 안된다. 그러므로 전류가 흘러야만 동작되는 트랜지스터로는 스위칭이 곤란하며 전류없이 전압만으로 동작하는 FET가 이 경우에 적격이다.

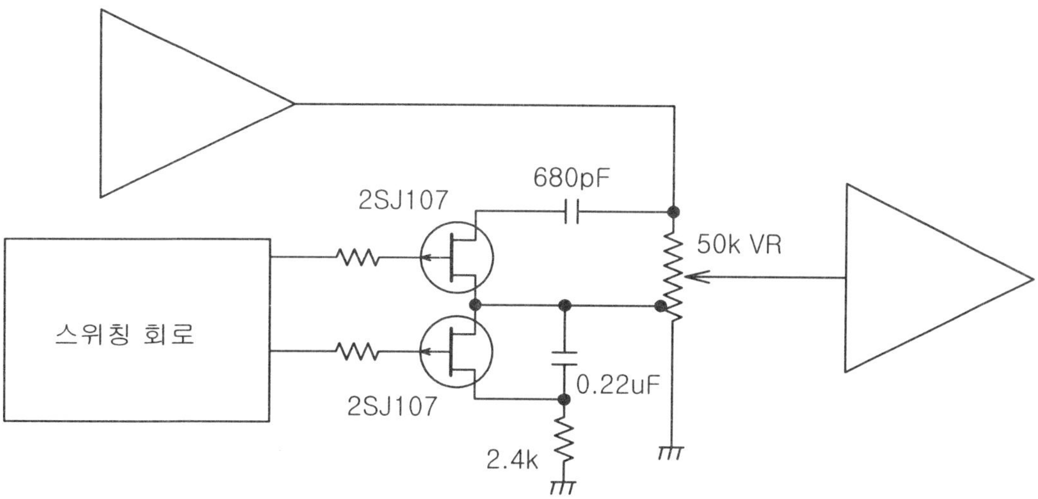

〈그림 17〉 **라우드니스의 스위칭**

정보통신기사 실기시험에서 FET가 사용된 예를 <그림 18>에서 본다.

자격증 실기시험은 전자부품을 사용할 줄 아는가? 회로에 의거하여 작품을 완성할 수 있는가? 측정기를 사용할 수 있는가? 하는 것을 검증해 보는 것에 목적이 있다. 그러므로 제시되는 회로는 실용적이지 못한 회로도 있을 수 있다.

<그림 18>에서 FET는 입력 임피던스는 높고 출력 임피던스는 낮으며 전압이득은 1인 소스 폴로어(Source follower)로 사용되었다. 일종의 버퍼(Buffer)이다.

일본의 트랜지스터 형명에서 BJT는 2SA1015, 2SD880 등이며 FET는 2SK30, 2SJ164 등으로 BJT와 FET가 확실히 구분되지만, 미국의 형명에서는 BJT와 FET가 모두 2NXXX로 확실히 구분되지 않는다. 즉 회로도 없이 '2N5457'이라는 것만으로는 이것이 NPN TR인지 PNP TR인지 FET인지 알 수가 없다.

주파수 체배기

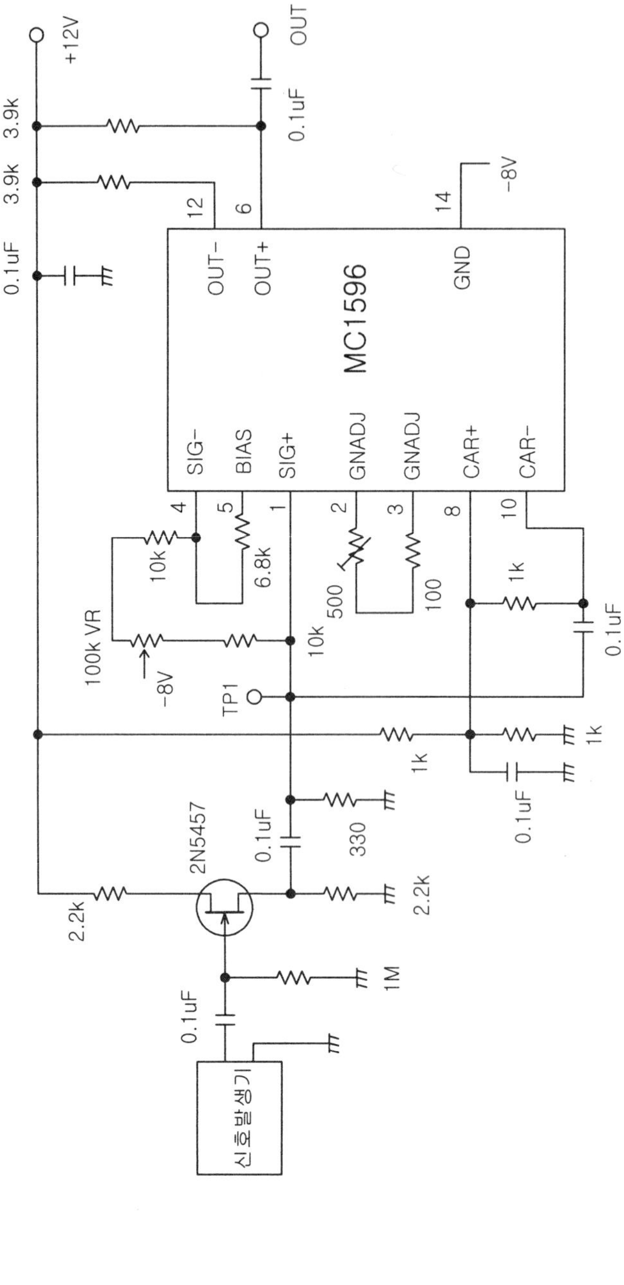

<그림18> 기사 실기시험 문제의 회로 예

깜짝제작

정전기 방지 열쇠

자동차를 탈 때 자동차의 손잡이에 손을 대는 순간 정전기로 인해 찌릿하는 전기적 충격을 받은 경험이 있다. 습도가 낮은 겨울에 특히 심하다. 이를 방지하기 위하여 <그림 20>과 같은 '정전기 방지 열쇠'를 제작하여 사용하여 보자. 자동차에 손을 대는 순간 대전된 전하가 순간적으로 방전되며 전기적 충격이 오는 것인데, 저항을 통하여 서서히 방전함으로써 충격이 느끼지 않도록 하는 간단한 원리이다.

① 제작

작은 열쇠를 반으로 자르고 그 사이에 저항을 납땜한다. 저항은 1~10kΩ 1W정도가 적당하다.

작업한 부분은 <그림 20>과 같이 열수축튜브를 씌운다.

② 사용방법

차 문을 열기 전에 '정전기 방지 열쇠'를 차체에 접촉한 후 자동차의 손잡이에 손을 대면 정전기에 의한 충격이 없다. 대전된 전하가 저항을 통하여 방전되었기 때문이다.

자동차 열쇠와 함께 '정전기 방지 열쇠'를 열쇠고리에 끼워두면 편리하다.

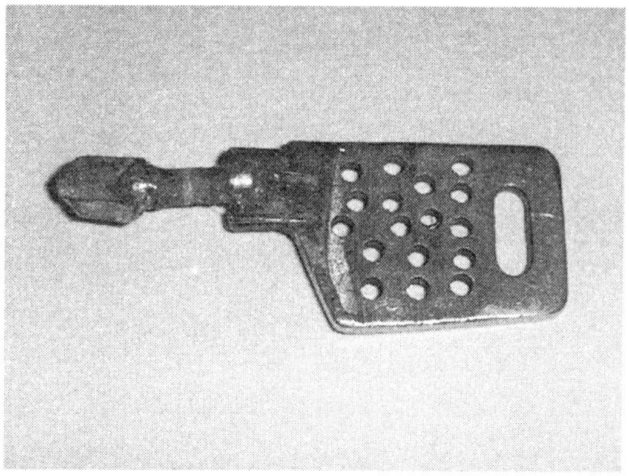

〈그림 19〉 저항을 납땜

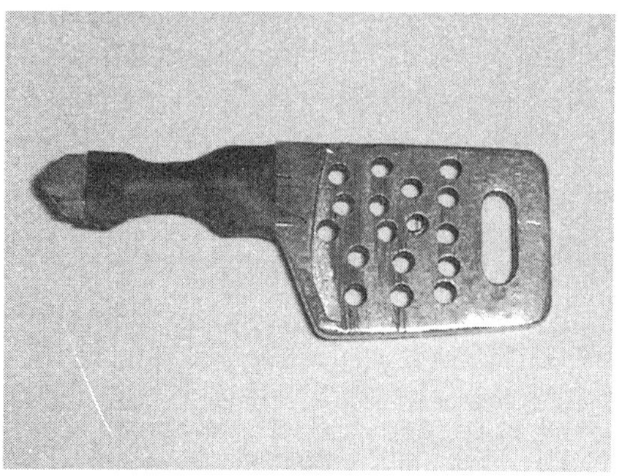

〈그림 20〉 열수축튜브를 씌운다

작품1 폐 컴퓨터를 활용한 전원장치

1. 전원장치에 대하여

이 책에서 제작한 작품의 동작에 필요한 전원장치는 컴퓨터 내부의 전원장치를 사용하도록 한다. 성능이 우수하고 충분한 전류용량이 되기 때문이다. 예를 들어 <그림 7-25>의 회로에서 램프 4개가 동시에 켜질 때에는 2A 정도의 전류가 흐르게 되는데, 2A 이상의 안정된 전원장치를 구한다는 것이 만만한 일이 아니다. 그러나 버려진 컴퓨터가 얼마든지 있는 요즘에는 컴퓨터의 전원장치를 거의 공짜로 구할 수 있다. 컴퓨터의 전원장치는 그 어떤 전원장치에 비하여 안정되어 있다. 텔레비전 내부의 전원장치가 망가져서 TV를 못 보게 되는 것과 컴퓨터 내부의 전원장치가 망가지는 경우를 비교해 본다면 어느 쪽이 불만이 클까? 컴퓨터는 컴퓨터 그 자체보다 컴퓨터에 저장된 데이터의 값어치가 중요한 물건이다. 전원장치가 망가져서 작업중인 데이터가 날아가는 것을 방지하기 위해서라도 컴퓨터의 전원장치는 매우 안정되지 않고서는 팔 수가 없는 것이다. 그럼에도 불구하고 컴퓨터 용 전원장치는 매우 싸다. 성능에 비하여 싸다는 이야기이다. 컴퓨터를 조립하러 전자상가에 가면 '케이스 5만원'이라 한다. 비싸구만! 했는데 그게 아니라 전원장치가 붙은 케이스가 5만원이란다. 이구~ 케이스라면 껍데기라는 의미인데, 이 훌륭한 전원장치를 껍데기 취급이라니.......이 훌륭한 전원장치가 붙은 케이스가 5만원이라면 엄청 싼거 맞다. 전원장치의 허용전류 범위는 얼마일까? <그림 1-1>에서 그 예를 본다. '5V 10.5A, 12V 3A' 라고 쓰여 있다. 우아~ 10.5A 씩이나. 그런데 다른걸 보니 '5V 20A, 12V 8A' 라고 된 더 센 것도 있군(<그림 1-2>). 하여간 이 정도의 전류이면 이 책에서 제작하는 작품의 구동에는 충분하다.

(1) 어디에서 전원을 뽑아 쓸 것인가?

<그림 1-1>에서 메인보드에 접속되는 핀 수가 많은 코넥터는 옆으로 치워두고, 전선이 4가닥 달려 있는 코넥터를 사용한다.

빨강 +5V

검정 -

검정 -

노랑 +12V 이다.

<그림 1-1>에서의 전원장치는 386 시절의 컴퓨터에서 뜯어낸 것인데, 전원 스위치가 달려 있다.

최근에 만들어진 컴퓨터에서 전원장치를 뜯어내면 전원스위치를 찾을 수 없는 경우가 있다. 전원의 220V 1차 측에 스위치를 두는 것이 아니라 2차 측에서 전자제어 하도록 하여 컴퓨터의 메인보드를 거친 후 스위치가 연결되도록 설계된 것인데, 전원스위치를 찾기 어려우면 전원장치를 뜯어내지 말고 전원장치가 케이스에 장착된대로 그냥 사용하면 된다.

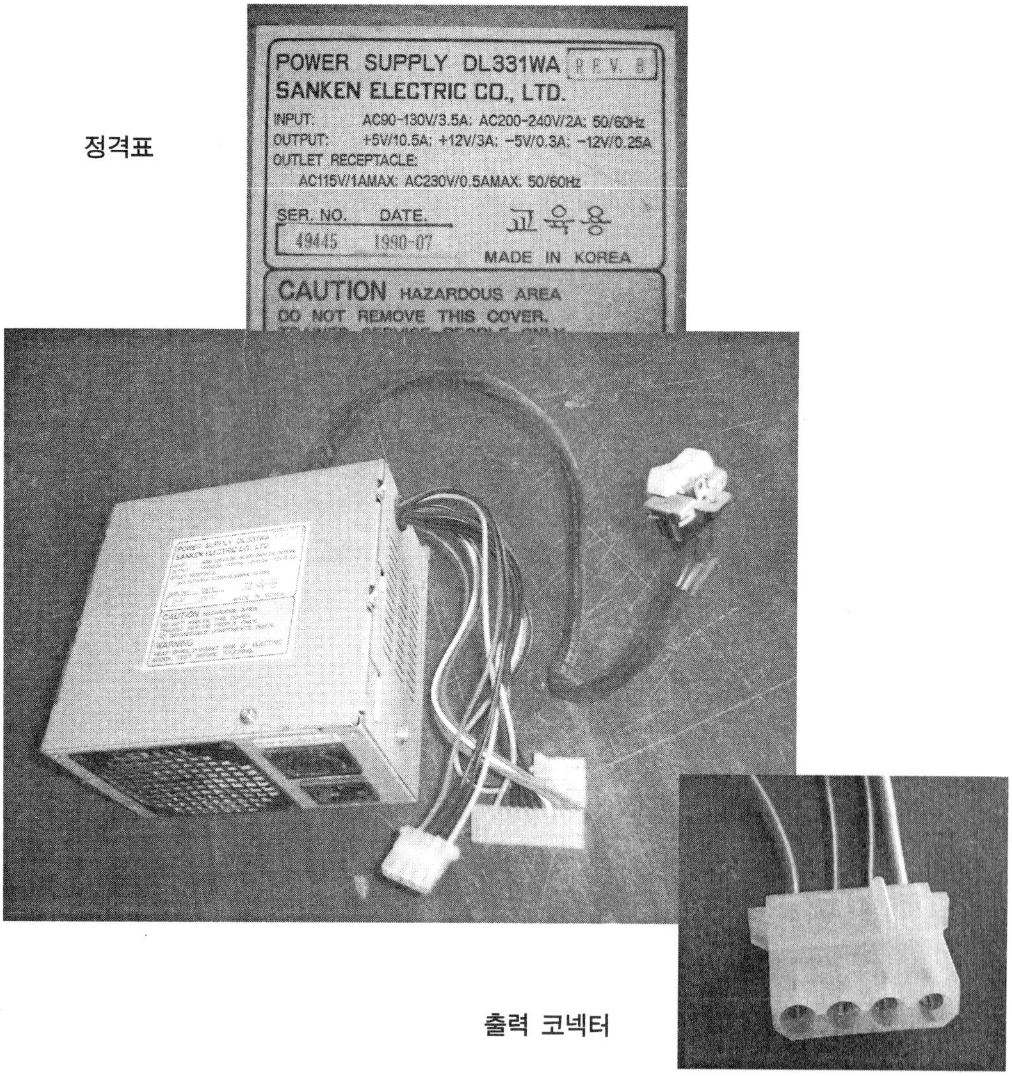

〈그림 1-1〉 **컴퓨터용 전원장치**

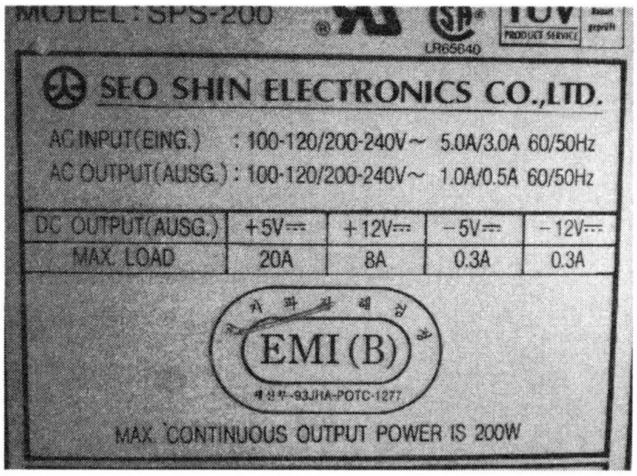

〈그림 1-2〉 이건 더 쎄군

(2) SMPS에 대해서

컴퓨터용 전원장치는 SMPS의 일종이므로 SMPS에 대해 간략하게 알아본다. SMPS는 Switching Mode Power Supply의 머리글자를 딴 말이다.

① 시리즈 레귤레이터

전통적인 방법의 전원장치를 시리즈 레귤레이터라고 하는데 <그림 1-3>에서 그 예를 본다.

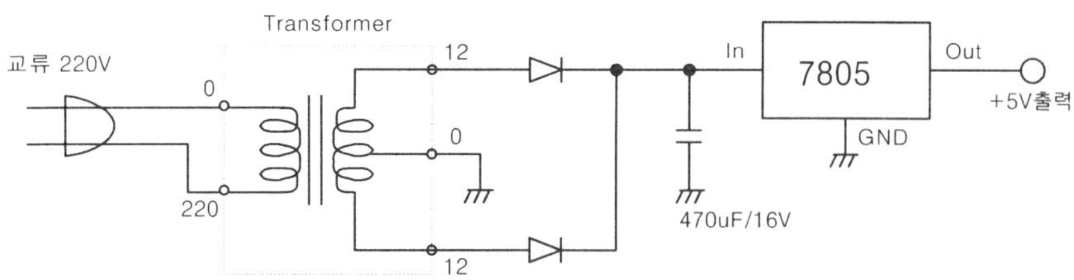

〈그림 1-3〉 시리즈 레귤레이터

시리즈란 순서대로 일렬로 늘어서 있다는 의미로서 트랜스 → 다이오드 → 콘덴서 → 정전압의 순서로 한 단계씩 거쳐서 원하는 전압을 얻게 된다.

② SMPS의 동작원리

SMPS는 원하는 전압의 전원을 얻는 과정에 스위칭이 있다는 것이다. 스위칭에도 여러 가지 방식이 있지만 <그림 1-1>과 같은 컴퓨터용 전원장치를 예를 들어 본다. 교류 220V에서 직류 12V와 5V를 얻는 과정을 <그림 1-4>에서 보면

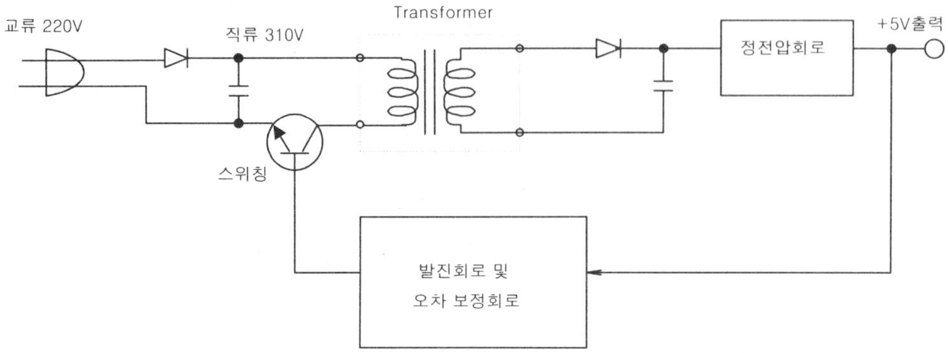

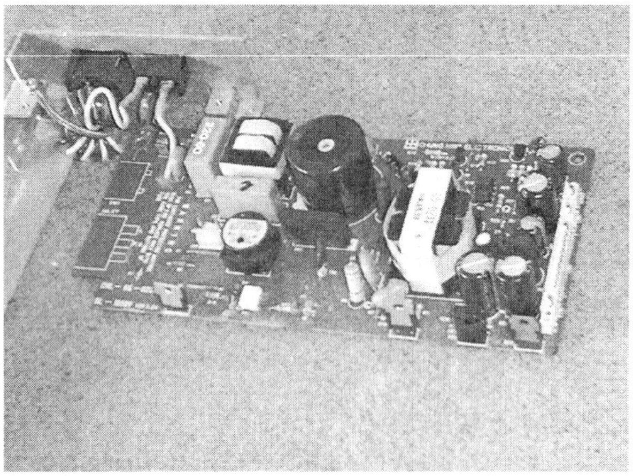

〈그림 1-4〉 **SMPS의 블록도와 실예**

교류 220V를 정류하고 평활하여 직류 310V(220×√2 = 310.2)를 얻는다. 이를 트랜지스터로 스위칭하여 40~100㎑의 교류로 변환하여 트랜스의 1차측에 가한다. 트랜스의 2차측에서 다이오드로 정류하고 콘덴서로 평활 한 후 정전압 회로를 통하여 직류 5V가 출력된다. 이때 출력되는 전압을 검출하여 오차보정회로에 보내주고, 스위칭 트랜지스터에 보내주는 신호를 적절히 조절하여 최적의 동작조건이 되게 한다.

③ SMPS의 장점

<그림 1-3>과 <그림 1-4>를 비교하면 SMPS는 복잡하다. <그림 1-4>에서는 많은 부분이 생략되었으므로 실제 제품을 보면 SMPS는 더욱 복잡하다. 기술적으로도 어렵

다. 그러므로 상당한 기술적 내공이 없이는 만들 수가 없다. 이러한 복잡하고 어려운 SMPS는 어떤 장점이 있길래 사용하는 걸까?

㉮ SMPS는 소형 경량이다.

전원장치가 크고 무거워지는 주범은 트랜스인데 SMPS에서는 트랜스가 매우 작고 가볍다. 트랜스에서 전기적 에너지를 철심의 자기적 에너지로 100% 변환해야 하는데 그러기 위해서는 적정한 리액턴스가 확보되어야 한다.

리액턴스 $X_L = 2\pi fL$ 인데, 주파수가 높게 되면 인덕턴스(L)가 작아도 된다. 인덕턴스가 작다는 것은 트랜스의 덩치가 작다는 것이다. 시리즈레귤레이터의 트랜스에서는 60Hz의 주파수이지만 SMPS에서 60㎑라면 1000배의 차이가 된다.

㉯ SMPS는 효율이 좋다.

여기서 효율이란 정전압 효율을 비롯하여 입력된 에너지와 출력된 에너지의 비율을 말한다.

예를 들어 <그림 1-5>에서 13V입력에 출력이 5V라면 8V는 IC에 있으며 전류가 0.5A라면 0.5×8=4W의 에너지가 방열판에서 열로 날아가 버린다. 만약 전류가 많이 흐르는 경우라면 열로 방출되는 에너지는 엄청나다.

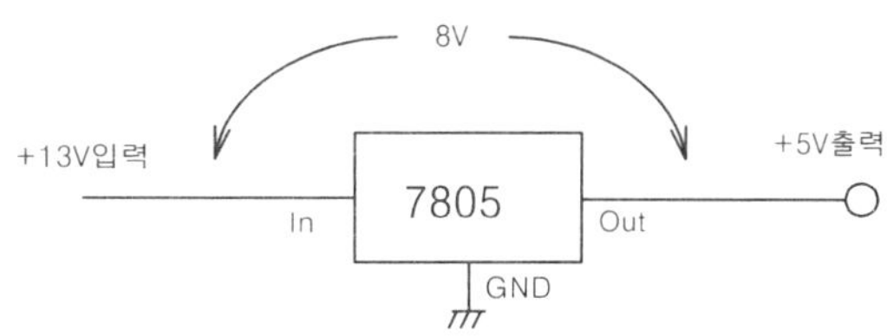

〈그림 1-5〉 레귤레이터의 전압

SMPS에서는 출력전압을 검출하여 원하는 값과 비교하고 오차수정을 위한 여러 전자회로가 있으며 발진 주파수와 듀티비를 조절함으로써 최적의 상태로 동작하도록 설계되어 효율이 좋은 전원장치가 된다.

㉰ STEP UP이 가능하다.

직류 12V에서 직류 24V를 얻으려면 어떤 방법이 있는가?

12V의 직류를 스위칭하고 'L' 또는 'C'를 이용하여 24V를 얻을 수 있다. 이러한 용도의 DC/DC Converter 전용 IC가 많이 있으므로 편리하게 사용할 수 있는데 여기서 중요한 단어가 '스위칭'이다.

④ SMPS의 단점

SMPS는 복잡하고 기술적으로 어렵다는 단점도 있지만 최대의 단점은 전자파 발생이다. SMPS는 전원을 스위칭하게 되므로 당연히 전자파가 발생한다. 스위칭의 파형이 정현파가 아니므로 스위칭된 주파수의 n배 즉 2배, 3배,..... 100배,.... 200배....의 주파수 성분이 생겨나게 되어 이것이 다른 전기적인 부분에 영향을 주어 오동작의 원인이 되기도 한다. 그래서 스위칭에서 발생된 전자파를 어떻게 막을 것인가 하는 것이 기술자를 골치 아프게 하는 큰 일 중 하나이다. 전자통신에서 기본 이론인 Fourier series expansion에서 정형파가 아닌 신호에는 기본파의 배수의 주파수 성분인 고조파(higher harmonic wave)가 존재한다는 것이 전자파 발생의 이유가 된다. 예를 들어 진폭이 V인 구형파는

$$v=\frac{4}{\pi}Vm\left\{\sin\omega t+\frac{1}{3}\sin 3\omega t+\frac{1}{5}\sin 5\omega t+\cdots+\frac{1}{2n-1}\sin(2n-1)\omega t+\cdots\right\}$$

로 표현되는데 여기서 sin3ωt는 기본파의 3배의 주파수, sin5ωt는 기본파의 5배의 주파수를 의미한다.

⑤ SMPS의 동향

사용 전력이 큰 전원장치일수록 SMPS가 유용하다. 과거에는 녹음기용 어댑터(Adaptor) 등 소전력용 전원장치는 SMPS를 찾아보기 힘들었으나, 최근에는 핸드폰 충전기 등 소전력용 SMPS가 많이 유통되고 있다. 그만큼 기술이 많이 발전되었다는 이야기다. 앞으로는 더욱 발전되어 전원장치라면 당연히 SMPS를 의미하게 될 것으로 전망된다.

상용주파수는 왜 60Hz인가?

한국 미국은 상용주파수가 60Hz이고 유럽은 50Hz이다. 왜 60Hz인가? 물론 발전소에서 60Hz로 발전하기 때문인데 50Hz로 해도 되고 54Hz로 해도 되는데 왜 60Hz인가에 대해서 필자도 매우 궁금하지만 아직 그 답을 모르고 있다. 혹시 아는 분이 계시다면 꼭 알려주시기 바랍니다. 전기전자를 아는 분을 만날 때마다 이 질문을 했지만 답을 듣지 못했고, 충청남도 보령에 있는 화력발전소에 견학 갔을 때에도 질문했지만 왜 60인지에 대해서는 답을 듣지 못하였다. 필자가 추측하기로는 발전기와 관련이 있는 것 같다.

가장 간단한 구조의 교류발전기를 사용하여 발전할 때 발전기를 3600rpm으로 회전하면 60Hz가 된다. (60Hz는 초당 60번 반복되는 것이고 이것은 1분에는 3600번 반복되는 것이므로). 내연기관의 경우 3600rpm이면 좋은 효율을 기대할 수 있는데 이것과도 관련이 있는 것 같다. 전동기(모터)의 경우 전원의 주파수와 회전수가 비례하는 종류가 있는데, 전원의 주파수가 60Hz이면 3600rpm으로 회전하게 되는 등과도 관련이 있을 듯하다. 하여간 60Hz인데 그 60Hz가 대충 60Hz가 아니라 실제로 매우 정밀한 60Hz로 우리 가정에 들어오고 있다. 그래서 이 60Hz를 분주하여 시계가 가는 기준신호로 삼는 시계도 있는데 그 정확도가 매우 뛰어나다.

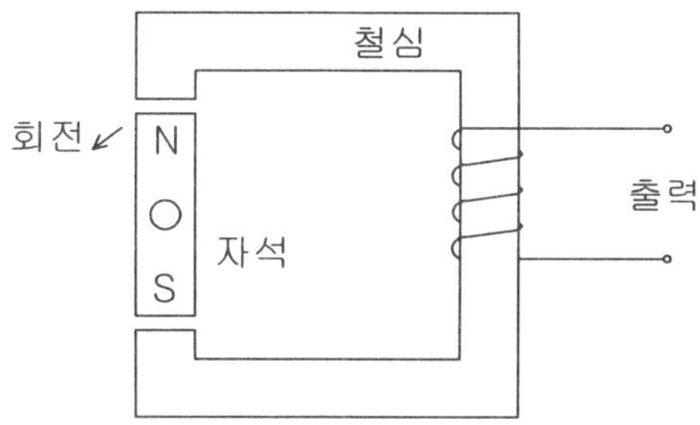

이러한 구조라면 자석이 3600RPM일 때 60Hz가 된다

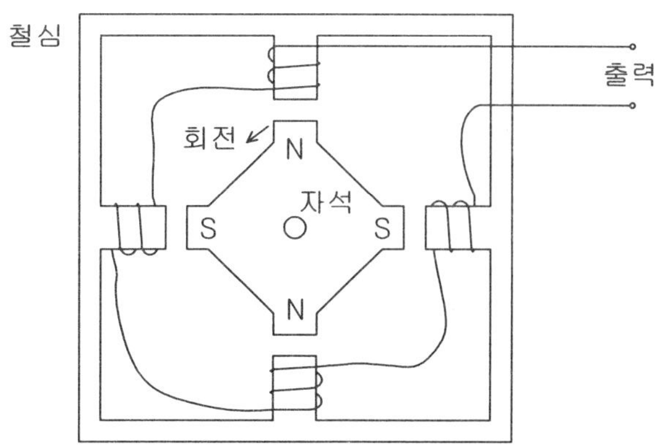

이러한 구조라면 자석이 1800RPM일 때 60Hz가 된다

<그림 1-6> 발전기의 회전과 주파수

2. 폐 컴퓨터를 활용한 전원장치의 제작

각종 전자 기기에서 전원장치는 매우 중요하다. TV에도 컴퓨터에도 프린터에도 전원장치가 내장되어 있다. 아무리 성능 좋은 전자교환기가 있더라도 전원장치가 고장나면 성능 좋은 본체는 무용지물이 되므로 안정된 전원 장치의 중요성은 아무리 강조해도 지나치지 않다.

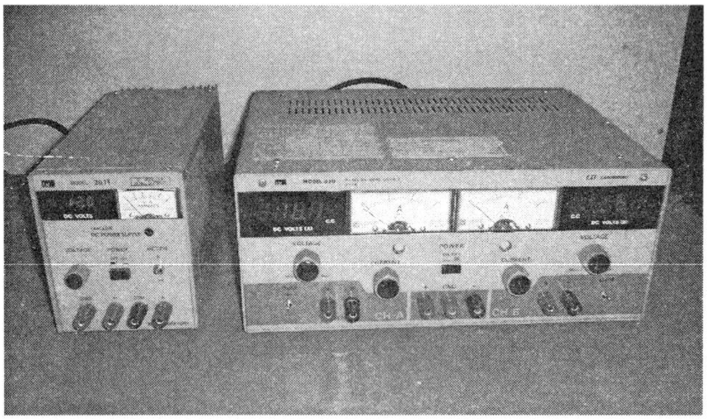

〈그림 1-7〉 **실험실에서 사용되는 전원장치**

실험실에는 <그림 1-7>과 같은 형태의 전원 장치가 있다. 실험실에서 사용하는 이러한 전원장치는 의외로 최대 전류가 얼마되지 않는다. 그래서 이 책에서 제작하는 작품을 구동하기에는 부족한 점이 있어서 컴퓨터의 전원장치를 활용하여 이 책의 작품 제작에 사용하거나 여러 가지 실험에 사용할 수 있는 전원장치를 제작해 보기로 한다. 제작을 위한 회로도는 <그림 1-8>이며 컴퓨터의 전원장치에서는 +5V, +12V, -12V가 출력되므로 그 단자를 그대로 출력하고, 0V~20V 가변 전원을 제작하여 추가하도록 한다.

이번 작품의 제작을 통하여 트랜지스터의 스위칭에 대하여 조금이라도 더 이해할 수 있는 계기가 되었으면 좋겠다.

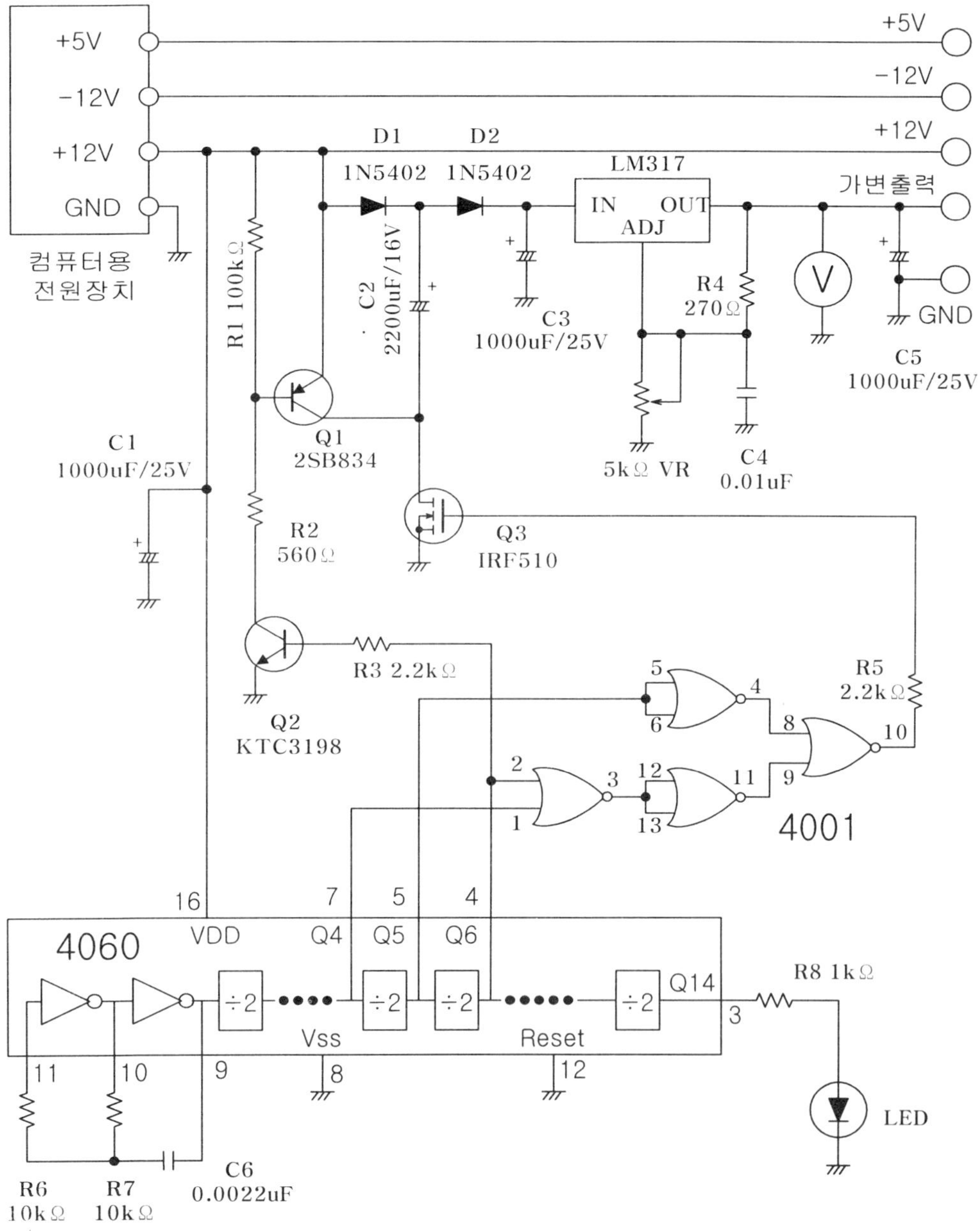
+5V
-12V
+12V
GND
컴퓨터용
전원장치
+5V
-12V
+12V
가변출력
GND
D1
D2
1N5402
1N5402
LM317
IN
OUT
ADJ
R1 100kΩ
C2
2200uF/16V
C3
1000uF/25V
R4
270Ω
V
C5
1000uF/25V
Q1
2SB834
5kΩ VR
C4
0.01uF
C1
1000uF/25V
R2
560Ω
Q3
IRF510
R3 2.2kΩ
R5
2.2kΩ
Q2
KTC3198
4001
4060
VDD
Q4
Q5
Q6
Q14
Vss
Reset
R8 1kΩ
LED
R6
10kΩ
R7
10kΩ
C6
0.0022uF

〈그림 1-8〉 회로도

(1) 부품 구입과 식별

1) 기판에 들어가는 부품

품명	규격	수량	비고
IC	LM317	1	
	4060	1	
	4001	1	
트랜지스터	2SB834	1	
	KTC3198	1	
FET	IRF510	1	
다이오드	1N5402	2	
LED		1	
저항	270Ω	1	색띠 ; 빨강 보라 갈색
	560Ω	1	색띠 ; 초록 파랑 갈색
	1kΩ	1	색띠 ; 갈색 검정 빨강
	2.2kΩ	2	색띠 ; 빨강 빨강 빨강
	10kΩ	2	색띠 ; 갈색 검정 주황
	100kΩ	1	색띠 ; 갈색 검정 노랑
전해콘덴서	1000㎌ 25V	3	
	2200㎌ 16V	1	
세라믹콘덴서	0.01㎌	1	'103'으로 표기
마일러콘덴서	0.0022㎌	1	'222'로 표기
방열판	SY403-25	1	segyung.com
기판		1	책에 첨부된 것

2) 기판 외의 부품

품명	규격	수량	비고
전압계	30V	1	
바나나단자		5	
가변저항	5kΩ	1	
전선		약간	
컴퓨터용 전원장치		1	
케이스 조립용 재료		필요량	

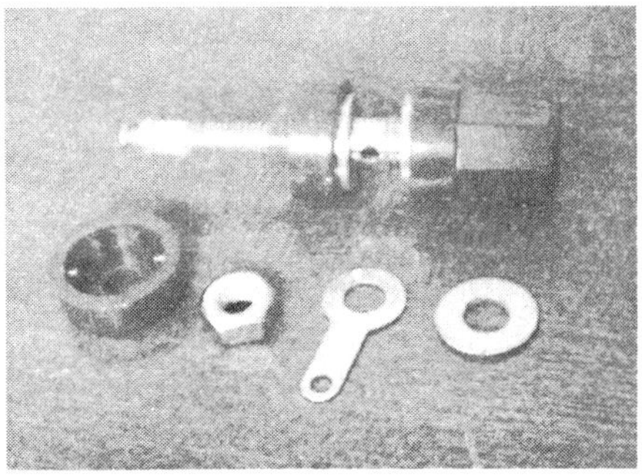

(a) 바나나 단자

(b) 전압계

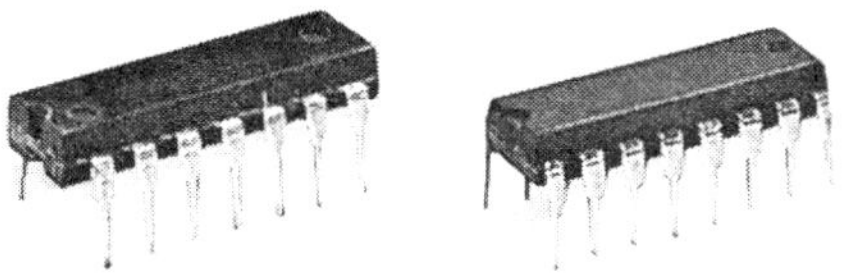

(c) 4001, 4060

(d) LM317, IRF510, 2SB834

(e) 방열판과 방열판에 LM317이 고정된 모습

〈그림 1-9〉 각종 부품

전자부품은 종류도 많고, 비슷한 부품이지만 특성이 다를 수 있으므로 부품의 특성을 잘 이해하고 사용할 줄 아는 것이 매우 중요하다. 작품을 제작하기 위하여 부품을 모두 새것으로 사는 것 보다 폐 전자기기에서 재활용하는 것을 권장하며 이번 작품에서 특징적인 부품에 대하여 살펴보면

◎ IC 4060, 4001 ; 표준 CMOS IC로서 MC14060, HD14060, M4060, HEF4001, CD4001, LC4001, GD4001, TD4001 등으로 제조사에 따라 다르게 표기되지만 동등품이다.

◎ IC LM317 ; KIA317, GL317, NJM317, MC317도 동등품이다.

◎ FET IRF510 ; IRF720, IRF830, IRF640 등 최대허용 전류 전압이 다른 FET도 사용할 수 있다.

◎ 방열판 ; IC에서 발생되는 열을 방출하기 위한 것으로서 필자는 석영전자의 SY403-25를 사용하여 보았다. <그림 1-9(e)>와 비슷한 형태로 편리한데로 구하여 사용한다.

◎ 다이오드 ; 다이오드의 정격에서 최대 역방향 전압과 최대 전류가 중요한 요소이다. 널리 사용하는 다이오드 중 1N4148은 0.1A, 1N4007은 1A, 1N5402는 3A급이다. <그림 1-8>의 회로에서 1A 다이오드를 사용할 수도 있겠지만, 좀 더 여유있게 3A 다이오드를 사용하였다.

트랜지스터의 패키지에 대하여

트랜지스터는 제조사나 형명은 달라도 외형의 크기는 몇 가지로 통일되어 있다. 이러한 외형의 형태와 크기를 패키지(Package)라 하는데 <그림 1-9(d)>의 LM317, IRF510, 2SB834의 외형을 TO-220이라 하며 KTC3198은 TO-92라 한다. 최근에는 SOT-23, SOT-89와 같은 표면실장형 부품을 많이 사용한다.

잘 모르는 트랜지스터를 말하고 있을 때 "패키지가 뭐냐?"라고 질문하여 "TO-92"라 대답한다면 그 외형이 어떤가를 금방 이해할 수 있다.

(2) 제작

1) 기판의 납땜

부품이 모두 준비되면 제작에 들어가도록 한다. <그림 1-10>과 같이 방향성 있는 부품은 방향이 바뀌지 않게 주의하여 기판에 삽입하고 납땜 후 길게나온 부품의 다리는 니퍼로 절단한다.

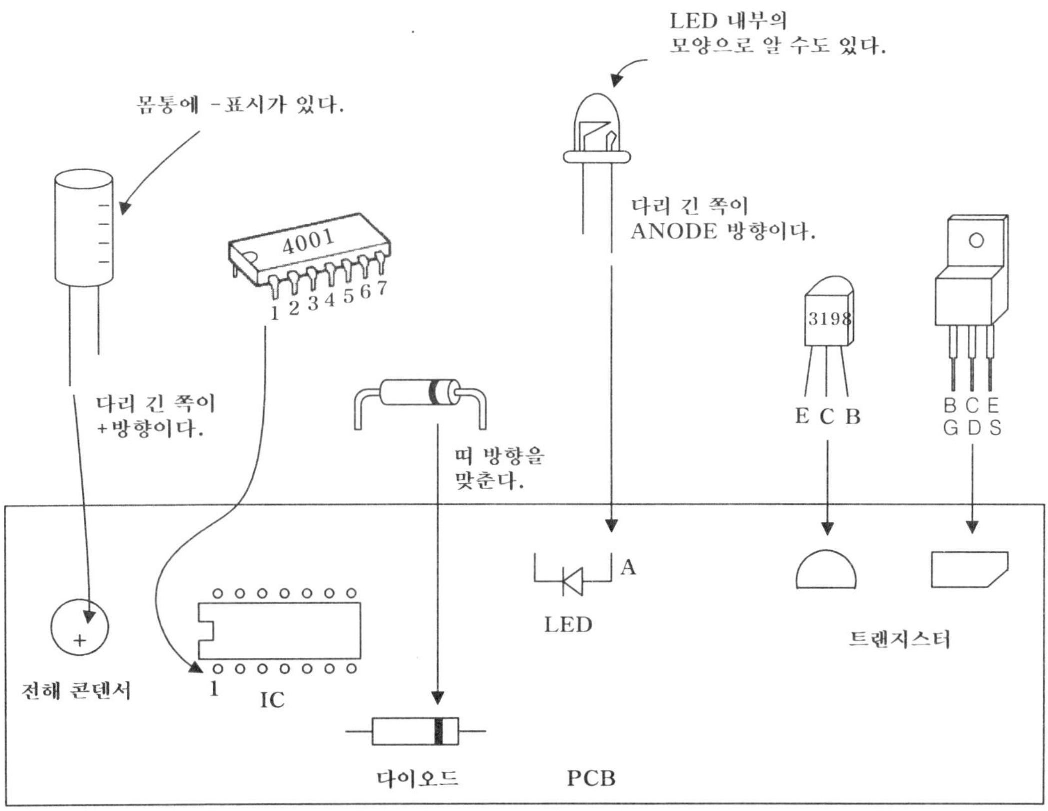

〈그림 1-10〉 방향성 있는 부품

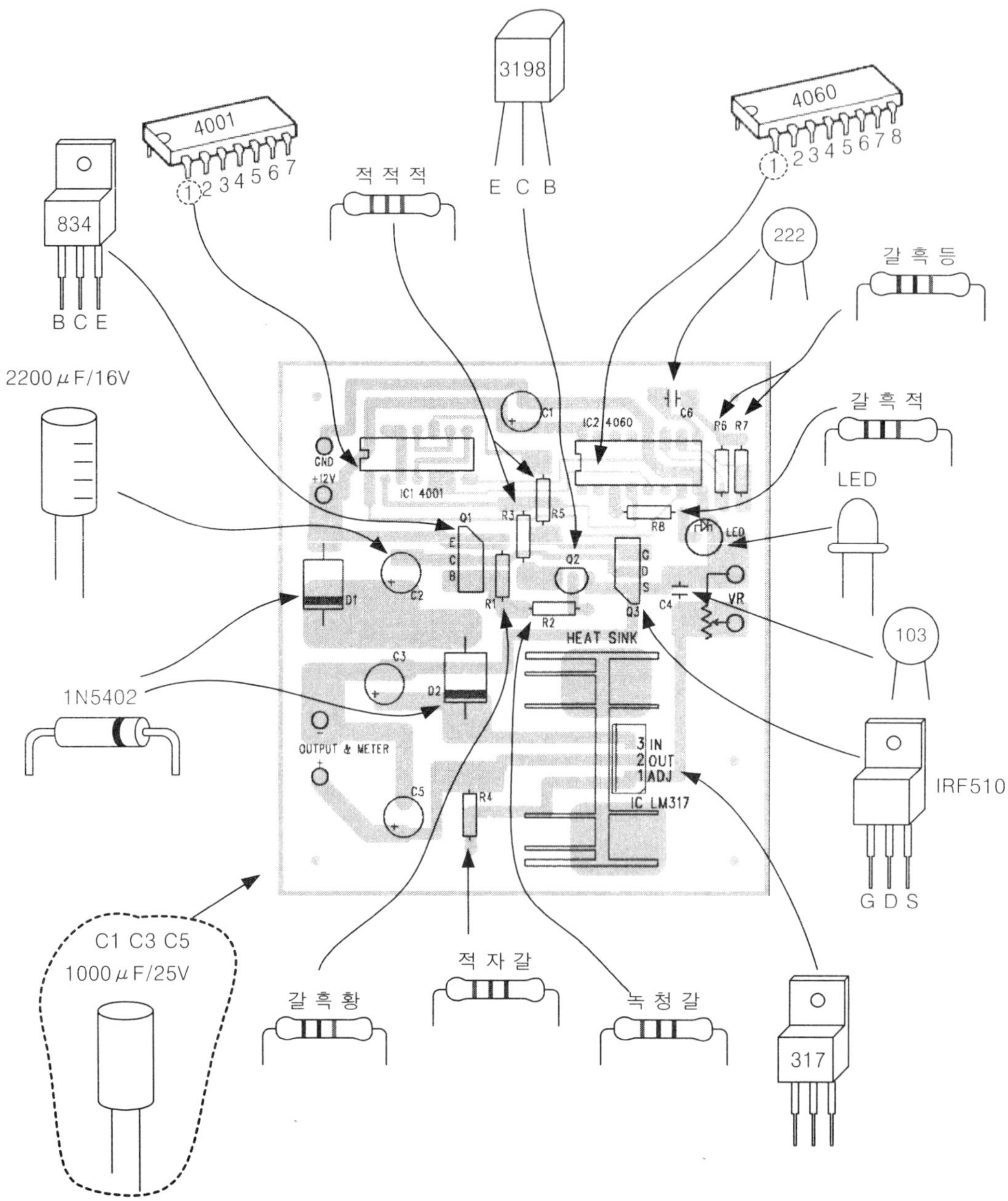

〈그림 1-11〉 **기판에 부품을 삽입**

〈그림 1-12〉 기판에 부품의 부착이 완성된 모습

2) 케이스의 조립과 배선

전원장치의 케이스로는 폐 컴퓨터의 케이스를 그대로 활용해도 좋고, 알루미늄판을 가공하는 등의 여러 가지 방법이 있겠지만, 필자는 과학상자의 부품을 활용하여 케이스를 만들어 보았다.

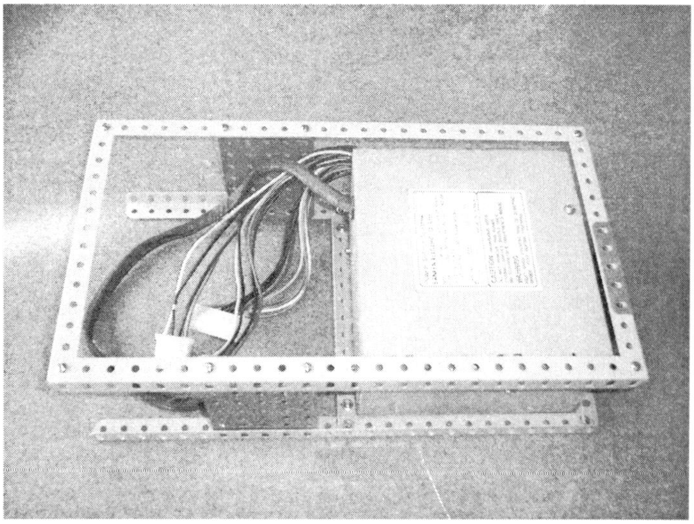

〈그림 1-13〉 케이스를 조립한다

배선

<그림 1-14>와 같이 각 부품을 배선한다. 배선이 완료되어 테스트할 때 전압계의 바늘이 반대로 움직인다면 +/- 전선을 바꾸어 연결하면 된다.

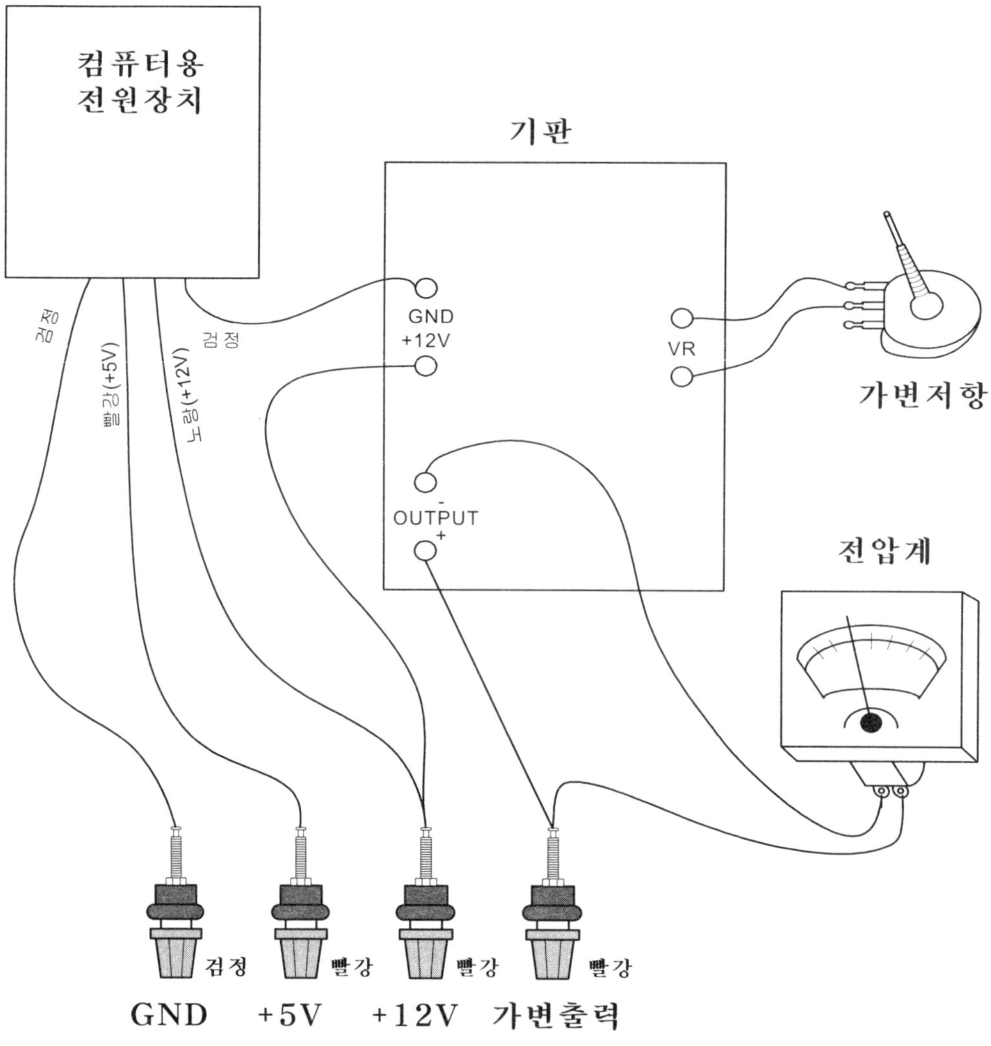

〈그림 1-14〉 배선

〈그림 1-15〉 **배선된 내부 모습**

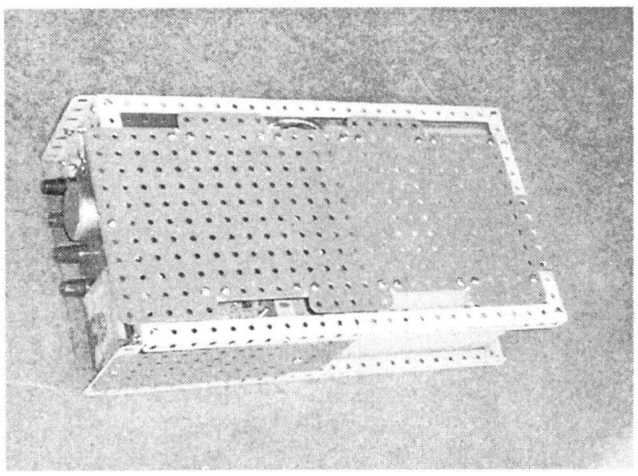

(a) 전체 외관

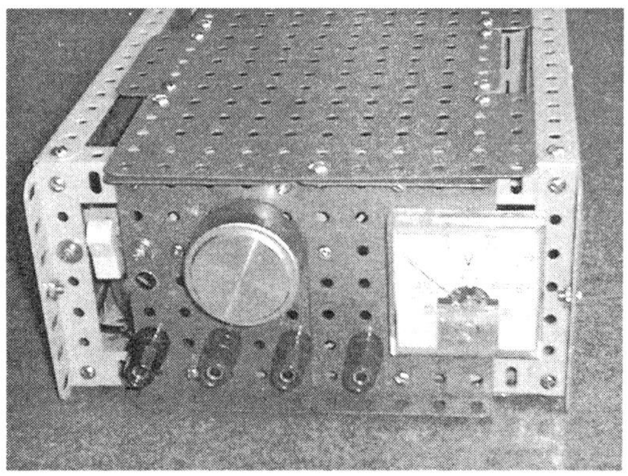

(b) 앞면 모습

〈그림 1-16〉 **완성된 전원장치**

제작이 완료되면

<그림 1-14>, <그림 1-15>를 참조하여 배선한 후 잘못된 곳이 없나 한번 더 확인한 후 전원을 공급하여 동작을 확인한다. 먼저 내부의 기판에 있는 LED가 1초에 2회 정도 깜빡이는지 확인한다. 전원장치의 출력은 +5V, +12V, 가변출력 등 3가지이므로 원하는 전압이 맞는지 테스터로 전압을 측정하여 본다. 전압조절용 가변저항을 돌리면서 전압계의 바늘이 잘 움직이는지 확인한다. 만약 바늘이 반대 방향으로 움직이면 + - 전선 두 가닥을 서로 바꾸어 연결하면 된다.

AC 220V 전원입력에 대하여

지금까지 AC 220V 전원입력에 대한 언급이 없었는데, 폐 컴퓨터의 전원장치를 활용하는 것이므로 전원장치에 있는 전원코드용 잭과 전원코드를 그대로 사용하는 것이다. AC 220V 전원을 다룰 때에는 아차 실수할 경우 감전 또는 화재의 위험이 있어 염려스러운데, 이번 작품의 경우에는 컴퓨터의 전원장치의 뚜껑을 열지 않고 그대로 사용하는 것이므로 안심이 된다. 그렇다하더라도 전기를 안전하게 사용할 수 있도록 늘 조심해야 한다.

〈그림 1-17〉 전원코드

3. 회로 이해

(1) 트랜지스터의 스위칭

<그림 1-8>의 회로가 복잡한 이유는 낮은 직류 전압을 높은 직류 전압으로 승압하기 위한 것이다. 즉 컴퓨터용 전원장치에서 출력되는 전압은 5V, 12V인데 12V 이상의 전압이 필요한 경우를 위하여 승압하여 가변되는 전압으로 출력하도록 한다. 이윤추구를 목적으로 하는 기업체의 제품에서 승압을 위하여 <그림 1-8>과 같은 회로를 사용한다면 매우 적절하지 못한 설계라 할 것이다. 회로의 부품 수가 너무 많고 자재비가 비싸기 때문이다. 그러나 여기서의 목적은 이윤추구가 아니라 전자회로를 공부하는데 목적이 있으며, 초보자라도 쉽게 이해하고 제작 가능한 회로에 목표를 둔 것이다.

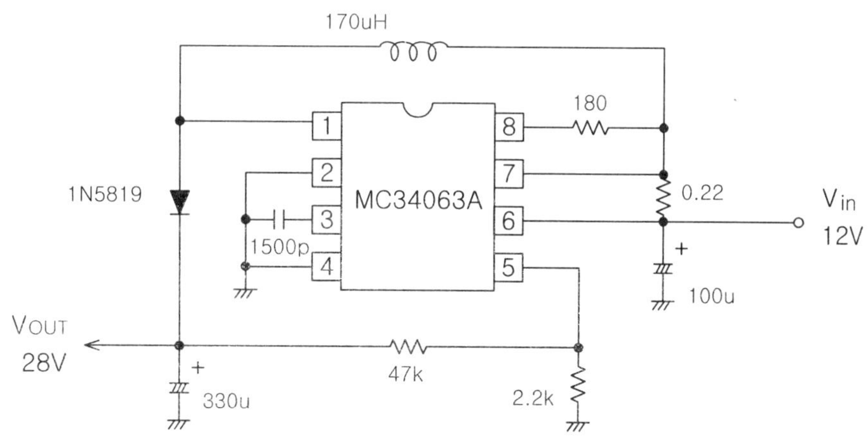

(a) Step-Up Converter

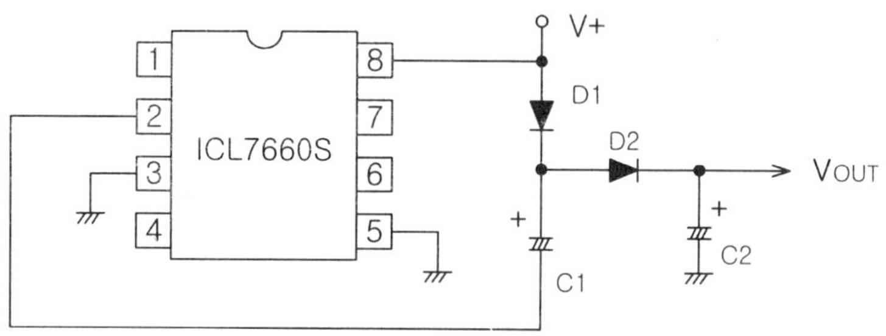

(b) Positive voltage doubler

〈그림 1-18〉 DC/DC Converter의 회로 예

참고로 직류 전압을 승압하는 DC/DC Converter는 전용 IC가 여러 반도체 회사에서 개발되어 있는데 예를 들면 <그림 1-18>이다. 회로에서 보듯이 IC 주변회로가 매우 간단하다. <그림 1-18(a)>의 회로에서는 코일을 어떻게 감는가 하는 것이 설계에서 매우 중요하며 초보자는 접근하기 쉽지 않다. 반면에 <그림 1-18(b)>의 회로에는 코일이 없다. 그래서 부품의 구입과 제작이 쉽고 회로의 동작 이해도 어렵지 않다.

자동차가 굴러간다고 다 같은 자동차가 아니듯이 전원장치라고 해서 다 같은 전원장치가 아니다. 또한 트럭에서는 몇 톤의 화물을 실을 수 있느냐가 중요한 것처럼 전원장치에서는 최대 몇 A(몇 W)까지 사용할 수 있느냐가 중요한 고려사항이 된다. <그림 1-18(b)>의 전원장치는 매우 간단한 반면 최대 출력전류는 0.1A 정도에 불과하다. 0.1A라면 크지 않은 전류임에는 틀림없지만 MP3 같은 건전지로 동작하는 기기는 0.1A를 넘지 않는 경우가 대부분이며, 예를 들어 건전지 2개를 사용하여 3V로 동작하는 MP3의 어떤 부분에 더 높은 전압이 필요하다면 <그림 1-18(b)>와 같은 전원장치가 유용할 수도 있다.

MC34063A이나 ICL7660S의 내부에는 신호를 발생하는 발진회로와 전압비교기, 스위칭 트랜지스터가 내장되어 있다. 이번 작품은 <그림 1-18(b)>의 IC 내부를 풀어 헤쳐서 회로를 구성하였다고 볼 수 있다. ICL7660S의 내부는 들여다 볼 수 없지만 외부의 다이오드 D1, D2는 <그림 1-8>에서 D1, D2와 같으며 <그림 1-18(b)>의 C1, C2는 <그림 1-8>에서 C2, C3에 해당한다고 볼 수 있다.

이제 작품제작용인 <그림 1-8> 회로의 동작을 이해하기 위하여 <그림 1-19>를 본다.

SW1과 SW2가 번갈아 열리고 닫히면서 동작된다. 이때 SW1과 SW2가 동시에 닫히는 경우가 있으면 안된다. 각각의 동작을 보면

㉠ SW1이 열리고 SW2가 닫히면 콘덴서 C1에 12V가 충전된다.

㉡ C1이 충전된 상태에서 SW2가 열리고 SW1이 닫히면 전원 12V와 C1의 12V가 직렬연결된 것이므로 출력은 24V가 된다.

㉠과 ㉡의 상태가 번갈아 번복되면서 출력전압이 24V가 되도록 하는 것이며 회로에서 SW1은 2SB834, SW2는 IRF510에 해당한다. 회로에서 콘덴서 C2가 없다면 SW1과 SW2의 동작에 따라 출력전압은 <그림 1-19(c)>와 같이 12V/24V가 반복되겠지만, SW1이 열리고 SW2가 닫힌 상태에서 C2에 충전되었던 에너지가 방전되므로 출력전압은 24V 근처에서 유지된다. 여기서 12V, 24V라고 표현하였지만 사실은 12V, 24V가 되지는 않는다. 다이오드의 순방향전압 0.6~0.7V도 빼주어야 되고, 트랜지스터의 스위

칭에서도 V_{CE}, V_{DS}가 완벽하게 0V가 되지 않기 때문이다.

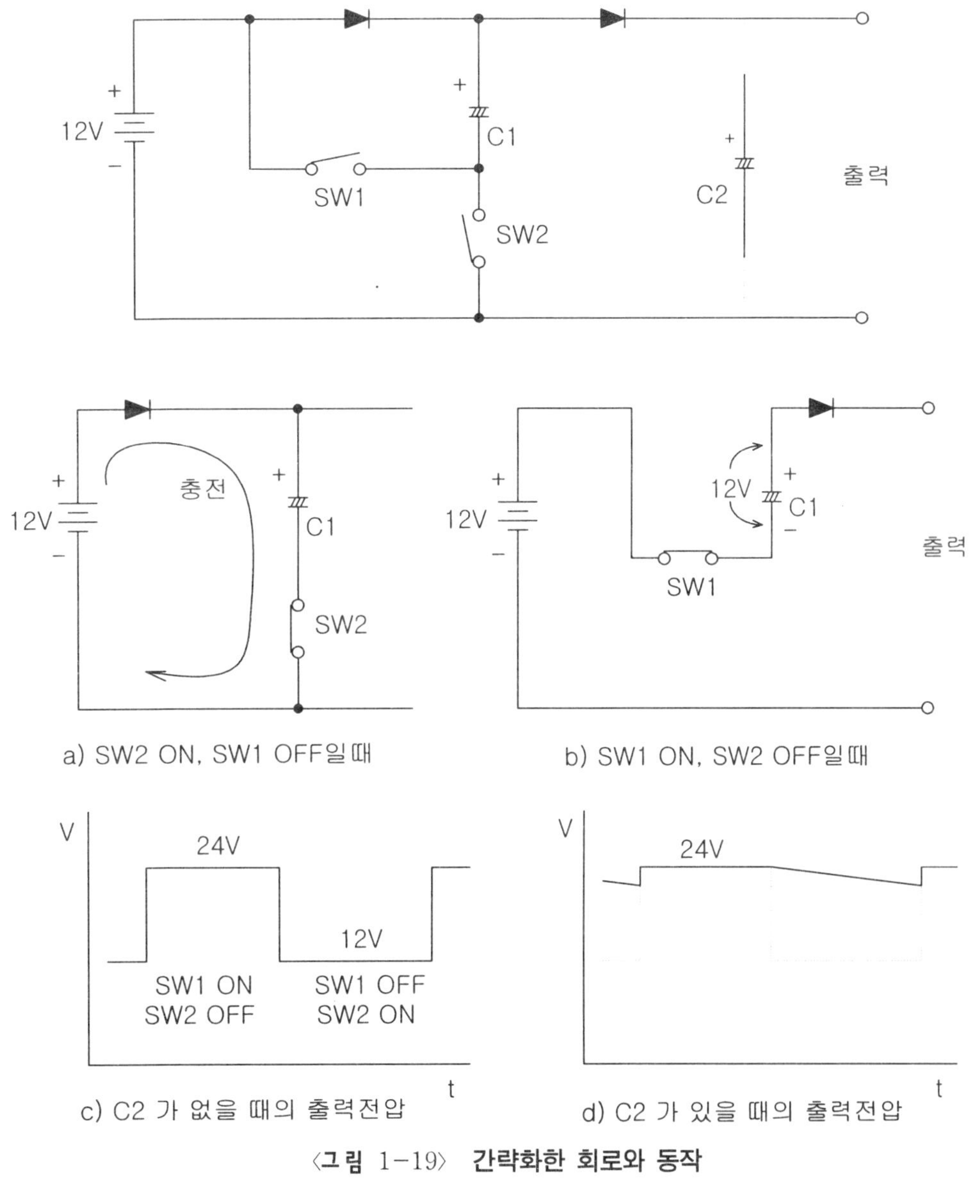

〈그림 1-19〉 간략화한 회로와 동작

(2) 트랜지스터를 스위칭하기 위한 신호의 발생

<그림 1-19>에서 SW1과 SW2는 하나가 켜질 때 하나는 꺼지는 것이므로 <그림 1-20>과 같이 구형파 발진회로와 NOT게이트 하나만 있으면 된다고 생각할 수도 있다. 이것은 이론적으로는 가능한 이야기이지만 실제로 동작할 때에는 문제가 있을 수 있다.

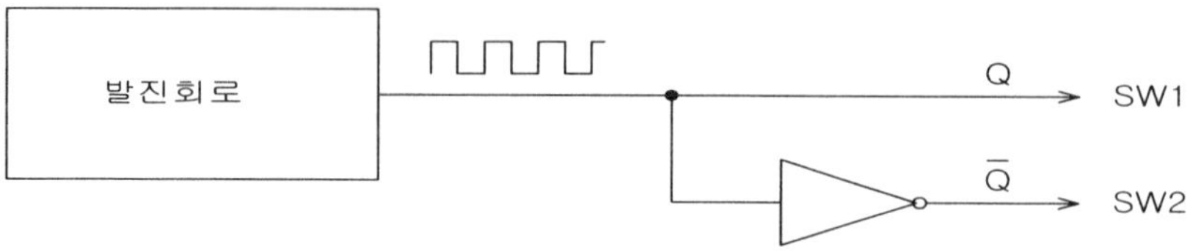

〈그림 1-20〉 **반전된 출력이라면?**

<그림 1-19>의 회로에서 SW1과 SW2가 둘 다 닫히는 경우가 있으면 안된다. SW1과 SW2가 둘 다 닫히는 경우가 있다면 12V의 전원이 SW1과 SW2를 통하여 "쇼트" 상태가 된다. "쇼트" 상태란 전원에서 볼 때 부하가 0Ω이므로 전류는 ∞A가 흐르게 된다는 것인데, 이 때는 무엇인가 망가지게 되는 조건이다. <그림 1-20>에서 구형파 신호가 "0→1" 또는 "1→0"으로 변화될 때 아주 짧은 순간이라도 Q와 $\bar{Q}$ 가 둘 다 High인 상태가 존재할 수 있다. 그러므로 <그림 1-21>과 같이 SW1이 켜지고 SW2가 켜지는 중간에 휴식시간을 두어 둘 다 켜질 수 있는 가능성을 원천 봉쇄할 필요가 있다.

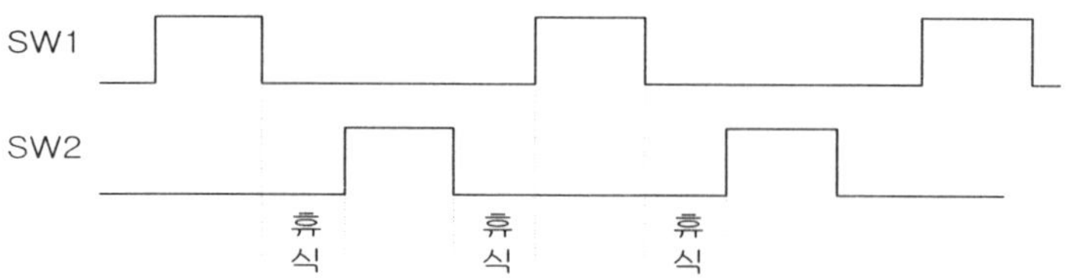

〈그림 1-21〉 **중간에 휴식시간을 둔다**

<그림 1-21>과 같은 신호를 발생하기 위하여 마이크로프로세서를 사용한다면 별로 어려운 일도 아니겠지만 필자는 표준 CMOS를 사용하여 논리회로를 구성하여 보았다. 8051이나 PIC, AVR 등을 평상시에 늘 사용하던 기술자에게는 너무나 쉬운 일이지만, 해보지 않은 사람에게는 매우 어려운 일이다. 전자상가의 부품가게에 가서 AT89C51이나 PIC16F84를 사려한다면 어디에서나 쉽게 살 수 있지만, 문제는 그 IC에 프로그램이 들어가 있지 않다는 것이다. 이 부분이 답답한 노릇이라고 하소연하는 후학들의 모습을 많이 보았다. 그러나 표준 CMOS는 아무리 초보자라도 구매하여 바로 동작해 볼 수 있다는 장점도 있다.

논리회로에서 원하는 출력을 얻는 방법은 매우 다양하다. NAND게이트만 사용하여

서도 가능하다. 그러나 소자의 수를 적게 사용하고 트러블의 가능성이 없도록 회로를 설계하는 것 또한 나름대로의 노하우인데, <그림 1-21>과 같은 타이밍을 구현하기 위하여 필자는 4060과 4001을 조합하여 회로를 구성하여 보았다.

4060과 신호의 분리

표준 CMOS IC 중에서 4060은 독특한 기능을 가지고 있으며 써 보면 볼수록 훌륭한 놈이라는 생각이 든다. <그림 1-22>를 보자. 자체에서 신호를 발생할 수 있도록 NOT 게이트가 연속되어 있고 그 신호를 계속해서 2분주하여 출력하도록 분주회로가 연결되어 있다.

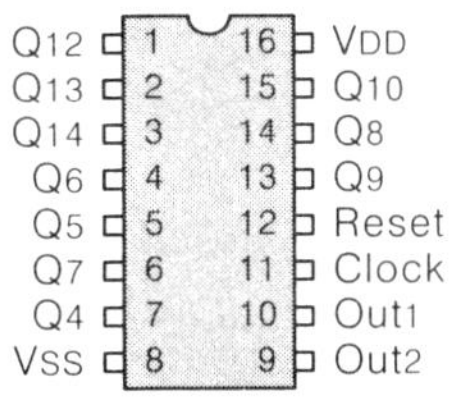

(a) 핀 구조

Clock	RESET	Output State
(rising edge)	L	No Change
(falling edge)	L	Advance to next state
X	H	All Outputs are low

(b) 진리표

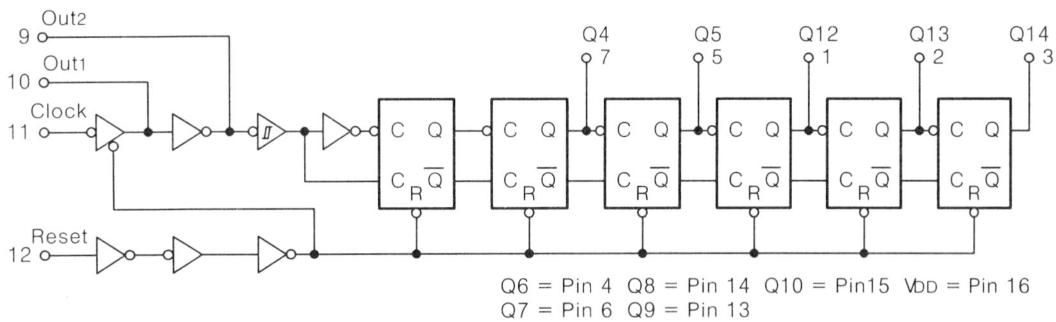

(c) 블록도

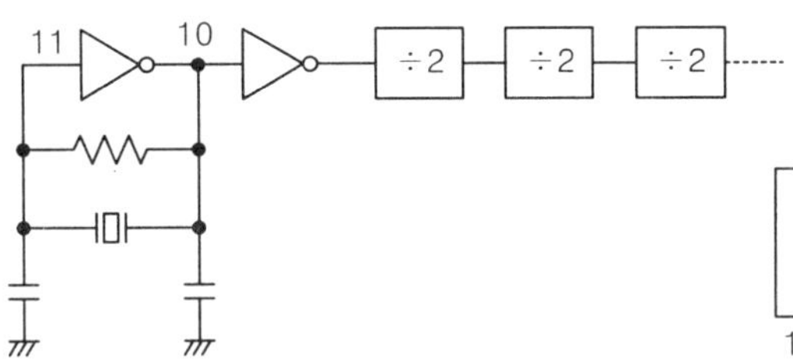

(d) 크리스탈을 이용한 발진

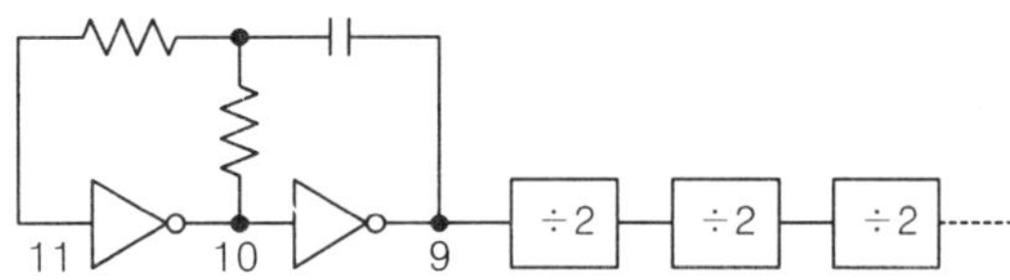

(e) RC 발진

〈그림 1-22〉 **4060의 구조**

4060은 크리스탈을 이용하여 발진을 할 수도 있고 저항과 콘덴서의 충전과 방전을 이용하여 발진할 수도 있으며 그 회로는 <그림 1-22(d)>, <그림 1-22(e)>에 보인다.

4060의 장점은 발진과 분주회로가 하나의 패키지에 있으므로 회로가 간략화 될 수 있고 원하는 주파수의 신호를 얻기가 간편하다는 것이다. 즉 Q4~Q14를 골라서 쓸 수 있어서 매우 편리하다. 실제 제작의 회로에서 Q4, Q5, Q6은 트랜지스터의 스위칭용으로 사용하고 Q14는 동작이 잘 되는가를 나타내는 LED용으로 사용하였는데 LED의 깜빡임을 보고 회로가 잘 동작되고 있음을 확인할 수 있다. 이번 작품에서는 발진회로에서 발생되는 신호의 주파수가 매우 정확할 필요는 없으므로 <그림 1-22(e)>와 같은 저항과 콘덴서를 이용하여 신호를 발생하도록 하며, 플립플롭을 통하여 분주된 신호를 <그림 1-23>과 같은 타이밍에서 사용하도록 하였다.

즉 <그림 1-8>과 <그림 1-23>의 회로에서 4060의 Q6, Q5, Q4는

→ 000 → 001 → 010 → 011 → 100 → 101 → 110 → 111 →

의 상태가 반복되는데 언제 휴식하며 언제 트랜지스터를 ON할 것인지를 정하여 논리회로를 구성하면 된다.

예를 들어 000일 때는 휴식하고
001, 010, 011일 때 2SB834를 ON하며
100일 때 휴식하고
101, 110, 111일 때 IRF510을 ON하도록 생각해 볼 수도 있겠지만 이렇게 할 경우에는 논리회로가 매우 복잡하여 제작에 필요한 부품수가 많게 된다. 같은 동작이라 하더라도 적은 수의 부품으로 동작되도록 하는 것이 좋으므로 제작의 회로에서는 4001이라는 IC 하나에 들어있는 NOR GATE 4개를 사용하여 논리회로를 구성하였다.

<그림 1-23>에서 Q6이 High이면 2SB834를 동작하도록 하고 상태가 010일 때 IRF510을 동작하도록 하였다. 회로에서는 2SB834가 ON되는 시간과 IRF510이 ON되는 시간의 길이가 나지만 동작에는 전혀 지장이 없다.

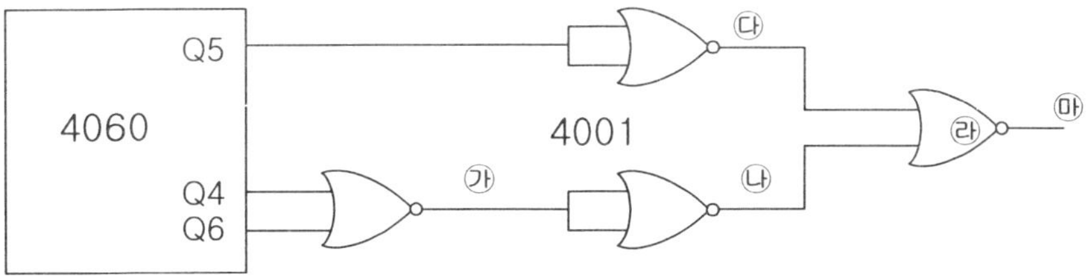

입력			출력				
Q6	Q5	Q4	㉮	㉯	㉰	㉱	㉲
0	0	0	1	0	1	1	0
0	0	1	0	1	1	1	0
0	1	0	1	0	0	0	1
0	1	1	0	1	0	1	0
1	0	0	0	1	1	1	0
1	0	1	0	1	1	1	0
1	1	0	0	1	0	1	0
1	1	1	0	1	0	1	0

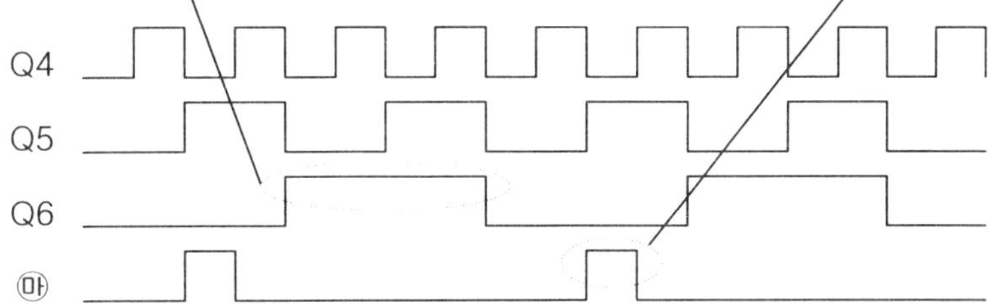

〈그림 1-23〉 논리회로의 타이밍도

작품2 자석으로 열리는 자동문

졸업작품을 제작함에 있어서 외형적인 크기가 꽤 크고 그럴싸하게 움직이는 것이 좋은 반응을 얻게 된다. 예를 들어 메모리에 엄청난 규모의 소프트웨어를 작성하여 넣어도 밖으로는 보이지 않으므로 열심히 노력한 흔적을 나타내기가 매우 어려워지지만, 냉장고 만한 크기의 상자에서 뭔가가 움직이고 불빛이 번쩍번쩍 한다면 기술적으로 별게 아니라 하더라도 노력의 흔적이 쉽게 눈에 띄게 된다. 그런 의미에서 이번 작품은 외형을 좀 크게 해 보려고 생각했다. 일단 자석이 가까이 가면 자동문이 열리고 일정 시간이 지나면 자동으로 닫히도록 설계해 본다. 작품을 제작함에 있어서 전기적인 회로를 설계 제작하는 것보다 기계적인 장치를 제작함이 더 어려울 때가 있는데 이 부분을 쉽게 접근하는 방법을 연구해 본다. 자동문을 움직이려면 전기모터를 구동하고 감속기어를 통하여 회전력을 적절히 조절해야 하는데 쉽게 구할 수 있는 것 중에서 자동차의 안테나를 생각하게 되었다. 승용차에서 라디오를 켜면 안테나가 쑥 올라오고 라디오를 끄면 안테나가 차체 안으로 들어가서 끝 부분만 겨우 보이게 된다. 승용차의 안테나를 구동하는 뭉치를 자동차 부품가게에서 구입하고 안테나 끝에 자동문을 설치한다면 기계적인 장치가 쉽게 해결될 수 있다.

〈그림 2-1〉 **자동차 안테나**

내가 원하는대로 제어하여 자동문을 동작되게 하려면 안테나가 어떤 조건에서 동작되는지 알고 있어야 그에 맞게 회로를 구성할 수 있으므로 안테나의 동작 조건을 살펴보도록 한다.

안테나의 전선은 3가닥이다. 하나는 전원+, 하나는 전원-, 또 하나는 'Control'이다. 전원의 +와 -에 12V를 공급하고 'Control'을 +에 접속하면 모터가 회전하고 안테나는 밖으로 나오게 되며, +에 접속되었던 'Control'의 접속을 해제하면 안테나는 속으로 들어간다. 이때 'Control'이 +에 접속되고 10초, 30초, 10분, 40분이 지나면 모터가 계속 회전할까? 'Control'이 +에 접속된 후 안테나가 끝까지 나왔는데도 모터가 계속 회전된다면 모터에 무리가 가고 망가질 수도 있으므로 일정시간이 지나면 자동으로 모터에 전원공급이 중단되는 타이밍회로가 안테나 뭉치의 내부에 들어 있다. 안테나를 집어넣을 때도 마찬가지로 일정시간이 지나면 모터의 전원공급이 중단된다.

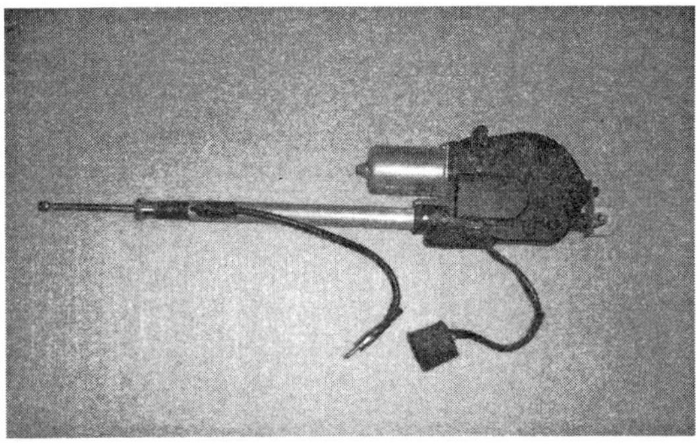

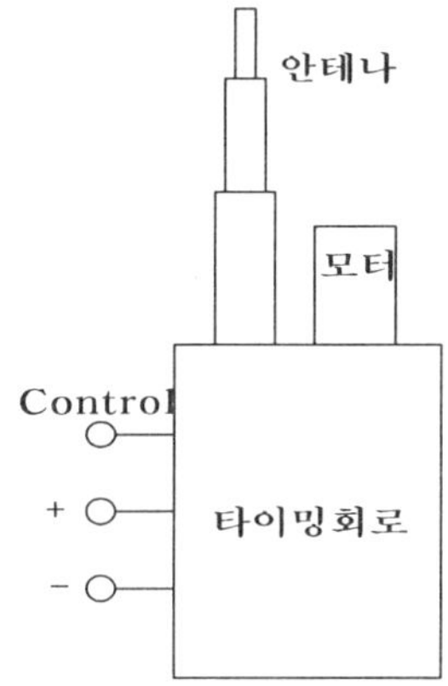

〈그림 2-2〉 자동차 안테나의 외관과 구조

일반적으로 모터를 구동하여 위치를 제어할 때 물체가 원하는 위치에 도달하면 모터의 회전을 멈추게 하는 장치가 필요하며 정확한 위치로 제어하려면 여러 가지가 복잡해진다. 그런데 자동차의 안테나를 사용하면 물체가 원하는 위치에 도달했는지 검출하고 이에 따라 모터를 제어하는 것에는 신경쓰지 않아도 된다는 편리함이 있다. 안테나가 움직이는 거리는 1.2m 정도인데 그 범위 내에서라면 50㎝가 되었건 30㎝가 되었건 끝에서 끝까지 움직이다가 털컹 걸리면 그곳에서 움직임이 멈추기 때문이다.

하여간 자동차의 안테나는 작품의 제작에 매우 유용하게 활용할 수 있다. 값도 저렴하고 구하기도 쉽다. 움직일 때의 힘도 충분하여 웬만한 구조물을 움직이는 데는 이상이 없다.

그런데 구동할 때 2A 이상의 큰 전류가 필요하므로 전원장치가 상당히 강력해야 한다는 점을 미리 생각해 두어야 한다. 녹음기 등에 사용하는 주먹 크기의 12V ADAPTOR 정도로는 구동 전류가 모자라므로 “작품 1”에서 다루었던 폐 컴퓨터의 전원장치를 활용하는 것이 좋다.

1. 문짝과 안테나의 설치

<그림 2-3>과 같이 안테나와 문짝을 설치해 보려 한다. 전체적인 외관의 크기에 따라 문짝의 크기를 정하고 문짝이 움직이는 간격은 50cm가 되었건 30cm가 되었건 상관없이 동작된다.

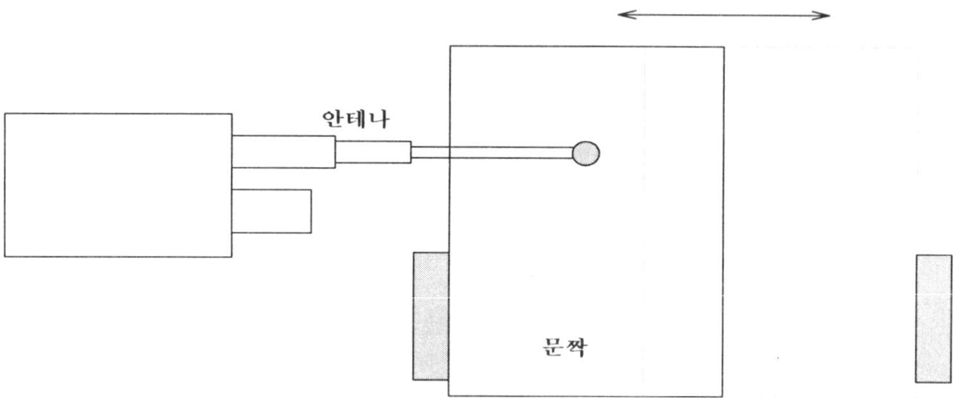

〈그림 2-3〉 **문짝의 구상**

2. 회로의 구상

센서에 자석을 가까이 하면 문이 열리고 자석을 떼면 문이 닫히게 회로를 구상해 본다.

자석이 가까이 있음을 인식하는 홀 센서(Hall sensor) 라는 것이 있다. <그림 2-4>에서 보인 A3144는 다리가 3개인데 '전원+', '전원-', '출력' 이다. 자석이 가까이 가면 내부의 트랜지스터가 ON되어 출력이 Low가 되는 동작이다. A3144의 출력은 Open collector 형태이므로 이에 맞게 회로를 구성해야 한다.

홀 센서에 대하여

도체나 반도체에 전류를 흘리고 여기에 수직방향의 자계를 주면 전류와 자계의 수직방향에 전위차가 생기게 되는 현상을 홀 효과라 한다. 입력 단자간에 전류를 흘리고 전류에 직각 방향으로 센서면에 자계 B를 가하면 전류와 자계 모두에 직각인 방향으로 자계와 제어 전류의 곱에 비례하는 홀 전압이 발생되므로 홀 효과가 이 소자의 동작원리로 이용된다. 홀 소자용 반도체 재료는 InSb, GaAs가 많이 사용된다.

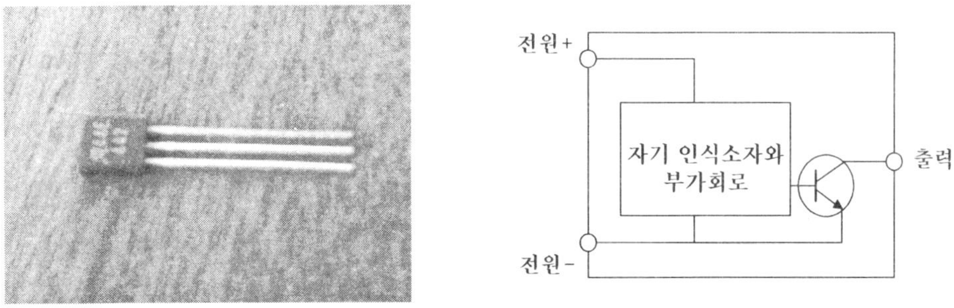

〈그림 2-4〉 **홀센서**

(1) 회로 고안1

<그림 2-5>와 같이 회로를 구성한다면 센서에 자석이 가까이 갈 때 센서의 출력은 Low가 되고, TR은 ON 되므로 안테나의 'Control'에 전원이 공급되어 안테나가 나오게 되며 <그림 2-3>의 구조에서는 문이 닫히게 된다. 이것은 애초에 목표하였던 '자석으로 열리는 자동문'이 아니라 '자석으로 닫히는 자동문'이 되는 것이다. 애초의 목표대로 자석이 센서 가까이 갈 때 문이 열리게 하려면 안테나와 문짝의 방향을 반대로 설치하거나 안테나와 문짝의 중간에 지렛대를 추가하여 운동의 방향을 반대가 되게 하여도 되겠지만, 회로적인 방법으로 한다면 'NOT GATE'를 하나 추가할 수도 있다.

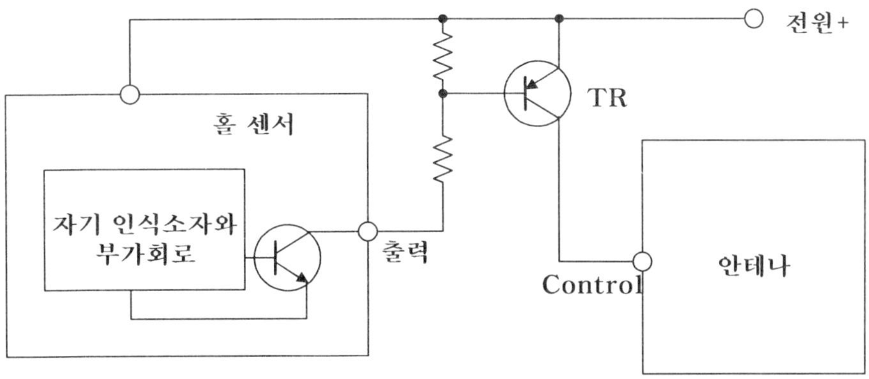

〈그림 2-5〉 **회로의 고안1**

(2) 회로 고안2

<그림 2-6>과 같은 회로라면 자석이 가까이 있어 홀 센서 내부의 트랜지스터가 ON 되면 ㉮점은 Low가 되고, 안테나의 'Control'이 Low가 되므로 안테나는 들어가서 문이 열리게 된다. 반대로 자석이 없으면 홀 센서 내부의 트랜지스터가 Off되어 ㉮점은 High가 되고, 안테나의 'Control'이 High가 되므로 안테나는 나와서 문이 닫힌다.

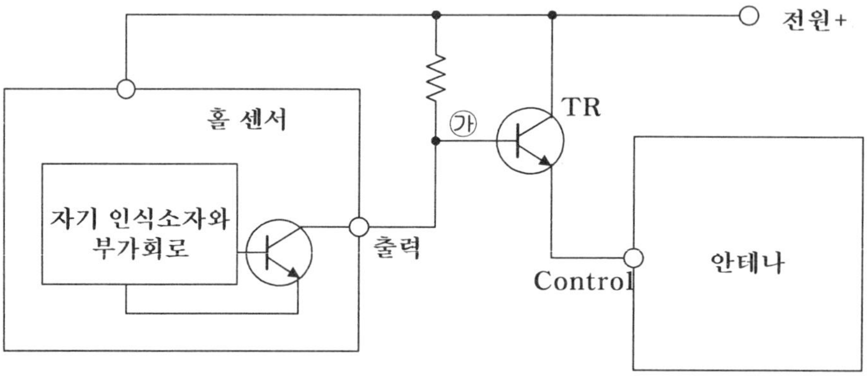

〈그림 2-6〉 회로의 고안2

<그림 2-6>의 회로에서는 자석이 가까이 있으면 문이 열리고 자석이 없으면 바로 문이 닫힌다. 문이 열린 후 자석이 없더라도 일정시간이 지나야 문이 닫히도록 해 본다. 여러 가지 방법이 있겠으나 가장 간단히 콘덴서의 충-방전을 이용하면 <그림 2-7>이 된다.

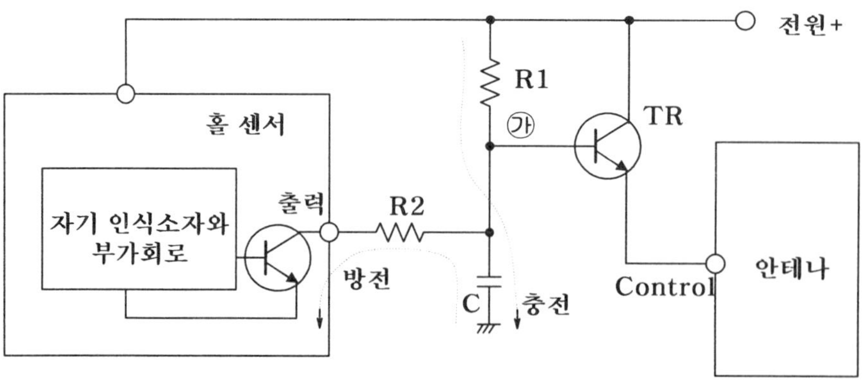

〈그림 2-7〉 충방전을 생각한다

<그림 2-7>에서 홀 센서 내부의 트랜지스터가 ON일 때는 ㉮점이 0V 라고 가정한다. (R2에 비하여 R1이 매우 크다면 ㉮점은 0.5V이하로 된다.) 센서 내부의 트랜지스터가 OFF되면 R1을 통하여 C에 에너지가 공급되며 ㉮점의 전압은 서서히 올라가게 된다. 즉 콘덴서를 충전하는데 시간이 걸리고 충분한 시간이 지나야 안테나의 'Control'은 High가 된다.

콘덴서를 충전하는데 얼마의 시간이 지났을 때 ㉮점이 몇V가 되느냐 하는 것은 R과 C의 값에 따라 달라진다. 이번 작품의 기본 회로에서는 R1, R2, C를 1MΩ, 470Ω, 10μF을 사용하였는데 ㉮점이 Vcc의 $\frac{1}{2}$이 되려면 몇 초가 걸리는지 각자 계산해 보라.

'회로이론' 시간에 배우기를 <그림 2-8>과 같은 회로에서 스위치가 닫힐 때 V_{out}는

$$V_0 = V(1 - 2^{-\frac{t}{RC}})\ [V]$$

라고 배우고 계산하고 시험문제에 답을 썼다.

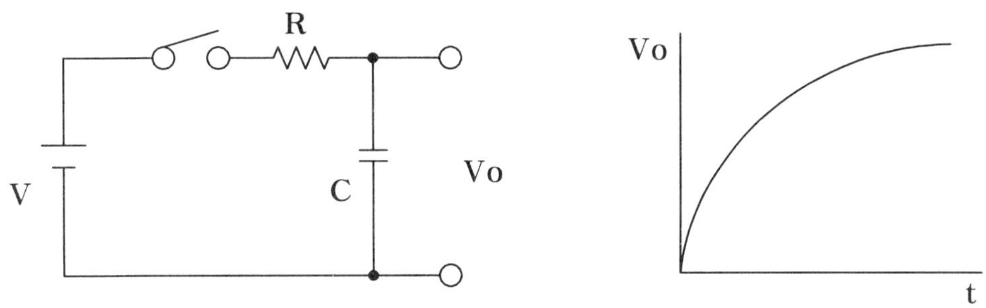

〈그림 2-8〉 **충전 전압**

이걸 배워서 도대체 어디에 써 먹는지를 누구도 말해주지 않으면서....

그런데 이 식이 지금 이런 회로에서 사용되는 것이다. 이론에서 배운 복잡한 수식들이 실제 어디에 적용되는지 관심을 갖고 연구해 보자. 정말 훌륭한 기술자는 이론과 실제가 매칭이 되어야하는 것 아닌가!

3. 자동문의 제작

지금까지 살펴본 바를 적용한 실제 제작한 회로가 <그림 2-9>이다.

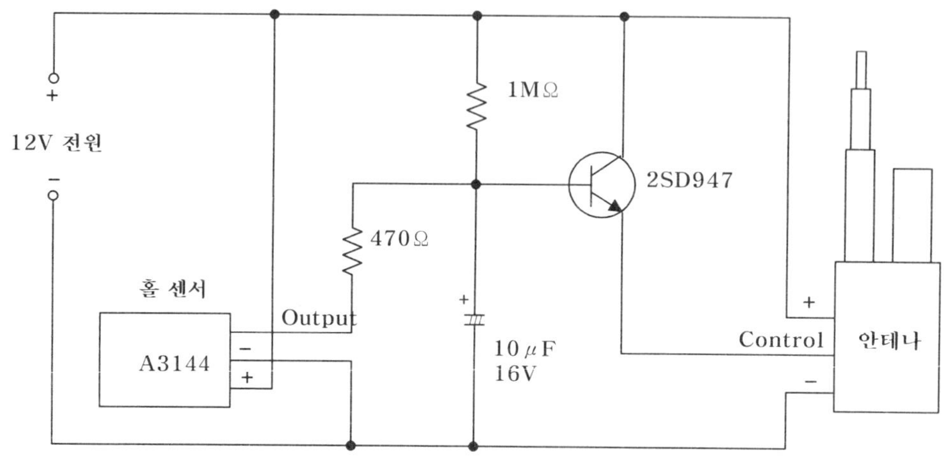

〈그림 2-9〉 **제작의 회로도**

(1) 부품

품명	규격	수량	비고
홀 센서	A3144	1	
트랜지스터	2SD947	1	
저항	470Ω	1	색띠 ; 노랑 보라 갈색
〃	1MΩ	1	색띠 ; 갈색 검정 초록
전해콘덴서	10μF 16V	1	
러그판	7핀	1	
전선		약간	
자동 안테나 어셈블리		1	
자석		1	
합판 및 목재조립 용 재료		필요량	

부품에 대하여

◎ 홀 센서 A3144 ; <그림 2-4>에서 설명한 바와 같이 자석을 인식하는 소자이다.

◎ 트랜지스터 ; 회로에서 콘덴서의 용량이 작으면서도 충전 시간을 길게 하려면 R1의 값이 커야하는데, R1의 값이 크게 되면 트랜지스터의 베이스전류가 적게 된다. 적은 베이스 전류로 트랜지스터가 구동되려면 트랜지스터의 증폭율이 높아야 한다. 2SD947은 내부에 2개의 트랜지스터가 달링턴 접속되어 하나의 트랜지스터처럼 보이는 증폭율이 매우 높으며 허용 전류 또한 충분히 커서 이번 작품에는 제격이라 하겠다. 만약 2SD947을 입수하기 어렵다면 증폭율(h_{FE})이 충분히 큰 NPN 트랜지스터를 대치하여 사용하여도 된다. 예를 들어 KTD1028은 증폭율이 800~3200으로 충분히 크므로 대치 사용이 가능하다.

◎ 러그판 ; <그림 2-10>에서와 같은 모양의 러그판은 PCB라는 기판이 널리 보급되기 전부터 진공관 라디오 등에서 널리 사용하던 것이다. 부품의 수가 많지 않고 조립에 정밀도가 요구되지 않는 간단한 배선에 유용하게 사용할 수 있는 편리한 부품이다.

◎ 안테나 ; <그림 2-2>에서 본 것처럼 승용차에 하나씩 있는 라디오 수신용 안테나를 문을 여닫는 액츄에이터로 활용한 것이다. 폐차장에서 구할 수도 있고 자동차 부품 가게에서 쉽게 구입할 수 있다. 자동차의 전장품 중에는 다른 용도의 작품 제작에 활용할 수 있는 것이 많이 있다. 비올 때 유리창 닦는 와이퍼를 구동하는 감속기어 붙은 모터랄까, 유리창을 아래위로 움직여주는 장치랄까, 차 문을 열 때 키를 돌리면 '철컥'하고 내부에서 뭔가 움직여주는 액츄에이터도 있고, 운전석에서 스위치를 누르면 트렁크가 '딸깍'하고 열리도록 움직여주는 솔레노이드도 있다.

러그판

2SD947

〈그림 2-10〉 러그판과 트랜지스터

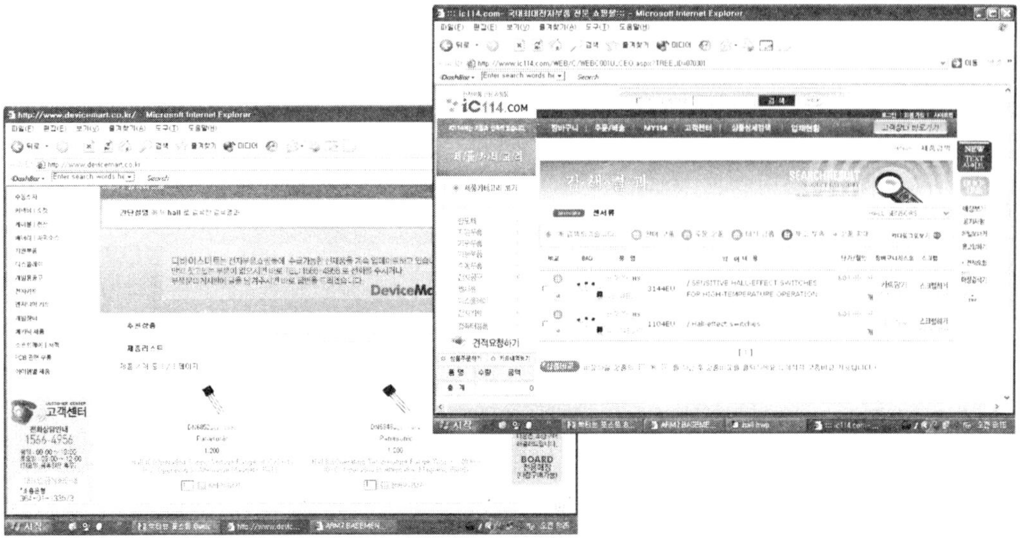

〈그림 2-11〉 **홀센서 검색**

(2) 제작

1) 러그판에 회로 부품을 부착

<그림 2-12>와 <그림 2-13>을 참조하여 러그판에 부품을 납땜하여 부착한다. 이때 방향성이 있는 트랜지스터와 전해콘덴서의 다리를 잘 구별하여 납땜한다.

◎ 트랜지스터는 'D947'이라는 글씨가 정면으로 보일 때 왼쪽에서 E C B의 순서이다.

◎ 전해콘덴서는 다리가 긴 쪽이 +인데, 다리가 잘려서 구별이 잘 안될 때에는 몸통을 돌려보면 - 로 표시된 쪽의 다리를 확인할 수 있다.

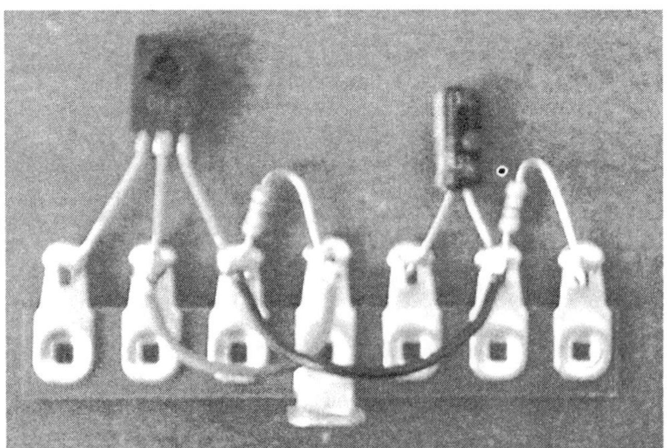

〈그림 2-12〉 **러그판에 부품이 납땜된 모습**

2) 외관과 문짝의 제작 그리고 안테나와 센서의 배선

<그림 2-13>은 회로관련 부품의 배선 상태를 보인다.

실제로 작품을 제작할 때에는 나무를 잘라 문짝의 움직임이 부드럽게 되도록 외관의 형체를 완료한 후 배선하는 것이 순서이겠지만 러그판의 납땜과 관련하여 미리 배선도를 본다.

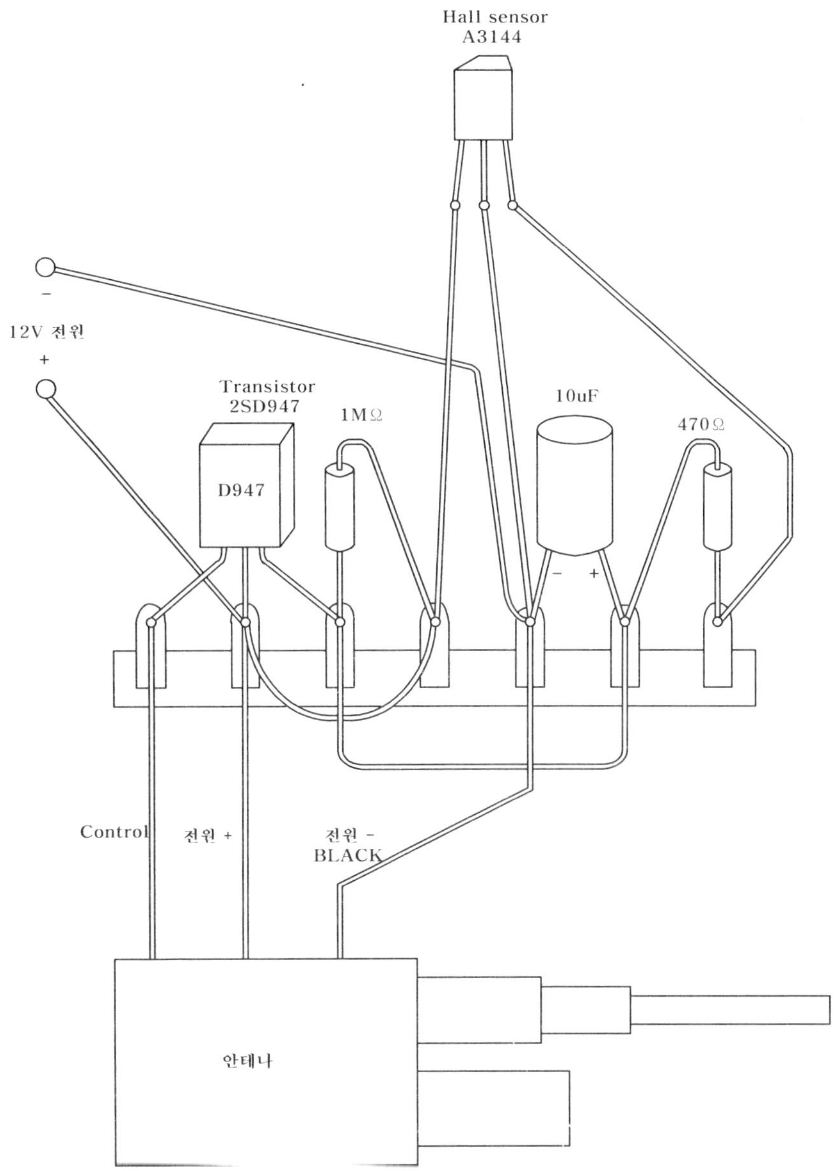

〈그림 2-13〉 배선도

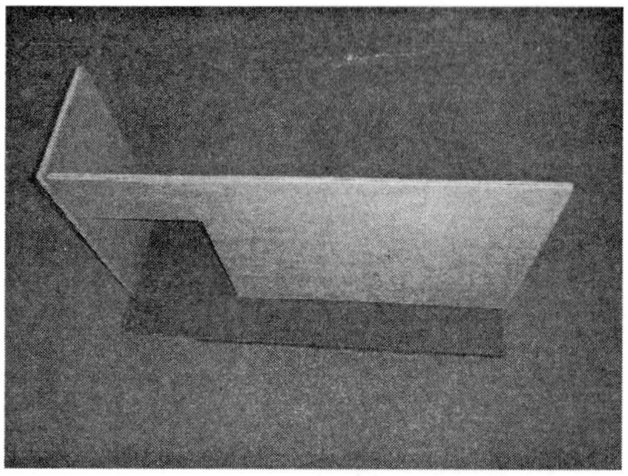

〈그림 2-14〉 합판으로 외관을 조립

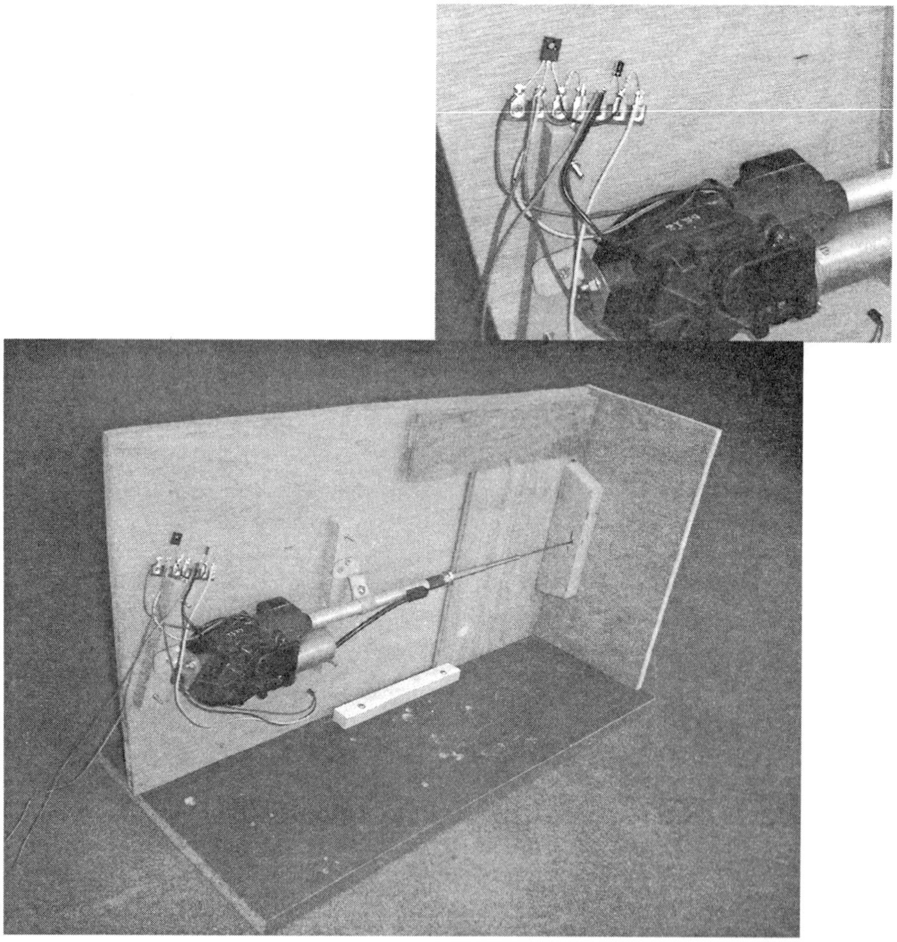

〈그림 2-15〉 자동문에 배선이 완료된 모습

안테나의 전선을 구별하는 방법

안테나의 전선은 3가닥인데 검정(Black)은 전원-이다. <그림 2-16>에서 검정이 아닌 두 개 중 하나를 +에 접속하고 남는 전선을 +에 붙였다 뗏다 해 본다. 안테나가 정상적으로 들어갔다 나갔다 한다면 붙였다 뗏다 하던 전선이 'Control'이다. +와 'Control'을 서로 바꿔서도 해 보면 차이를 알 수 있다.

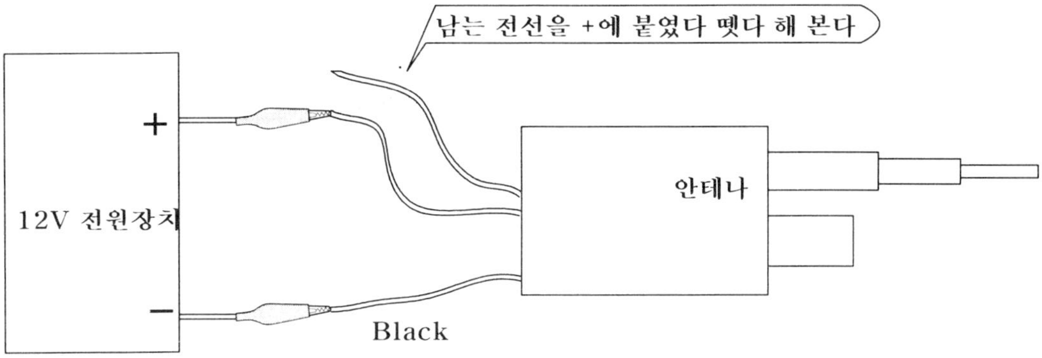

〈그림 2-16〉 어떤 전선이 'Control'일까?

센서를 접속할 때

센서와 다른 부품 사이의 접속에서 꽤 긴 전선을 사용할 수 밖에 없다. 센서의 다리는 3가닥인데 서로 바뀌지 않게 잘 구별해서 접속해야 한다. 'A3144'라는 글씨가 정면으로 보일 때 왼 쪽에서부터 +, -, out의 순이다. 필자도 테스트 중 동작이 안되어 살펴보니 센서에서 엄청 열이 나고 있었다. 에고 내가 이런 실수를 하다니....센서를 뒤집어 납땜한 거죠...

센서를 전선에 납땜하고 열수축튜브 등을 사용하여 다리끼리 서로 쇼트되지 않도록 한다.

(3) 동작 테스트

제작이 완료되면 잘못된 곳이 없는지 한 번 더 확인한 후 전원을 공급한다.

센서에 자석이 가까이 가면 문이 열리고, 자석을 멀리한 후 약 10초가 지나면 자동으로 문이 닫힌다. 센서는 자석의 N극 S극에 따라 반응정도가 다르므로 N극 S극을 서로 바꾸면서도 실험해 본다.

(4) 자석으로 닫히는 자동문

<그림 2-9>의 회로에 <그림 2-15>처럼 제작된 자동문은 '자석으로 열리는 자동문' 이었다. 이제 회로를 약간 변경하여 '자석으로 닫히는 자동문'을 생각해 본다. <그림 2-9>의 회로에서는 홀 센서의 'Output'이 Low일 때 안테나의 'Control'이 Low이지만 <그림 2-17>의 회로에서는 홀 센서의 'Output'이 Low일 때 안테나의 'Control'이 High가 된다. 즉 자석이 센서에 가까이 갈 때 안테나에 입력되는 신호가 서로 반대이므로 '열림/닫힘' 반대의 동작이 된다.

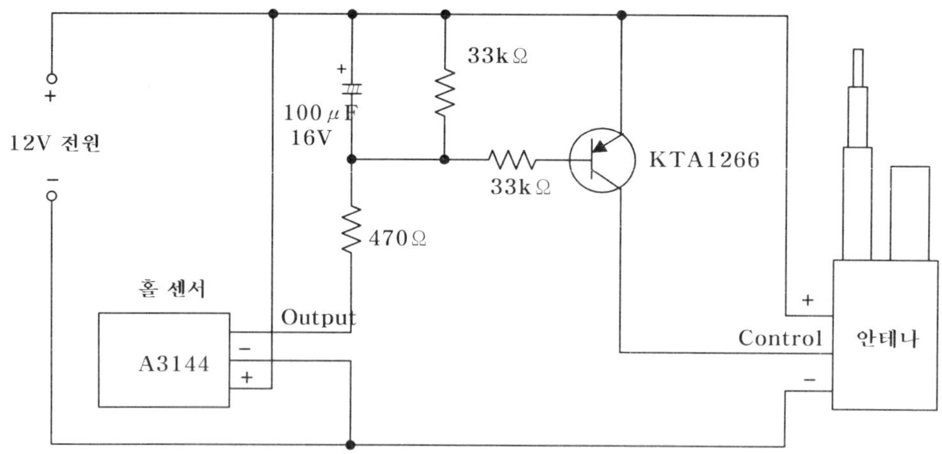

〈그림 2-17〉 **자석으로 닫히는 자동문의 회로**

〈그림 2-18〉 **러그판에 납땜된 회로 부품**

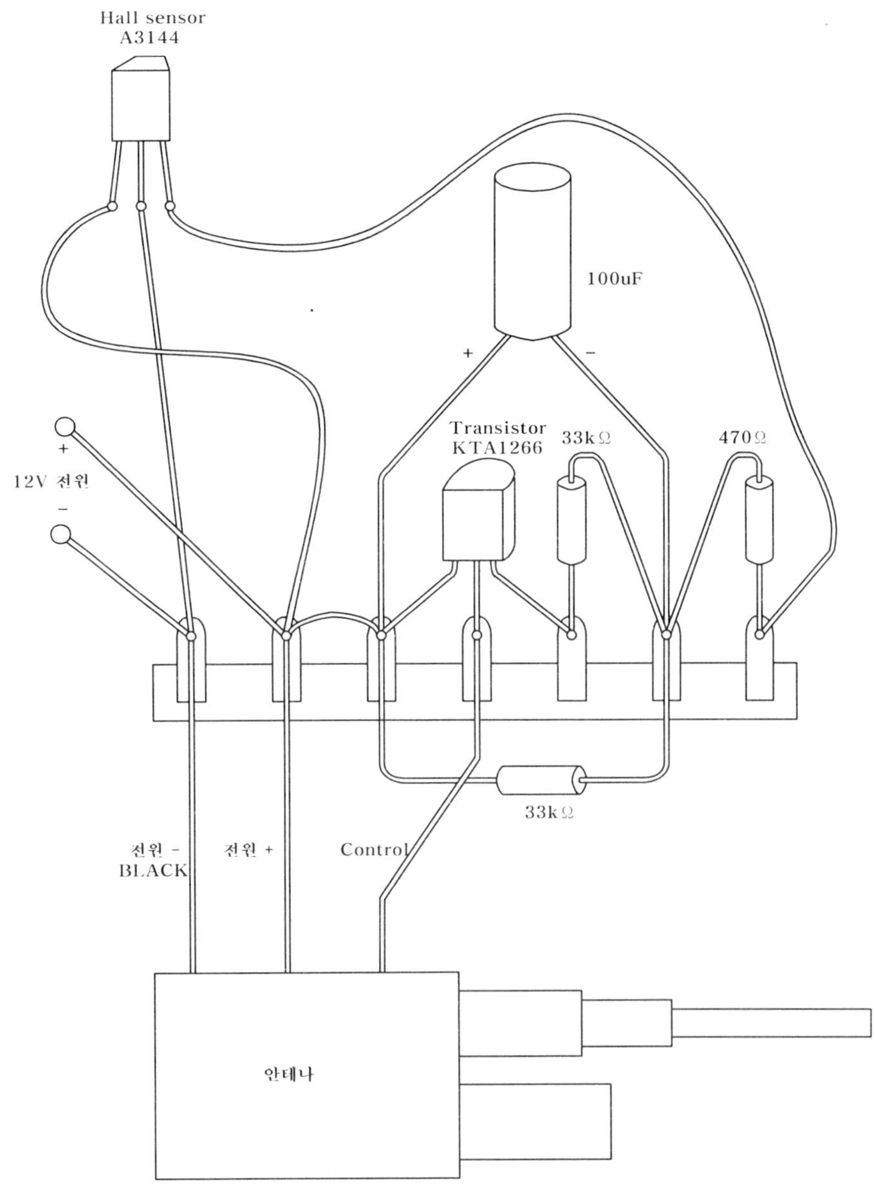
Hall sensor
A3144
100uF
+
-
Transistor
KTA1266
33kΩ
470Ω
+
12V 전원
-
33kΩ
전원 -
BLACK
전원 +
Control
안테나

〈그림 2-19〉 배선도

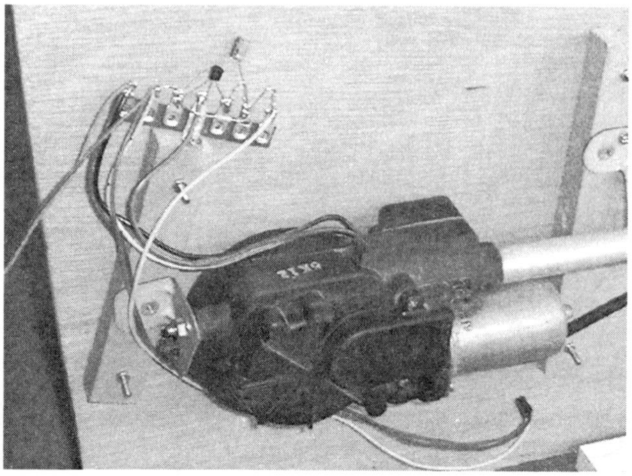

〈그림 2-20〉 완성된 자석으로 닫히는 자동문

4. 문을 움직이는 다른 방법

자동문을 움직이기 위하여 <그림 2-21>과 같은 방법을 생각해 본다.

문짝의 움직임이 너무 빠른 것도 곤란하므로 적절한 속도가 되도록 모터에 감속기어를 장치한다. 자동차 엔진의 피스톤과 크랭크가 움직이듯이 모터에 의한 회전체의 움직임은 문짝의 왕복운동으로 변환된다. 이러한 구조에서는 모터가 계속 회전하여도 문짝은 일정한 위치를 반복하여 왕복하게 된다. 커넥팅로드가 연결된 회전체에 자석과 센서를 배치하되 문짝의 왕복운동 이쪽 끝과 반대쪽 끝에서 센서와 자석이 만나도록 한다면 문짝이 닫힘과 열림을 검출할 수 있다. 즉 문이 열렸을 때 자석이 센서A의 위치에, 문이 닫혔을 때 자석이 센서B의 위치에 있도록 한다.

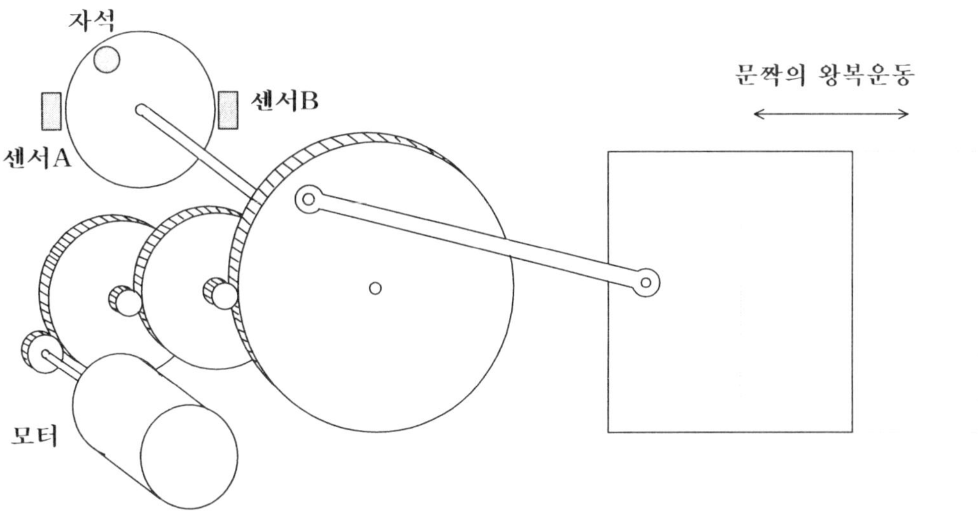

〈그림 2-21〉 이런 형태로 하면 어떨까

<그림 2-21>과 같은 구조로 문을 움직이도록 실현해 보는 방법으로 과학상자의 부품을 활용하여 보았다.

** 앵글을 사용하여 전체의 형태를 구성하고 문짝이 움직이도록 한다.

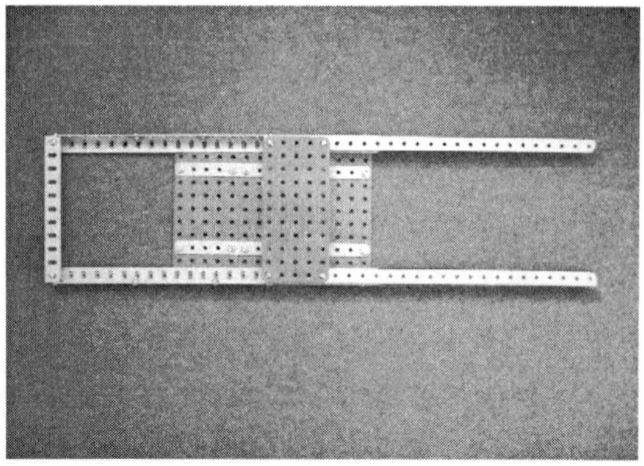

〈그림 2-22〉 **앵글로 형태를 구성**

** 체인기어를 사용하여 모터의 회전수를 감속한다.

〈그림 2-23〉 **모터와 감속 기어**

** 크랭크가 연결되는 축에 자석을 부착하고 자석의 위치에 맞게 센서를 부착한다.

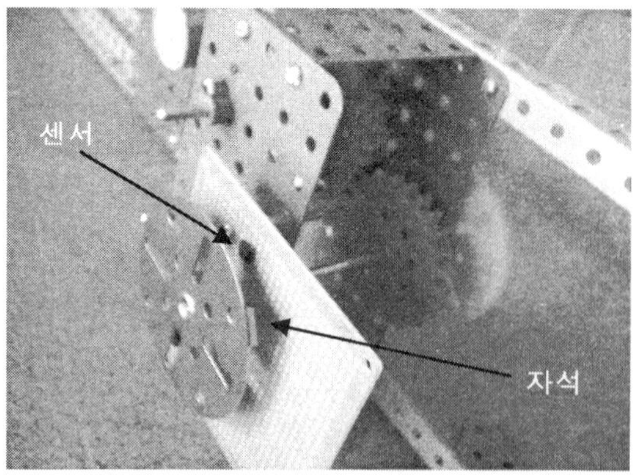

〈그림 2-24〉 **센서와 자석의 배치**

** 회전운동을 문짝의 왕복운동이 되도록 구조물을 조립한다.

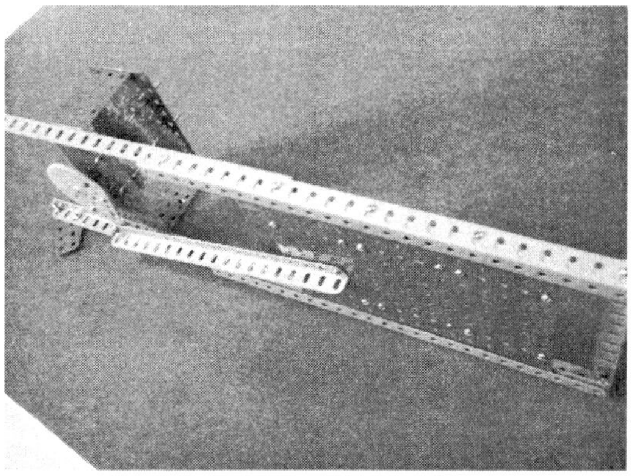

〈그림 2-25〉 **완성된 구조물**

회로의 구상

<그림 2-21>에서 문이 열리고 닫히는 구조를 본다면 자석이 붙은 크랭크 축이 180° 회전하면 문이 열리고 또 180° 회전하면 닫히도록 되어 있다. 모터를 계속 같은 방향으로 회전하여 크랭크 축이 180° 회전한 후 멈추면 되는 것이다. 이러한 동작이 되도록 설계된 <그림 2-26>의 회로를 본다. 논리회로는 4개의 NAND 게이트를 사용하여 2개의 래치를 구성하였다. 래치의 출력은 다이오드로 연결되어 있으므로 래치의 출력이 하나만 High가 되어도 모터가 회전한다. 모터가 회전하여 자석이 센서에 접근하면 래치의 출력은 Low가 되고 모터의 회전은 멈춘다. 스위치를 누르면 래치의 출력이 High가 되므로 모터가 회전하고 센서에 자석이 접근하면 모터가 멈추는 동작이다.

작품의 제목이 자석으로 동작하는 것이므로 모터를 스타트하는 스위치 대신 센서를 장치하면 <그림 2-27>의 회로가 된다. 스위치 자리에 센서가 들어간 것 외에는 다를 것이 없다. <그림 2-26>의 회로에서 스위치 하나는 문을 여는 것이고 하나는 닫는 것이며 <그림 2-27>에서 동작센서 2개도 마찬가지이다. 이 2개의 센서를 하나로 합쳐도 된다. <그림 2-28>처럼 동작센서를 하나로 합친다면 문이 열려있을 때 동작센서에 자석이 접근하면 문이 닫히고, 문이 닫혀있을 때 동작센서에 자석이 접근하면 문이 열리게 된다.

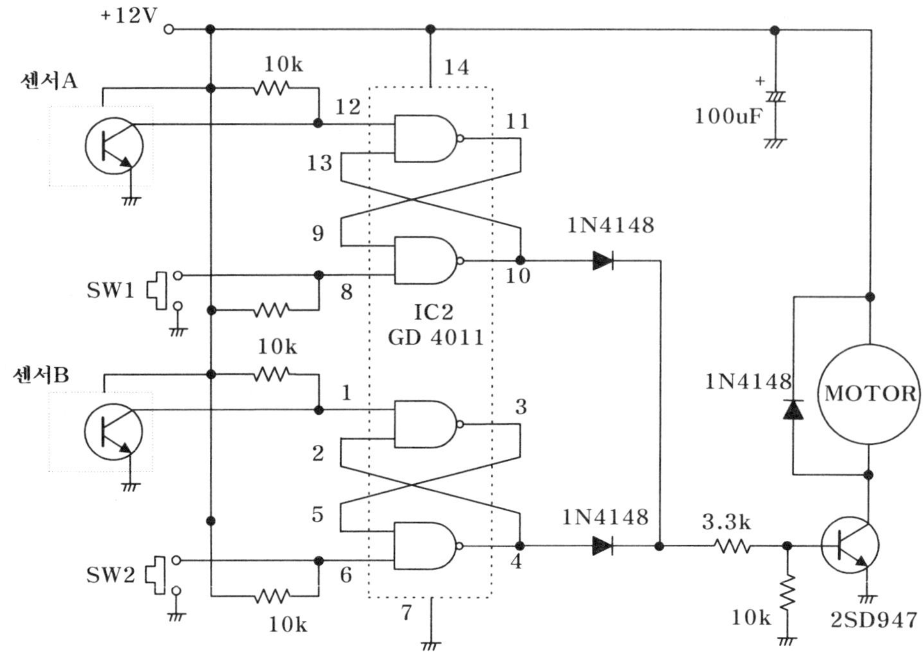

〈그림 2-26〉 **자동문의 회로 1**

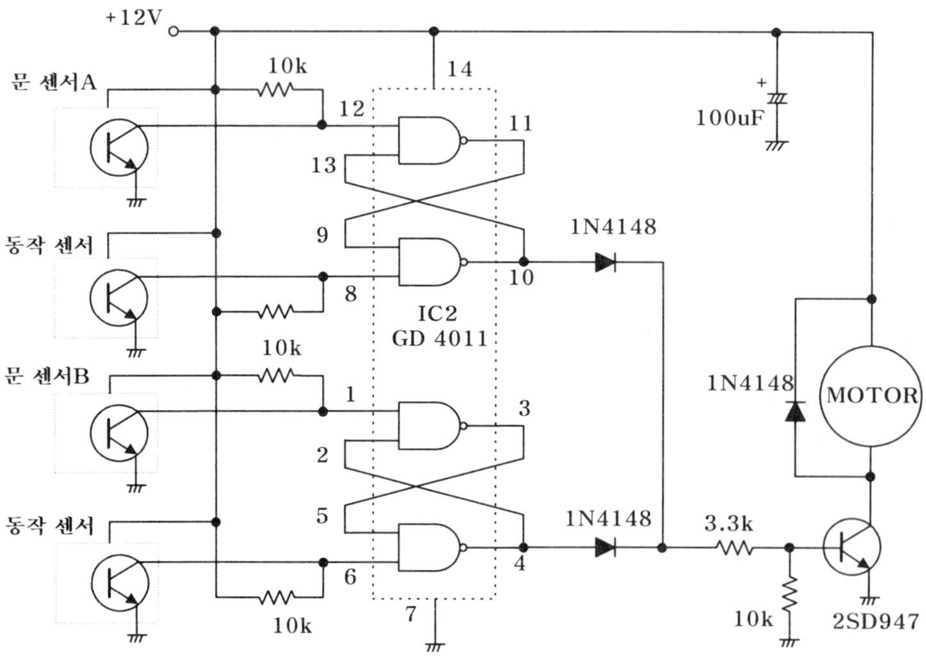

〈그림 2-27〉 **자동문의 회로 2**

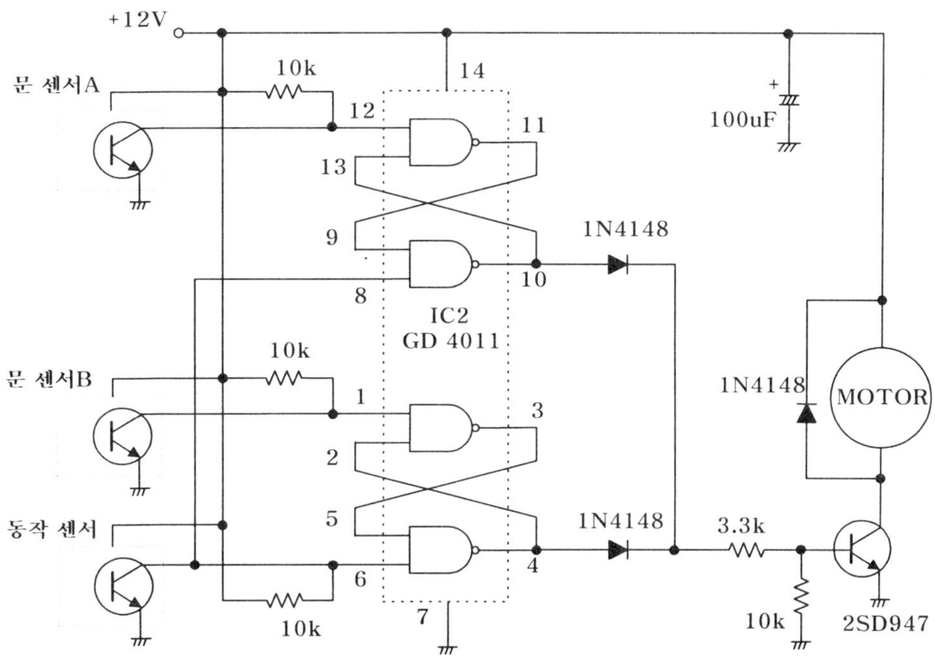

〈그림 2-28〉 자동문의 회로 3

작품3 번호인식 자동문

문에 설치된 자판에 숫자를 입력하여 미리 기억해둔 비밀번호와 일치하면 문이 열리는 장치를 제작해 본다. <그림 3-1>에서와 같은 이러한 장치는 우리 주변에서 널리 사용하고 있다. 아마추어가 아무리 열심히 만들어 보아도 <그림 3-1>의 실제 제품보다 우수하게 만들 수는 없을 것이다. 자동차 공학과에서 폐차의 부품을 조립하여 자동차의 구조를 연구할 겸 차량을 정성들여 제작하여 보았을 때 실제 판매되는 자동차의 성능만큼 될 리는 없다.

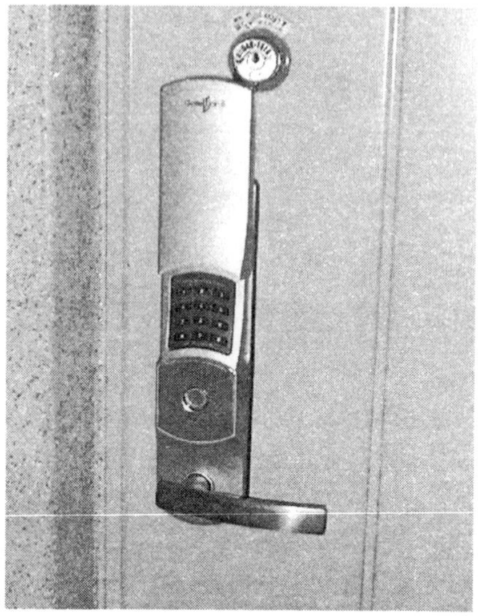

〈그림 3-1〉 **실제 도어록**

이 책에서의 작품제작 또한 시판되는 제품보다 우수한 작품을 만드는 것이 목표가 아니라, 작품제작을 통하여 전자회로를 이해하고 본인의 아이디어로 무엇인가를 완성한다는데 의의를 둘 수 있을 것이다.

1. 회로의 구상

비밀번호를 입력하여 기억시켜두고, 문에서 누르는 번호가 기억된 비밀번호와 일치하면 문이 열리는 장치를 제작하기 위한 회로를 생각해 본다. 어떤 숫자를 기억하고, 입력된 숫자와 같은지 비교하여 출력하는 등의 동작을 구현하는 데에는 마이크로콘트롤러가 딱 제격이나 이 책에서는 개별논리회로를 조합하여 제작하는 것으로 회로를 구상해 본다. 예를 들어 <그림 3-1>에서와 같은 동작을 개별논리회로의 조합으로 만들기에는 너무 어려워지므로 회로가 간단해질 수 있도록 기능을 축소, 변형하여 제작하기로 작정하였다. 즉

◎ 기억되는 비밀번호는 반도체 메모리가 아니라 Dip Switch를 사용한다. 즉 스위치를 ON/OFF한 상태가 비밀번호 역할을 한다.

◎ 누르는 숫자를 순차적으로 누르는 것이 아니라 한꺼번에 누르는 것으로 생각하였

다. 즉 비밀번호가 2578이라면 4개의 버튼을 동시에 누를 때 동작되도록 하였다. 그러므로 같은 숫자가 2회 이상 있는 비밀번호는 설정할 수 없다.

(1) 숫자가 같은지 비교하는 방법

비밀번호와 문에서 누르는 숫자가 일치하는지를 검출하는 방법으로 Exclusive OR Gate를 사용한다. <그림 3-2>의 진리표에서 두 입력이 같으면 '0'이고 두 입력이 다르면 '1'이 출력된다.

비밀번호와 입력번호가 하나라도 틀리면 '1', 모두 맞을 때 '0'이 출력된다.

GD4070

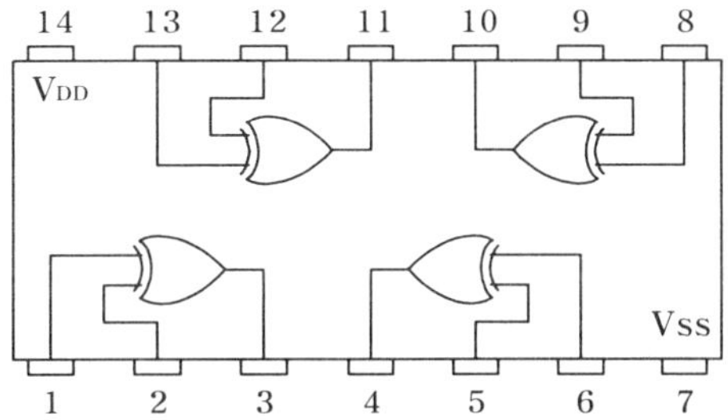

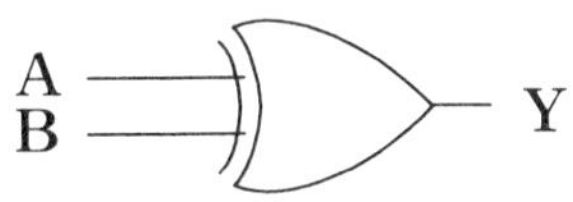

A	B	Y
0	0	0
0	1	1
1	0	1
1	1	0

두 입력이 같으면 '0'이다

〈그림 3-2〉 X-OR 게이트와 진리표

(2) 모든 숫자가 일치할 때 출력하기

비밀번호와 문에서 누르는 숫자가 모두 일치할 때 출력이 되도록 하는 데에는 AND GATE를 사용하면 되겠지만, 여기서는 다이오드를 사용하여 보았다. <그림 3-3>에서 입력이 3개로 가정할 때 3개의 입력 중 하나만 High이면 ㉮점은 High가 된다. 이때 Exclusivc OR Gate가 NOT Gate로 동작하므로 ㉯점은 Low가 된다. 바꾸어 말하면 입력 3개가 모두 Low일 때만 ㉯점은 High가 된다. 비밀번호와 문에서 누르는 숫자가 일치할 때 Low가 입력되므로 모든 숫자가 일치하면 출력이 High가 되는 것이다.

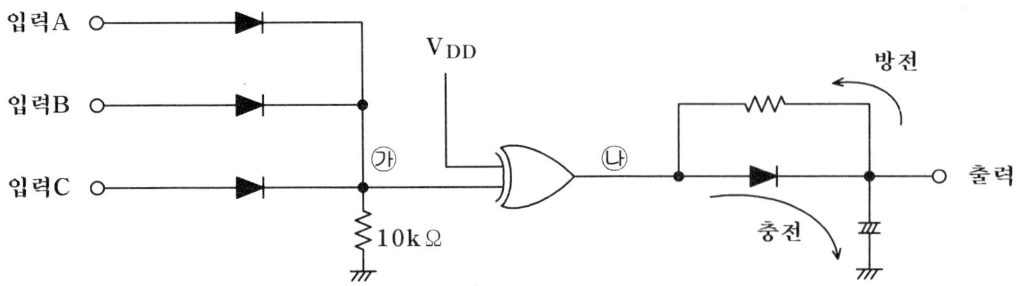

〈그림 3-3〉 신호의 처리

(3) 출력 상태를 얼마간 유지하기

숫자를 누르고 번호가 일치하면 문이 열린 후 사람이 통과하기까지 몇 초간 열린 상태를 유지할 필요가 있다. <그림 3-3>에서 콘덴서는 바로 상태유지용이다. ㉯점이 High가 되면 다이오드를 통하여 지체없이 충전하여 출력을 High로 하고, ㉯점이 Low가 되면 저항을 통하여 방전되므로 콘덴서의 전압이 떨어지기에는 얼마간의 시간이 소요된다.

2. 제작용 회로도

문을 열고 닫은 기구적인 구조는 앞에서 본 '작품2 자석으로 열리는 자동문'에서와 같이 자동차용 안테나를 사용하도록 생각하였으며, 이에 맞게 회로를 구성하였다. 번호가 일치하여 출력이 High가 된 후 얼마간 그 상태를 유지하는 방법으로 LM555를 사용한 단안정 멀티바이브레이터를 사용한다면 <그림 3-4>의 회로가 된다. 또 <그림 3-3>에서와 같이 단순히 콘덴서의 충방전을 이용하여 구성한 회로는 <그림 3-5>이다. <그림 3-4>와 <그림 3-5>의 회로를 비교해 본다면 <그림 3-4>가 더 확실한 것이라 하겠으나 비용 및 부품활용의 효율성에서는 <그림 3-5>가 더 좋다. 표준 CMOS IC 4070에는 Exclusive OR Gate가 4개 들어 있으므로 <그림 3-4>의 회로에서 IC 3개를 사용하고 게이트 2개는 어차피 남게 된다. <그림 3-5>에서는 남는 게이트 하나를 활용한 것으로 의의를 둘 수 있다.

이 책의 작품을 제작용으로 기판이 첨부되어 있는데 이번 작품으로는 <그림 3-5>의 회로를 사용하여 제작하도록 준비하였다.

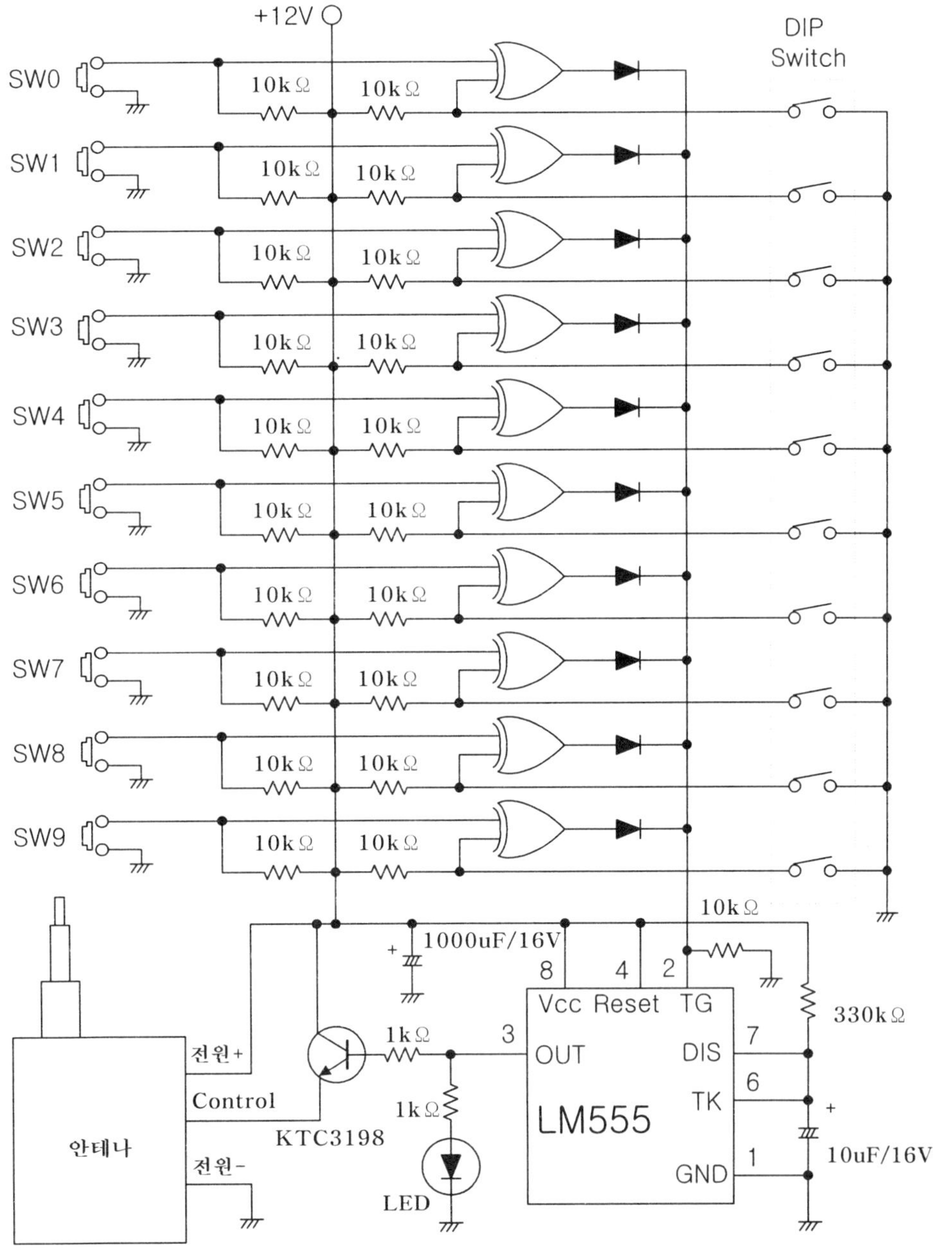
+12V
DIP
Switch
SW0
SW1
SW2
SW3
SW4
SW5
SW6
SW7
SW8
SW9
10kΩ
1000uF/16V
8
4
2
Vcc Reset TG
OUT
DIS
TK
GND
LM555
3
7
6
1
330kΩ
10uF/16V
1kΩ
KTC3198
LED
전원+
Control
전원-
안테나

〈그림 3-4〉 참고용 회로도

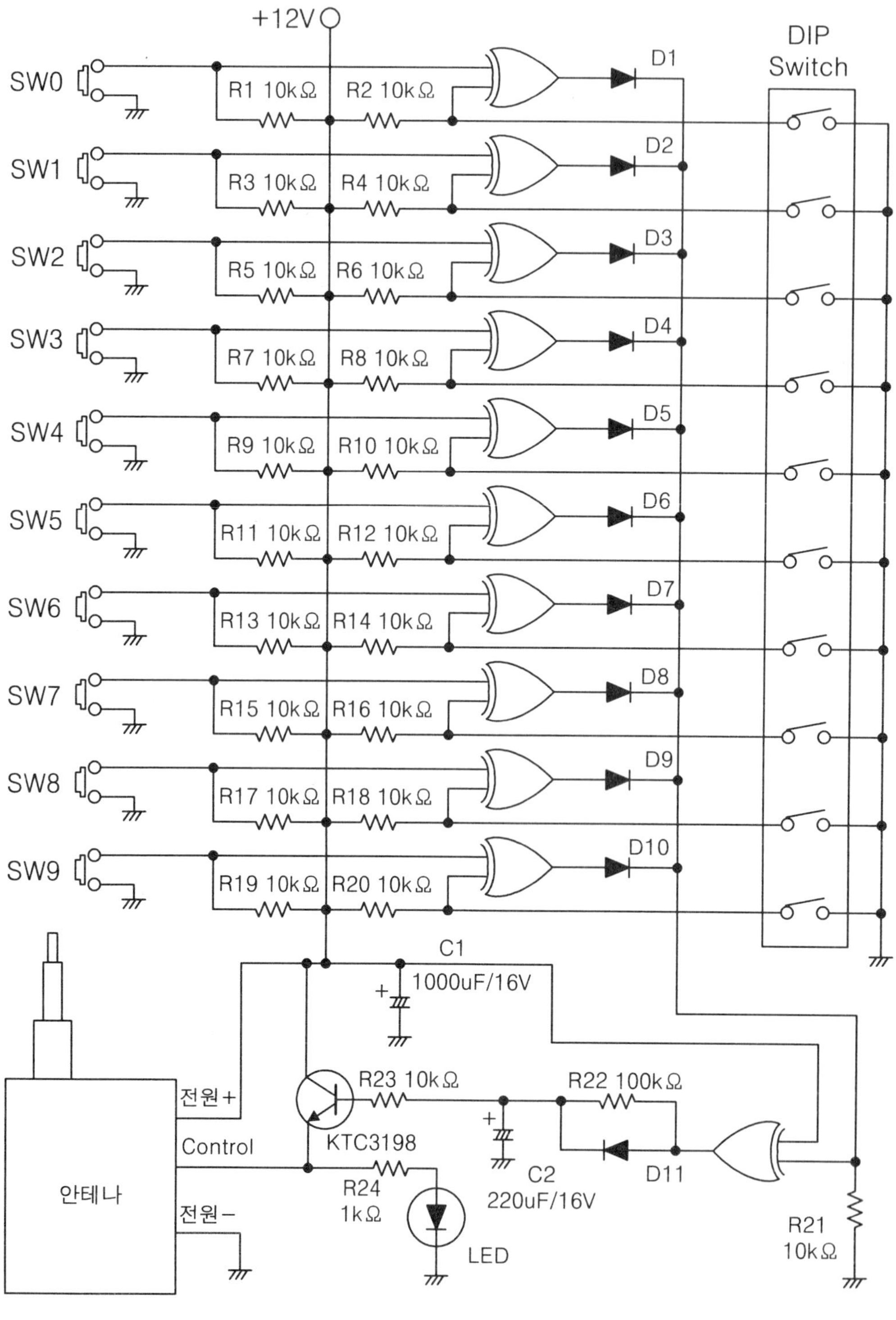

〈그림 3-5〉 **실제 제작용 회로도**

3. 부품

품명	규격	수량	비고
IC	4070	3	
트랜지스터	KTC3198	1	
다이오드	1N4148	11	
LED		1	
전해콘덴서	1000㎌16V	1	
	220㎌16V	1	
저항	1㏀	1	색띠 ; 갈색 검정 빨강
	10㏀	22	색띠 ; 갈색 검정 주황
	100㏀	1	색띠 ; 갈색 검정 노랑
스위치	TACT SWITCH	10	
	DIP switch 10회로	1	
자동 안테나 어셈블리		1	

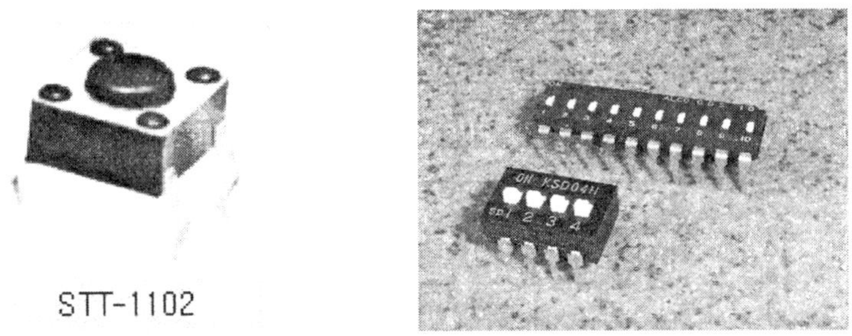

〈그림 3-6〉 택트 스위치와 딥 스위치

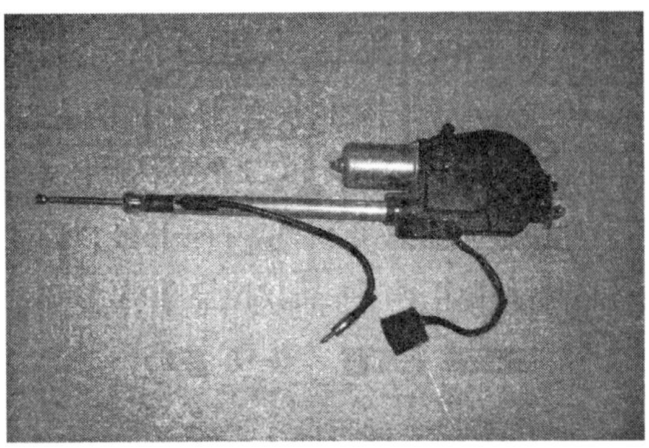

〈그림 3-7〉 자동차 안테나

4. 제작

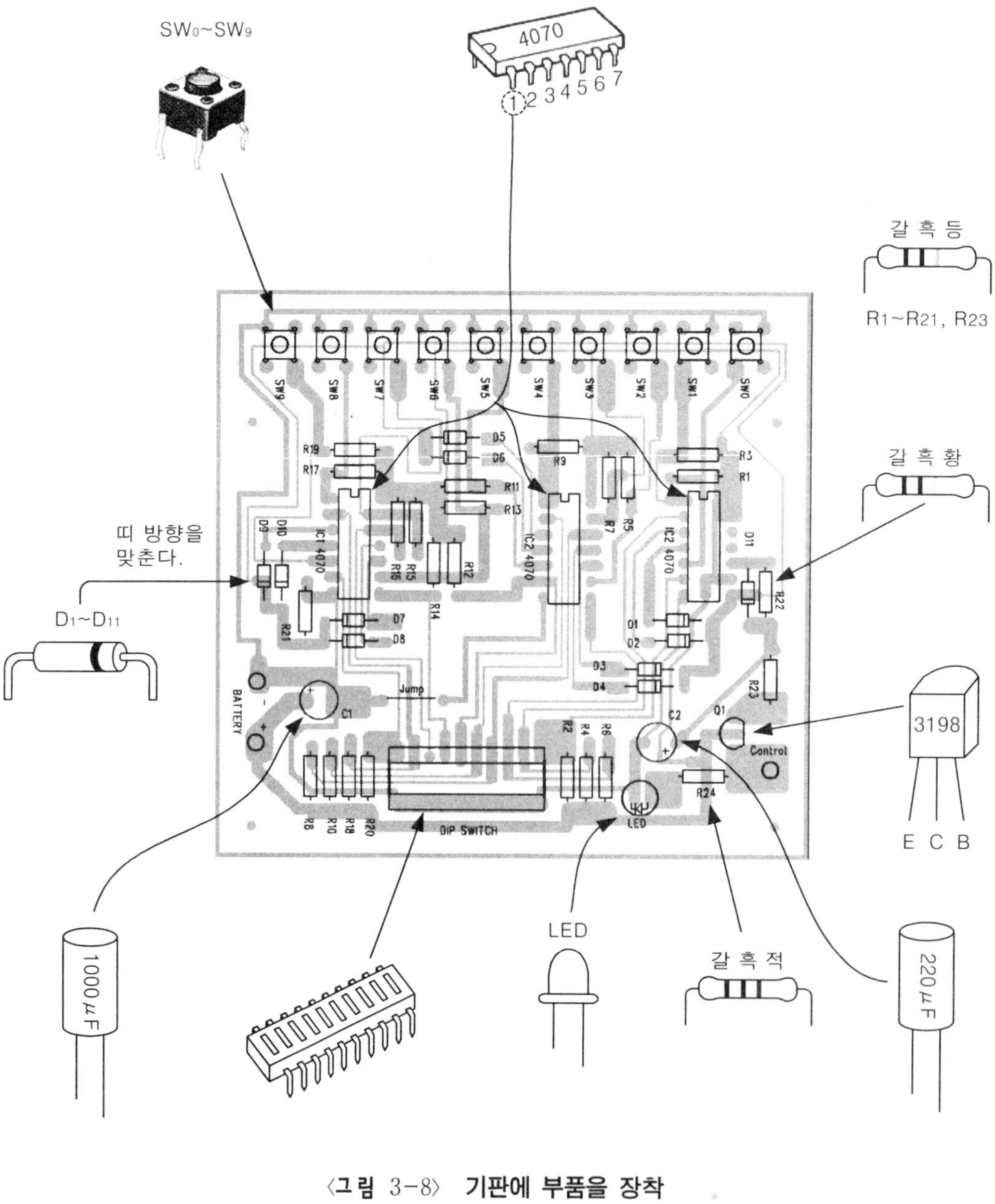

〈그림 3-8〉 **기판에 부품을 장착**

〈그림 3-9〉 완성된 기판

배선

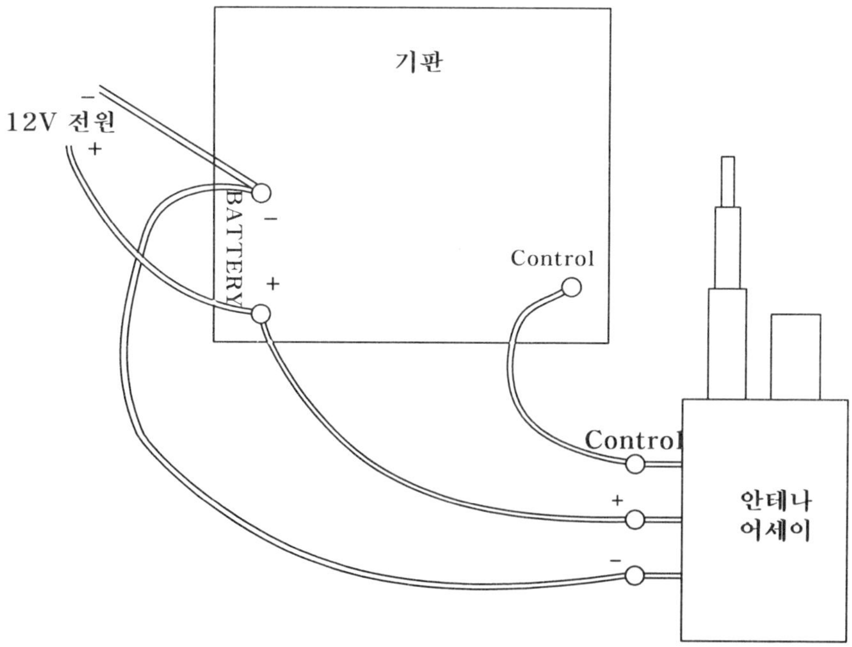

〈그림 3-10〉 배선

5. 동작 확인

(1) 기판 상태에서 동작 확인

기구적인 작동장치를 연결하기 전에 기판 상태에서 동작을 확인한 후 이상이 없으면 다음 작업을 하도록 하는 것이 좋다.

① 전원 12V를 공급한다.

② 기판의 DIP SWITCH를 모두 ON 상태와 모두 OFF상태로 2회 정도 반복하면서 LED의 상태를 본다. 택트 스위치를 누르지 않은 상태에서 DIP SWITCH가 모두 모두 OFF상태이면 LED가 켜지게 된다. 이는 택트 스위치와 DIP SWITCH의 상태가 일치하기 때문이다. DIP SWITCH가 어느 쪽이 ON 상태인지 잘 모를 경우에도 LED가 켜지는 상태로 ON/OFF의 위치를 알 수 있다.

③ DIP SWITCH를 모두 OFF 상태에서 하나만 ON 상태로 한다. SW0부터 SW9까지 한번 씩 눌러 본다. LED가 켜지는 스위치가 있다.

④ DIP SWITCH를 모두 OFF 상태에서 2개를 ON 상태로 한다. 대응되는 택트 스위치 2개를 동시에 누르면 LED가 켜진다.

⑤ DIP SWITCH를 모두 OFF 상태에서 1,2,3,4 4개를 ON 상태로 한다면 SW1,2,3,4를 동시에 누를 때 LED가 켜지고 택트 스위치에서 손을 떼면 몇 초간 LED의 켜짐이 유지된다.

(2) 문이 달린 상태에서 동작 확인

<그림 3-10>을 참조하여 기판과 자동차 안테나를 배선하고 '작품1'에서 제작한 전원장치로 전원을 공급하여 동작을 확인한다.

이번 작품의 전원전압은 12V이므로 12V의 전원장치 아무 것이나 연결하면 될 것으로 예상하면 안된다. 자동차 안테나의 동작 전류는 1A이상인데 전류가 모자라는 전원장치로는 동작이 곤란하기 때문이다.

<그림 3-5>의 회로를 사용하여 제작한 '번호인식 자동문'의 동작은 번호가 일치하였을 때 출력이 'High'가 되는 것인데 문짝과 안테나의 위치에 따라 문이 열려야할 때 닫히는 상황이 발생할 수 있다. 이런 경우에는 회로의 중간에 'NOT 게이트'를 끼워 넣으면 된다. 회로에서 IC 4070 3개를 사용하여 게이트 12개 중 1개가 남아 있으므로 남

은 하나의 X-OR게이트를 활용하여 'NOT 게이트'로 쓰면 된다.

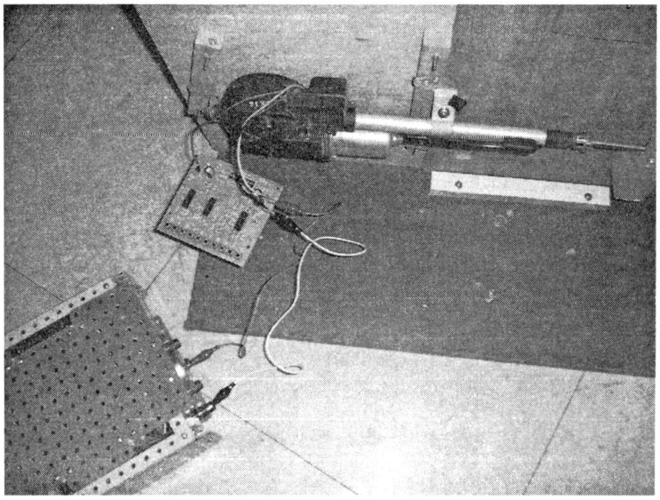

〈그림 3-11〉 동작 테스트 하기

작품4 엘리베이터의 제작

우리의 삶이 도시화가 진행되고 좁은 땅에 많은 사람이 살면서 어쩔 수 없이 고층건물이 생겨나게 되었다. 고층건물을 오르내릴 때 엘리베이터는 필수적인 장치가 되었다. 얼마 전 필자가 프랑크푸르트에 갔을 때 프랑크푸르트 역 앞의 어떤 건물에서 100년은 되어 보이는 엘리베이터를 타고 4층 건물을 오르내린 적이 있다. 이 엘리베이터는 아래위로 오르내리는 것이 자동일 뿐 문을 여닫는 것은 수동이었다. 엘리베이터를 탈 때 손으로 문을 열고 들어가서 문을 닫은 후 3층 버튼을 누르면 매우 천천히 3층으로 이동하고, 내릴 때에는 손으로 문을 열고 내린 후 문을 닫아 주어야 하는 엘리베이터였다. 문은 쇠막대가 엮어진 철조망 같은 형태이므로 문을 닫아도 내부가 훤히 보이는 것은 물론 철조망 사이로 손을 뻗으면 닫힌 문 밖 사람과 악수가 가능한 형태였다. 그 건물이 박물관도 아니고 돈이 없어서 최신형으로 바꾸지 못한 것도 아닐텐데 하여간 매우 오래된 엘리베이터를 타 본 것이 매우 인상적이었다.

이번 작품은 문짝이 열리고 닫히는 동작은 생략하고 원하는 층으로 이송이 가능한 매우 원시적인 형태의 엘리베이터를 구현해 보려한다.

1. 구조물의 구상

엘리베이터는 웜기어를 사용하여 모터의 회전수를 감속하고, 감속된 축에 강철 케이블이 감겨 있으며 그 강철 케이블에 탈것이 매달려 있는 구조이다. 웜기어를 사용하는 것은 모터의 회전력이 케이블에 전달되기는 하지만 반대로 케이블의 힘으로 모터를 회전하는 것은 불가능하기 때문이다.

실제의 엘리베이터의 구조는 <그림 4-1>과 같다하여도 이러한 형태로 작품을 제작함에는 어려움이 있어 실제 가능한 방법으로 구조물

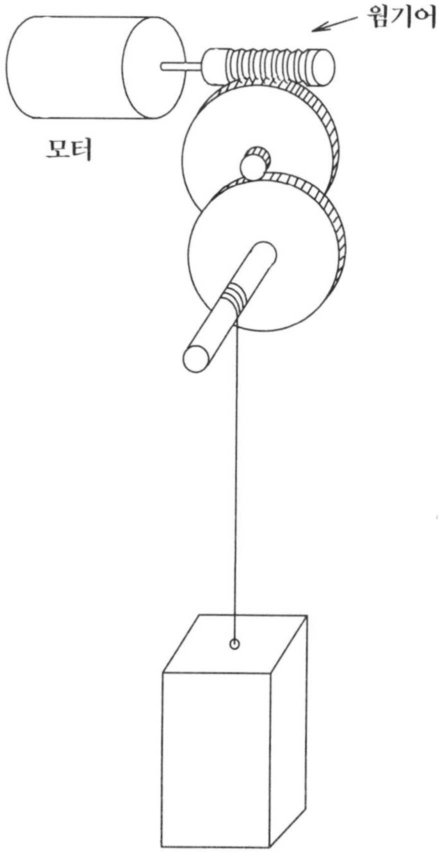

〈그림 4-1〉 엘리베이터의 구조

을 생각해 보기로 한다.

과학상자의 부품 중 체인과 기어(톱니바퀴)가 엘리베이터를 구성할 때 유용하며 예를 들면 <그림 4-2>와 같이 생각해 볼 수 있다.

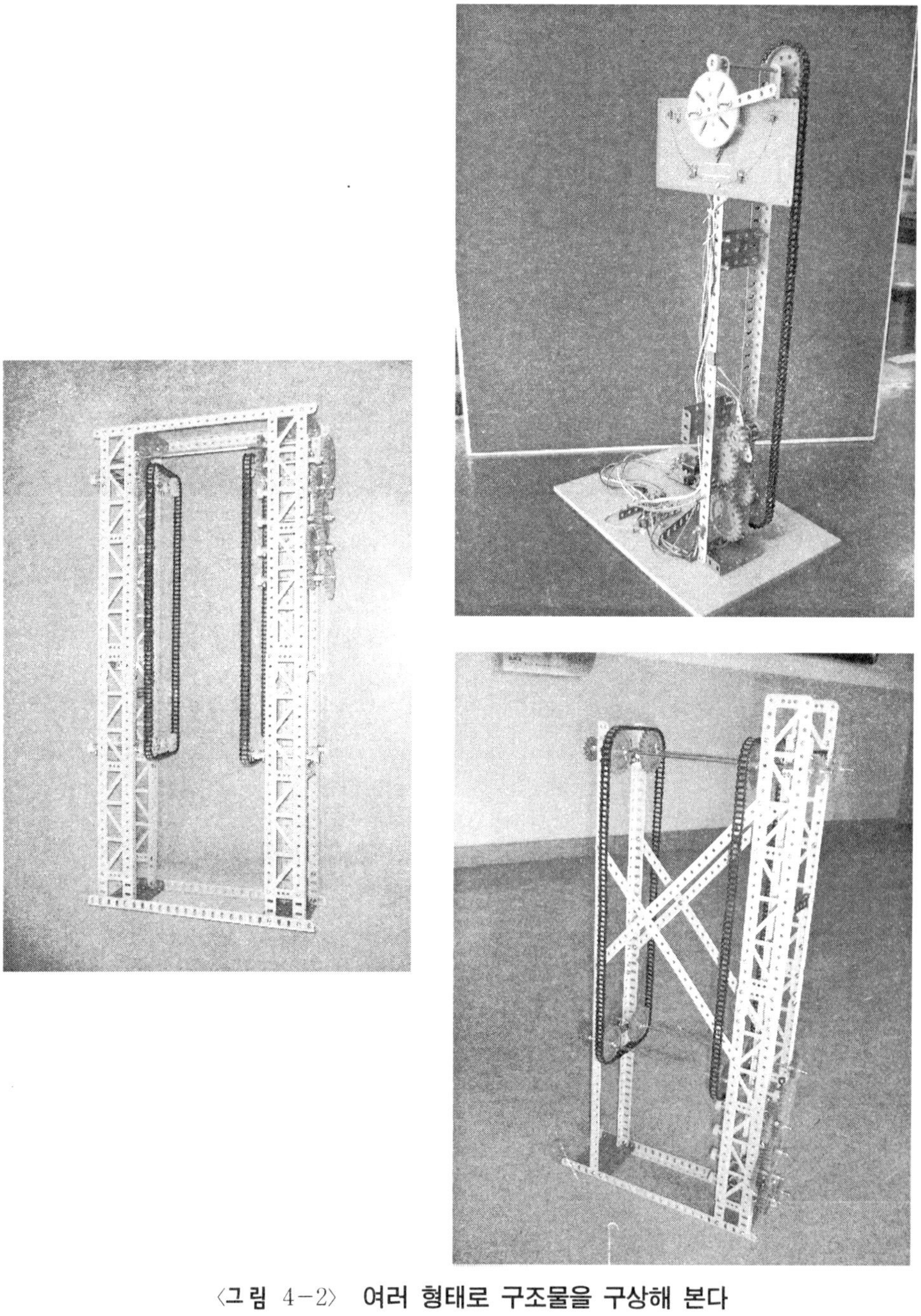

〈그림 4-2〉 **여러 형태로 구조물을 구상해 본다**

2. 센서와 회로의 구성

(1) 위치감지 센서

내가 2층을 가려한다면 엘리베이터가 2층으로 이동하고 2층에 도달하였음을 감지하여 멈추게 되어야 한다. 이렇게 이동하는 물체가 어느 위치에 있는지를 감지하는 방법으로 리미트 스위치를 널리 사용한다.

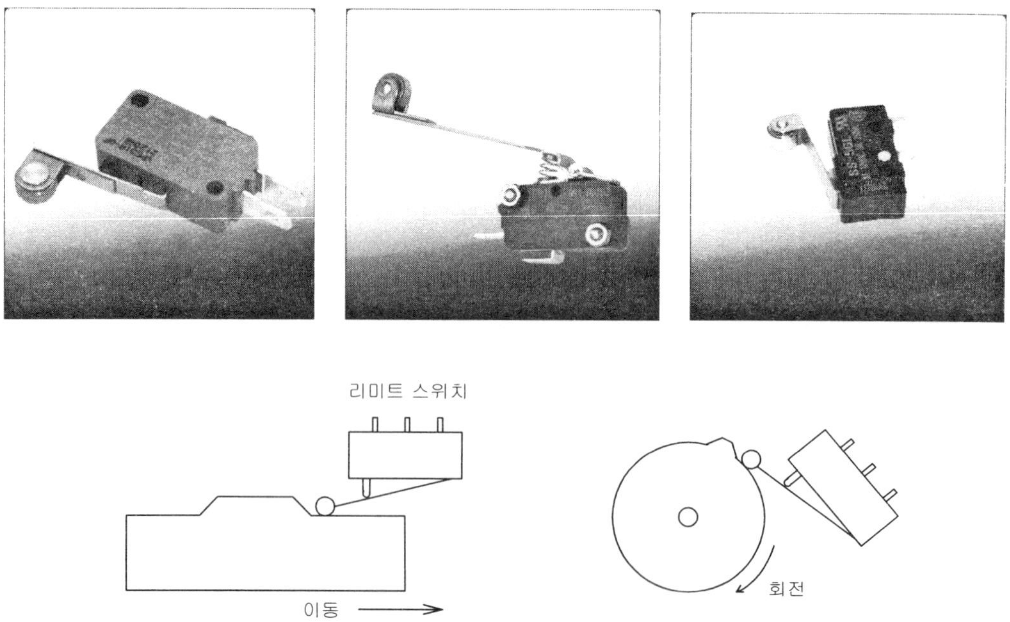

〈그림 4-3〉 **리미트 스위치의 외형과 사용 예**

<그림 4-3>에서와 같이 물체가 이동하거나 회전할 때 특정 위치에서 스위치를 누르도록 하여 물체의 위치를 감지한다. 실제 엘리베이터나 공장 자동화기기 등에서 이러한 방식을 널리 사용하고 있다. 그러나 접점이 붙었다 떨어졌다하는 스위치는 오래 사용하였을 때 접점의 접촉불량이 발생하므로 신뢰성의 문제가 존재한다. 그러므로 최근에는 신뢰성이 우수한 반도체를 이용한 무접점 스위치를 사용하는 예가 많아지고 있다. 무접점 스위치에는 빛을 이용하는 방법과 자기장을 감지하는 방법, 정전용량의 변화를 감지하는 방법 등 여러 가지가 있다.

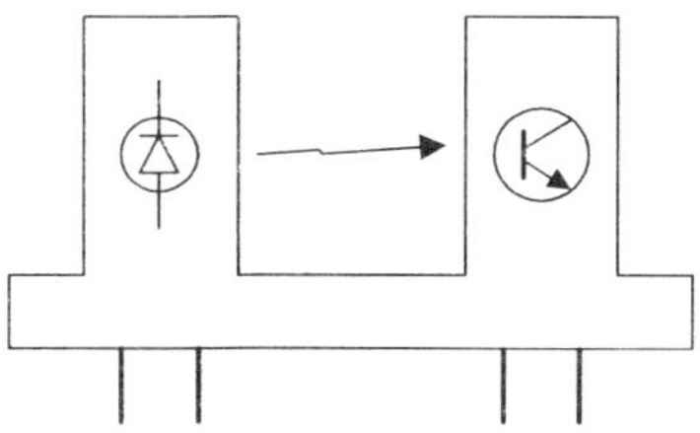

광투과식 포토인터럽터

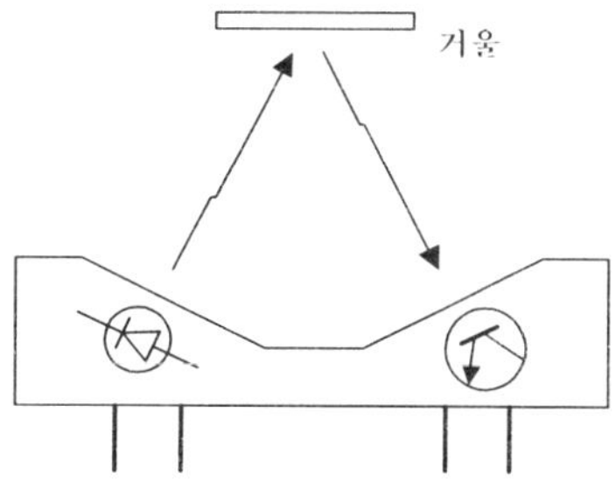

광반사식 포토인터럽터

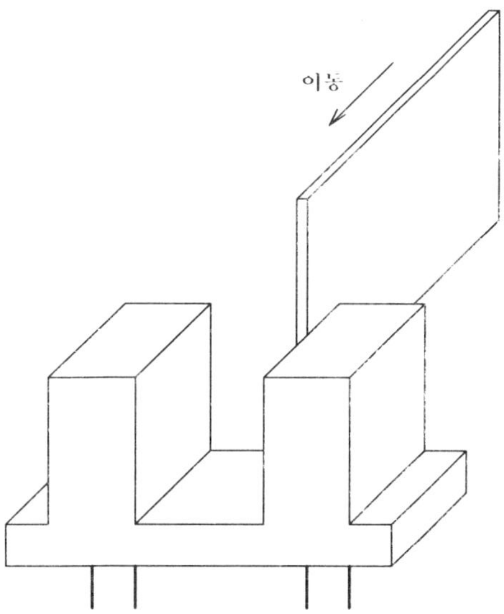

물체의 위치를 감지

〈그림 4-4〉 **포토 인터럽터**

① 빛을 이용한 위치감지

<그림 4-4>에서 빛을 이용하여 위치를 감지하는 대표적인 부품인 포토인터럽터(photointerrupter)를 본다. 포토인터럽터는 발광소자인 LED와 수광소자인 포토트랜지스터가 한 쌍으로 이루어져 있다. LED에서 나온 빛은 포토트랜지스터가 받도록 하는데 중간에 물체가 있으면 빛이 가려져서 포토트랜지스터에는 빛이 들어오지 않게 되는 것으로 물체의 위치를 감지한다.

② 자기장을 이용한 위치감지

움직이는 물체의 가장자리에 자석을 붙여두고 원하는 위치에 Hall sensor를 고정해 둔다면 물체가 원하는 위치에 왔을 때 Hall sensor가 자석을 인식함으로써 물체의 위치를 감지할 수 있다.

이번 작품은 과학상자의 부품을 이용하여 구조물을 만들고 엘리베이터가 동작하도록 하는 것인데, 엘리베이터의 탈것이 어느 위치에 있는지를 감지하기 위하여 리미트 스위치를 사용할 것인지, 포토인터럽터를 사용할 것인지, Hall sensor를 사용할 것인지 생각해 보도록 한다.

리미트 스위치는

◎ 원하는 크기를 구입하는 것이 쉽지 않고

◎ 움직이는 탈것이 실제 사람이 아니라 담배갑 정도의 축소판이므로 리미트 스위치를 누르기에 힘이 부족하여 작품제작에는 부적절하다.

포토인터럽터는

◎ 빛을 가리며 지나가는 틈이 그리 넓지 않아 정밀가공되지 않은 기구부품으로는 동작에 어려움이 있다.

필자가 여러 가지 방법으로 작품을 제작하여 본 결과 Hall sensor를 사용함이 적절하다고 판단하였는데 Hall sensor를 사용할 때

◎ Hall sensor는 부품의 가격이 저렴하고

◎ sensor와 자석 사이의 간격에 어느 정도의 오차가 있어도 동작이 잘 되며

◎ 제작 도중에 위치를 수정할 때 자석을 떼고 붙이는 등 수정이 쉽다.

모터에 감속기어를 연결하고 엘리베이터가 움직이도록 각 장치를 구성할 때 <그림 4-5>와 같이 그 구성을 생각해 볼 수 있다. 엘리베이터를 줄에 매달아서 움직일 수도 있지만 과학상자의 부품인 체인을 활용하여 체인에 엘리베이터를 연결하여 움직이도록 하여도 좋다.

자석을 탈것의 옆구리에 부착하고 자석의 움직이는 길목에 센서를 장치하여 위치를 감지하여도 좋고, 체인의 풀리에서 기어를 연결하고 기어의 축에 긴 팔을 연결하면 팔의 움직임과 엘리베이터의 움직임이 비례하므로 팔의 변위에 따라 엘리베이터의 위치를 감지하도록 할 수도 있다.

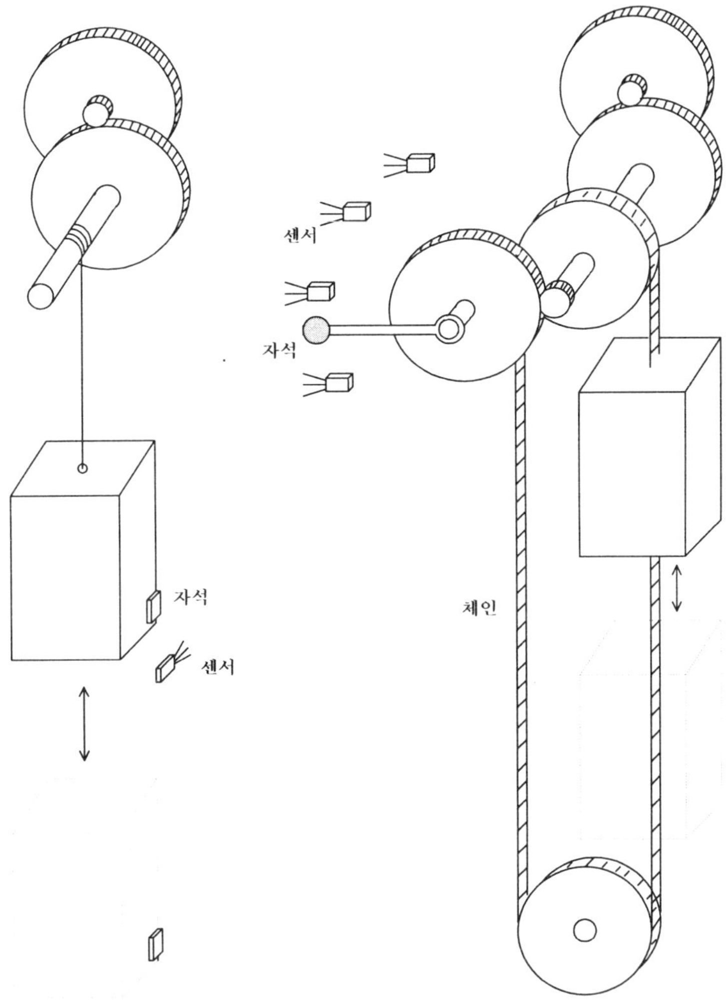

〈그림 4-5〉 **엘리베이터의 제작을 생각해 본다**

(2) 센서와 스위치의 입력에 따른 신호처리

엘리베이터가 1~4층을 운행한다고 할 때 우리가 사용하는 엘리베이터는 동작의 조건과 경우의 수가 매우 다양하며, 그 조건을 모두 충족하고 있다. 그러나 이번 작품처럼 많은 부분을 생략하고 간단히 움직이는 것을 목표로 한 제작에서는 동작이 단순할 수 밖에 없음을 양해하도록 해야 한다. 엘리베이터의 탈것이 1층에 있을 때, 사용자가 2층과 3층을 누른다면 탈 것은 2층으로 이동한 후 정지하였다가 3층으로 이동하여 정지해야 할 것이다. 마이크로콘트롤러를 시용히여 제작할 경우에는 이 정도는 무리한 요구가 아니겠지만 <그림 4-15>와 같이 표준 CMOS IC를 사용하여 회로를 구성한 경우에는 이 정도의 요구조건도 매우 어려운 것이 된다. 그래서 <그림 4-15>의 회로에서는 1~4층 중 가려고 하는 층은 하나만 입력되도록 하여 회로를 간단하게 하여 기본 동작만 해 보는 것으로 하였다.

① 스위치의 누름을 유지하는 회로

1~4층을 운행하는 엘리베이터에서 2층 버튼을 누르면 2층 램프에 불이 켜지고 버튼에서 손을 떼어도 그 상태가 유지되는 회로를 구상해 본다. '만들면서 배우는 전자기초 1권'의 '먼저누름 표시기'에서 사용한 것처럼 NAND 게이트를 사용하여 래치를 구성하고 그 래치를 여러 개 조합하여 스위치의 누름을 유지하는 회로의 예를 <그림 4-6>에서 본다. SW1을 누르면 LED1이 켜진다. 이때 다른 LED가 켜져 있다면 다른 LED는 꺼지도록 해야 하는데 그 역할을 다이오드가 하게 된다.

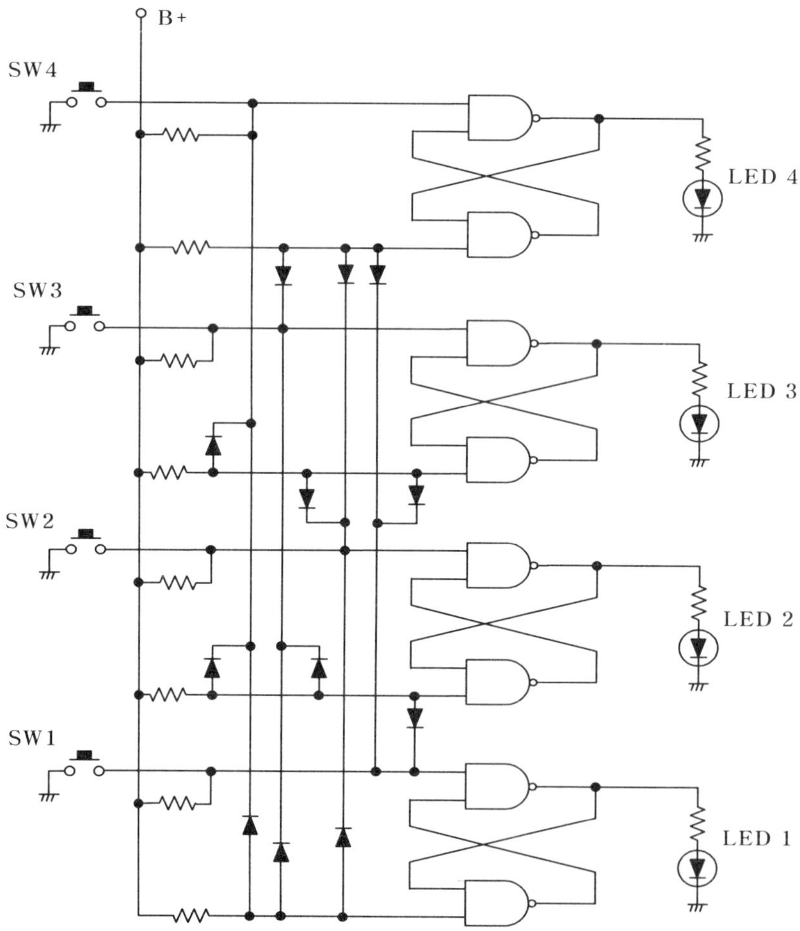

〈그림 4-6〉 **스위치의 누름을 유지하는 회로 예**

<그림 4-6>의 회로는 너무 복잡하다. 그래서 CMOS IC 4042를 이용하여 적은 수의 부품으로 동작되도록 회로를 구성해 본 것이 <그림 4-7>이다.

4042에서는 두 개의 클럭입력이 X-OR게이트를 통하여 래치에 인가되도록 하였으므로 CK1과 CK2의 상태가 다르면 저장된 데이터를 유지하고, 같으면 입력값(D0~D3의 상태)이 래치에 저장된다. 만약 CK1을 "Low"로 둔다면 CK2가 "Low"일 때 신호가 입력되고 "High"일 때 데이터가 유지된다.

<그림 4-7>에서 다이오드의 역할에 대하여 주목해 보자. 회로에서 'SW0'을 누르면 4042의 래치에 '0'이 입력되고 이 값이 저장되어 출력되려면 'CK1'에 'Low'가 입력되어야 하는데 다이오드를 통하여 'CK1'이 'Low'가 된다. 'SW0'을 누를 때 다른 스위치들은 눌러지지 않은 상태이므로 4042의 D1, D2, D3은 'High'상태가 되고 Q1, Q2, Q3은 'High'로 출력된다. 만약 'SW2'를 누르면 Q0, Q1, Q3은 'High', Q2는 'Low'가 출력되며 스위치를 뗏을 때에도 그 값은 유지된다.

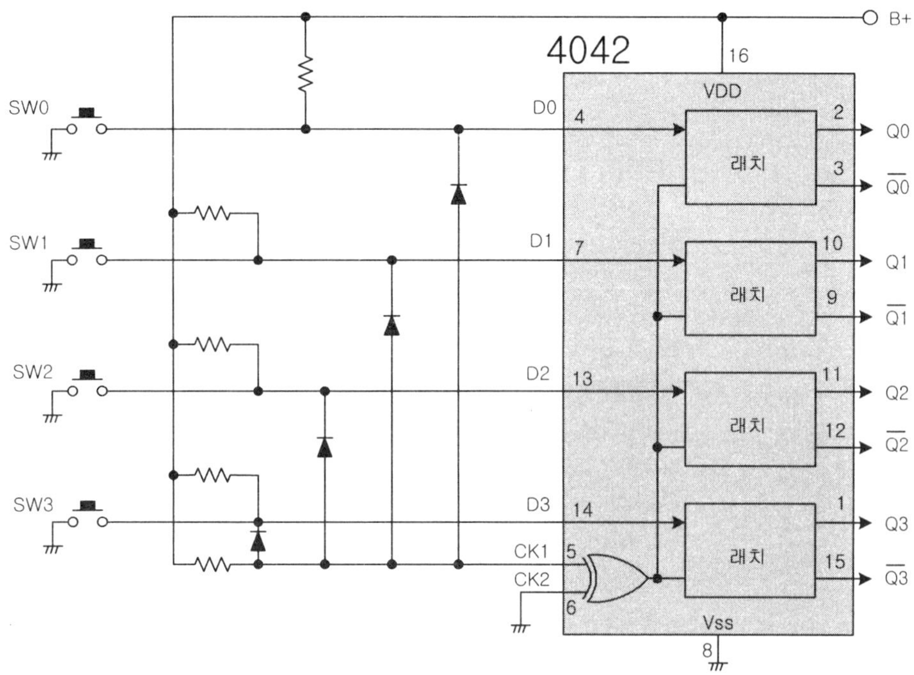

〈그림 4-7〉 4042를 이용한 스위치 상태 유지 회로

② 센서의 신호와 스위치 입력을 비교하기

엘리베이터가 2층에 있을 때 4층 버튼을 누르면 엘리베이터는 위로 움직이고, 1층 버튼을 누르면 아래로 움직여야 한다. 엘리베이터의 위치를 나타내는 4개의 신호와 원하는 층을 나타내는 4개의 신호를 비교하여 엘리베이터가 위로 갈 것인지, 아래로 갈 것이지, 정지할 것인지를 판단하여 그에 맞게 모터를 구동해야 한다. 이러한 목표에 부합되는 논리회로를 연구하던 중 GD40085라는 것을 찾게 되었다. GD40085는 데이터북에 '4Bit Magnitude Comparator'라고 설명되었는데, 말 그대로 크기를 비교하여 어느 쪽이 큰지 같은지 알려주는 것이다. 이것을 이용하면 엘리베이터의 현재 위치보다 원하는 곳이 높은 층인지 낮은 층인지 비교하여 모터를 회전할 수 있다. GD40085와 같은 기능을 가진 74LS85 74HC85가 있으나 핀 번호는 다르므로 그대로 대치되지는 않는다.

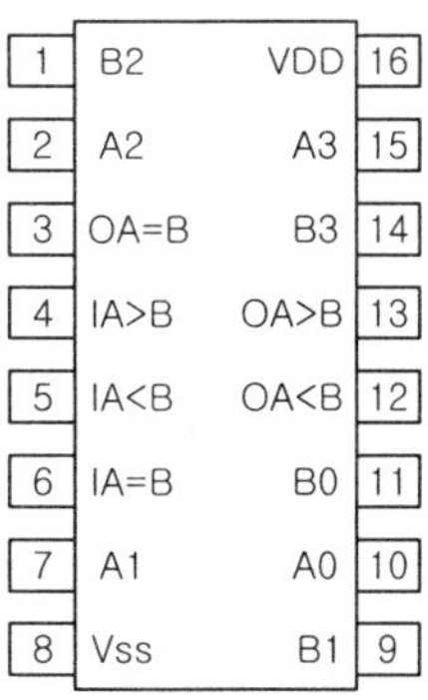

INPUT							OUTPUT		
A3,B3	A2,B2	A1,B1	A0,B0	IA>B	IA<B	IA=B	OA>B	OA<B	OA=B
A3>B3	X	X	X	X	X	X	H	L	L
A3<B3	X	X	X	X	X	X	L	H	L
A3=B3	A2>B2	X	X	X	X	X	H	L	L
A3=B3	A2<B2	X	X	X	X	X	L	H	L
A3=B3	A2=B2	A1>B1	X	X	X	X	H	L	L
A3=B3	A2=B2	A1<B1	X	X	X	X	L	H	L
A3=B3	A2=B2	A1=B1	A0>B0	X	X	X	H	L	L
A3=B3	A2=B2	A1=B1	A0<B0	X	X	X	L	H	L
A3=B3	A2=B2	A1=B1	A0=B0	H	L	L	H	L	L
A3=B3	A2=B2	A1=B1	A0=B0	L	H	L	L	H	L
A3=B3	A2=B2	A1=B1	A0=B0	L	L	H	L	L	H
A3=B3	A2=B2	A1=B1	A0=B0	L	H	H	L	H	H
A3=B3	A2=B2	A1=B1	A0=B0	H	L	H	H	L	H
A3=B3	A2=B2	A1=B1	A0=B0	H	H	H	H	H	H
A3=B3	A2=B2	A1=B1	A0=B0	H	H	L	H	H	L
A3=B3	A2=B2	A1=B1	A0=B0	L	L	L	L	L	L

〈그림 4-8〉 GD40085의 핀과 진리표

실제 제작회로인 <그림 4-15>에서 A_0, A_1, A_2, A_3은 엘리베이터의 현재 위치가 입력되고 B_0, B_1, B_2, B_3에는 원하는 층이 입력된다.

만약 엘리베이터의 현재 위치가 3층이고 원하는 층이 2층이라면
A_0, A_1, A_2, A_3은 0, 0, 1, 0
B_0, B_1, B_2, B_3은 0, 1, 0, 0 이다.

이 상황을 <그림 4-8>의 진리표에서 본다면
A_3=B_3, A_2>B_2 이므로 A, B_1, A_0, B_0 와는 상관없이 출력 A>B 값이 High가 된다. 이 출력은 GD40085에서는 13번이며 <그림 4-15>의 회로에서는 IRF510이 ON되고 모터는 아래의 방향으로 회전하여 엘리베이터가 원하는 2층에 도달하면 A_3=B_3, A_2=B_2, A_1=B_1, A_0=B_0가 되므로 출력은 Low가 되어 모터가 정지한다.

엘리베이터의 현재 위치가 1층이고 원하는 층이 4층이라면
A_0, A_1, A_2, A_3은 1, 0, 0, 0
B_0, B_1, B_2, B_3은 0, 0, 0, 1 이다.

이 상황은 A_3<B_3이므로 나머지 입력값과는 상관없이 출력 A<B 값이 High가 된다. 이 출력은 GD40085에서는 12번이며 <그림 4-15>의 회로에서는 2SB834가 ON되고 모터는 위의 방향으로 회전하게 된다.

(3) 모터 구동회로

<그림 4-5>와 같은 구조로 엘리베이터를 제작하려 할 때 엘리베이터를 상하로 움직이려면 모터는 정회전 또는 역회전으로 제어해야 한다. 스텝모터가 아닌 일반적으로 사용하는 브러쉬 타입의 직류모터는 모터에 가하는 직류전원의 + -를 반대로 하면 모터의 회전방향이 반대로 되는데 <그림 4-9(a)>와 같이 두 개의 전원을 사용하는 방법과 <그림 4-9(b)>와 같이 하나의 전원을 사용하는 방법이 있다.

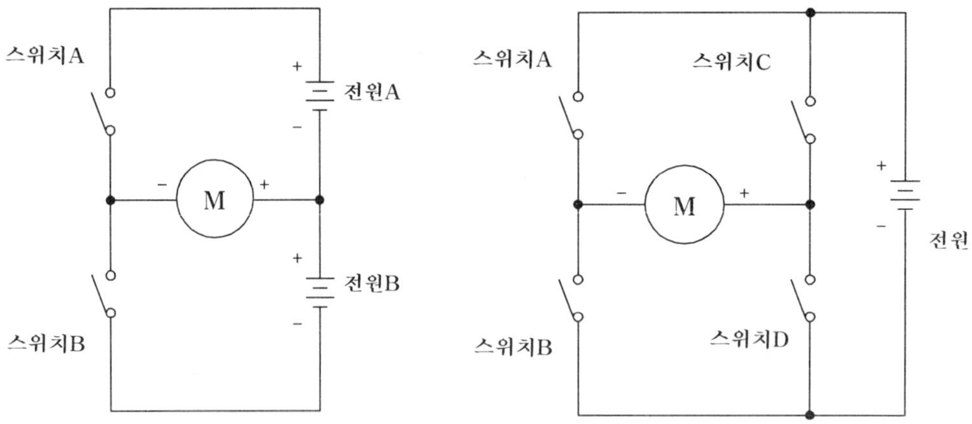

a) 전원이 두개인 경우   b) 전원이 하나인 경우

〈그림 4-9〉 **모터구동회로**

<그림 4-9(a)>에서 스위치 A가 닫히고 스위치 B가 열릴 경우 전원A에 의해 -의 전원이 모터에 공급되어 모터는 역회전하며, 스위치 B가 닫히고 스위치 A가 열릴 경우 전원 B에 의해 +의 전원이 모터에 공급되어 모터는 정회전한다.

<그림 4-9(b)>에서 스위치 A와 스위치 D가 닫히고 스위치 B와 스위치 C가 열릴 경우 -의 전원이 모터에 공급되어 모터는 역회전하며, 스위치 B와 스위치 C가 닫히고 스위치 A와 스위치 D가 열릴 경우 +의 전원이 모터에 공급되어 모터는 정회전한다.

<그림 4-9>에서는 모터에 전기가 공급되는 것을 알기 쉽게 표시한 것이고 실제회로에서는 <그림 4-10>과 같이 스위치의 자리에 트랜지스터를 사용한다.

① 개별 트랜지스터를 사용하는 방법

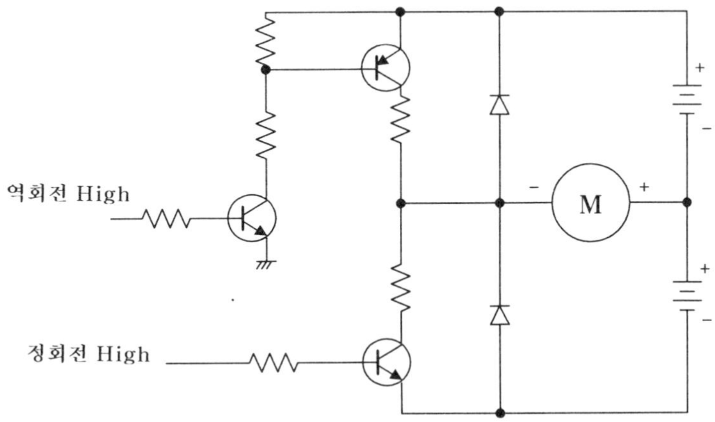

〈그림 4-10〉 **개별 트랜지스터로 구성한 모터구동회로**

<그림 4-9(b)>와 같은 동작을 개별 트랜지스터로 구현하려 한다면 회로가 너무 복잡하여 실용적이지 못하나 <그림 4-9(a)>와 같은 양전원 회로는 <그림 4-10>과 같이 그다지 복잡하지 않게 구현이 가능하므로 이번 작품에서도 <그림 4-10>의 회로를 사용한다.

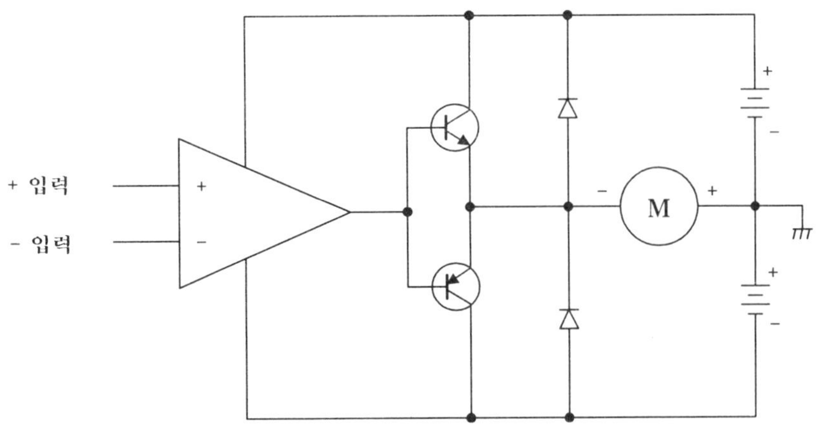

〈그림 4-11〉 **OP AMP로 제어된 모터구동회로**

<그림 4-11>은 OP AMP에 의해 제어되는 모터구동 회로이다. OP AMP의 출력 전류는 모터를 직접 구동할 만큼 강력하지 못하므로 트랜지스터의 전류 증폭으로 모터를 구동한다. 이러한 회로는 CD 플레이어에서 실제 사용하고 있다.

모터에 흐르는 전류는 기계적인 부하에 따라 변화되지만 특히 모터가 기동할 때 큰 전류가 흐르므로 모터를 스위칭할 때에는 충분히 큰 전류에 대한 대비가 필요하다. 그래서 모터 구동용에는 충분히 큰 콜렉터 전류는 물론 충분한 증폭율의 트랜지스터를 사용한다.

② 모터 구동용 IC를 사용하는 방법

개별 트랜지스터를 사용하여 모터구동회로를 설계하여도 동작이 가능하나 최근에는 모터구동 전용 IC가 많이 개발되어있으므로 널리 사용한다. 어떤 IC를 사용하는가 하는 것은 주변회로의 상태와 모터의 구동전류, 부품 구입의 용이성, 가격, 패키지의 형태 등을 고려하며 두 개의 모터를 제어하기에 적합한 L298과 하나의 모터를 소전류로 구동하기에 적합한 LB1630을 예를 들어본다.

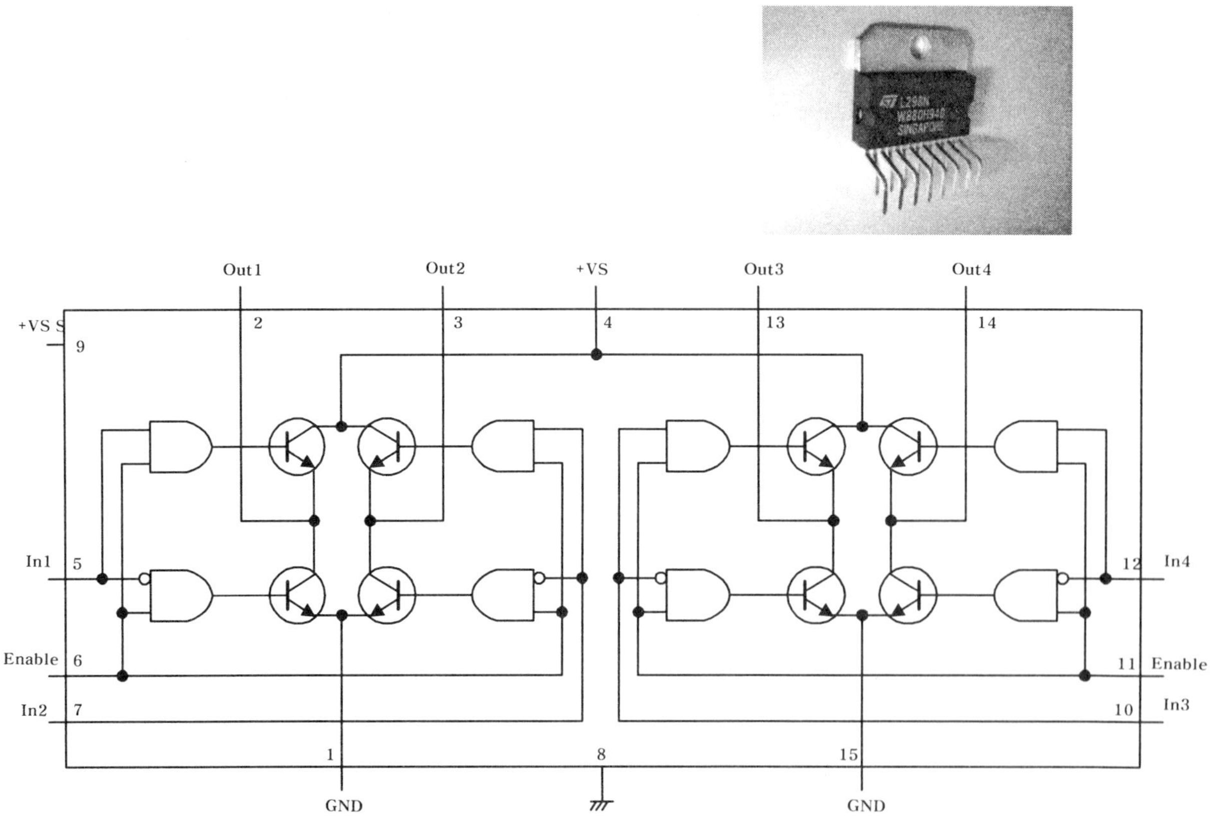

〈그림 4-12〉 L298의 블록 다이어그램과 외형

L298에는 <그림 4-12>와 같은 구조의 스위칭회로가 내장되어 있으므로 두 개의 모터를 사용하는 곳에는 편리하게 응용할 수 있다. L298은 전원전압이 50V까지 사용할 수 있고 모터의 구동 전류가 2A로 크므로 비교적 큰 모터의 구동에 적합하다.

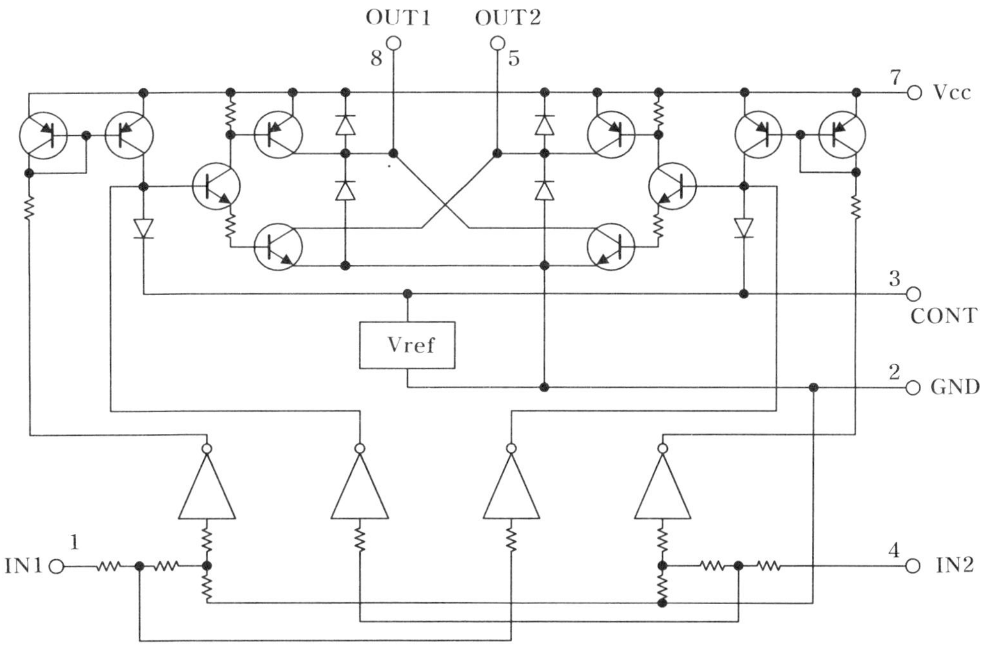

IN1	IN2	OUT1	OUT2	MOTOR
H	L	H	L	Forward
L	H	L	H	Reverse
H	H	off	off	Standby
L	L	off	off	Standby

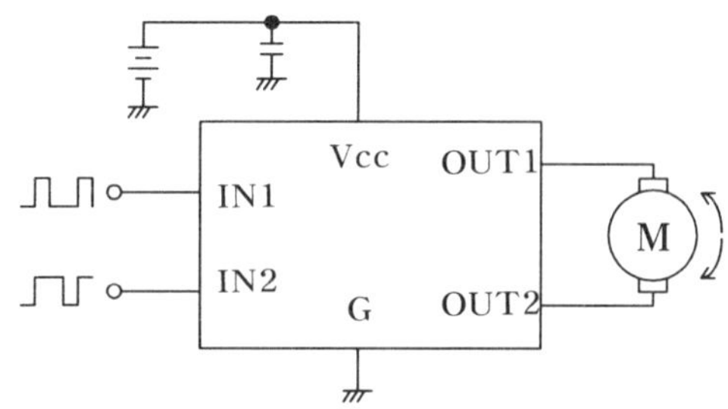

〈그림 4-13〉 **LB1630의 등가회로와 동작**

LB1630은 7V 이하의 낮은 전압에서 400mA 이하의 소전류로 모터 한개를 정회전 또는 역회전으로 구동하기에 적합한 IC이다. <그림 4-14>에서 사용 예를 보듯이 외부의 부품이 전혀 필요하지 않고 8Pin DIP 패키지이므로 소형화 설계에 적합하다. 여기에서는 2가지의 모터 구동용 IC를 소개하였지만 전세계 여러 반도체 회사에서 제조되는 모터 구동용 IC는 수천종에 이르므로 용도에 맞게 선택하여 사용할 수 있다.

회로의 설계 단계에서 어떤 부품을 사용할 것인가 하는 것은 설계자에게 선택권이 있다. 그러나 한번의 판단 착오로 부품의 선택이 잘못될 경우에 그 여파는 매우 커질 수 있으므로 여러 가지 측면을 고려하여 신중하게 선택하여야 한다.

3. 제작의 회로

지금까지 검토한 사항을 고려하여 <그림 4-14>, <그림 4-15>와 같이 회로를 구성하였다. <그림 4-14>는 모터 구동용으로 LB1630을 사용하여 회로를 구성하였으며 <그림 4-15>에서는 개별 트랜지스터를 사용하고 있다. 이 책에서는 트랜지스터의 스위칭에 대하여 공부해 보는 것에 큰 목적이 있으므로 <그림 4-15>의 회로를 사용하여 제작하도록 한다. <그림 4-14>, <그림 4-15>의 모터 구동 회로에서 모터 구동 전류를 고려해야 한다. 회로도에는 최대 허용 전류가 몇 A라고 표시되지 않으므로 초보자는 특히 주의해야 한다. 2SB834의 최대 콜렉터 전류는 3A이므로 <그림 4-15>에서는 3A까지 모터구동이 가능하겠지만 <그림 4-14>는 0.4A이다. 작품제작에서 사용하는 모터가 다행히 0.4A 이하의 전류로 동작되는 것이라면 <그림 4-14>의 회로도 좋겠지만 모터의 상태를 정확히 알 수 없을 때에는 전류 용량에 충분한 여유를 두는 것이 안전하며 그런 의미에서 <그림 4-15>의 회로를 사용하여 제작한다.

SW1, SW2, SW3, SW4는 원하는 층을 누르는 스위치이다. 만약 SW2를 누르면 다른 LED는 꺼지고 LED2가 켜지게 된다. 엘리베이터가 어디에 있나를 감지하는 센서는 4개를 장치하여 4042에서 그 상태를 기억하며 GD40085에서 원하는 층과 현재의 층을 비교하여 출력하게 된다. 회로에서 SW0은 일종의 리셋(RESET) 스위치이다. SW0을 누르면 센서의 감지상태와 관계없이 센서1이 감지된 것으로 인식하여 동작한다. <그림 4-15>의 회로에서 1Ω 저항은 동작 자체에는 큰 의미가 없으나 무언가 잘못되었을 때 퓨즈의 역할을 한다. 예를 들어 어떤 원인이건 간에 2SB834와 IRF510이 동시에 ON된다면 회로에 큰 전류가 흐르게 되고 이때 1Ω 저항은 타버린다.

<그림 4-15>의 회로에서는 +5V와 +12V 2개의 전원을 연결하도록 고안하였다. 이는 모터구동회로를 간략화 하기 위해서이다. 즉 <그림 4-9>에서 설명한 것처럼 하나의 전원으로 모터의 역회전을 제어하려면 모터구동회로가 복잡해지기 때문에 두 개의 전원을 공급하여 모터구동회로를 단순화하였으며 이 책의 작품1에서 제작한 전원장치로 전원을 공급하면 된다.

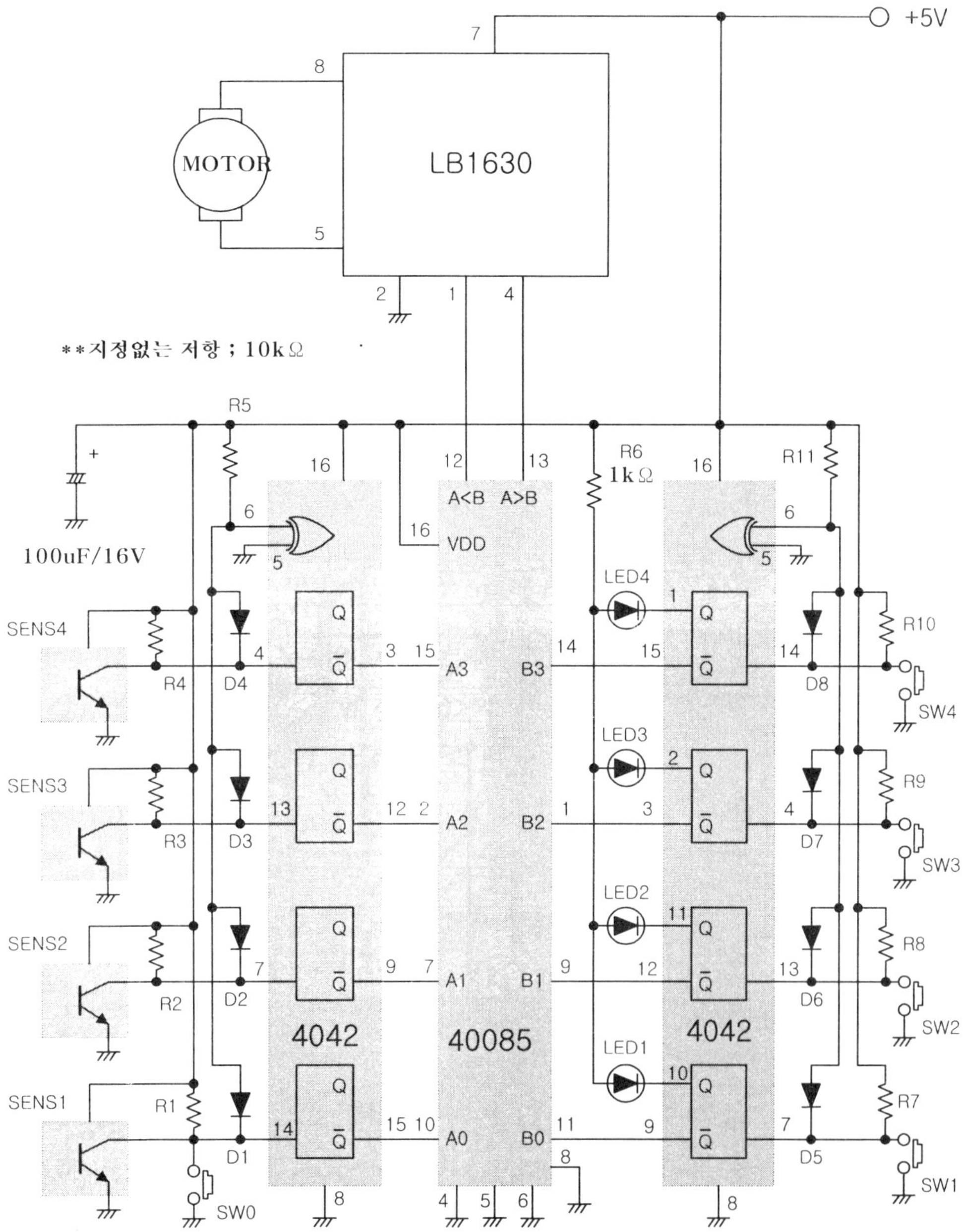

〈그림 4-14〉 LB1630을 사용한 회로

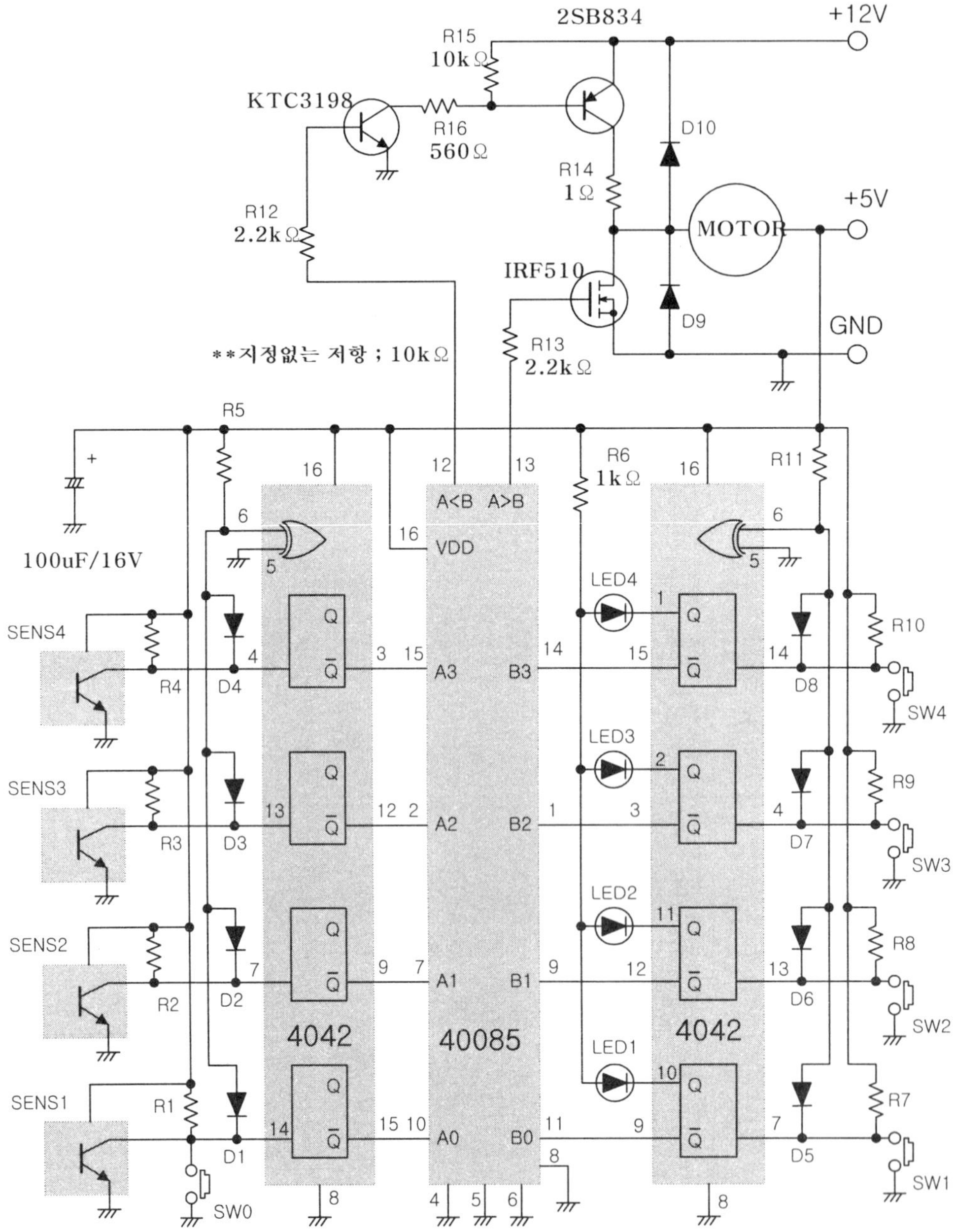

〈그림 4-15〉 엘리베이터의 제작용 회로

4. 부품

(1) 기판조립용 부품

품명	규격	수량	비고
IC	4042	2	
	GD40085	1	
트랜지스터	KTC3198	1	
	2SB834	1	
FET	IRF510	1	
다이오드	1N4148	10	
LED		4	
스위치	TACT SWITCH	5	
전해콘덴서	100㎌ 16V	1	
저항	1Ω	1	색띠 ; 갈색 검정 금색
	560Ω	1	색띠 ; 초록 파랑 갈색
	1kΩ	1	색띠 ; 갈색 검정 빨강
	2.2kΩ	2	색띠 ; 빨강 빨강 빨강
	10kΩ	11	색띠 ; 갈색 검정 주황
기판		1	책에 첨부된 것을 사용

(2) 기구 및 구조물 조립용 부품

품명	규격	수량	비고
홀센서	A3144	4	
자석		1	홀센서 감지용
기어드 모터	RGO-12GS0301	1	
전선		약간	
과학상자 부품		필요량	
만능기판		1	홀센서 고정용

(a) 택트 스위치

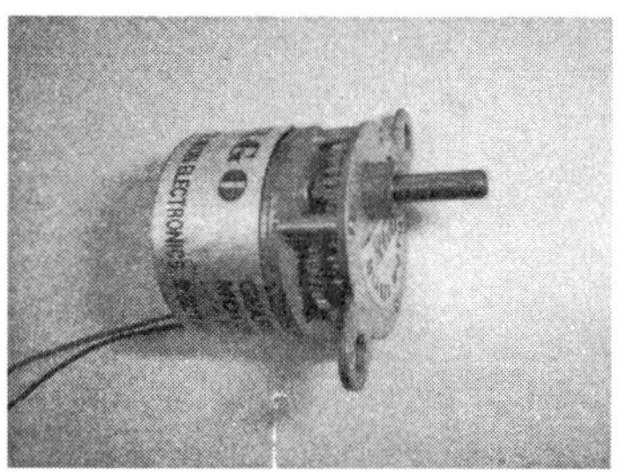

(b) 기어드 모터

〈그림 4-16〉 부품의 외관

5. 제작

(1) 기판 작업

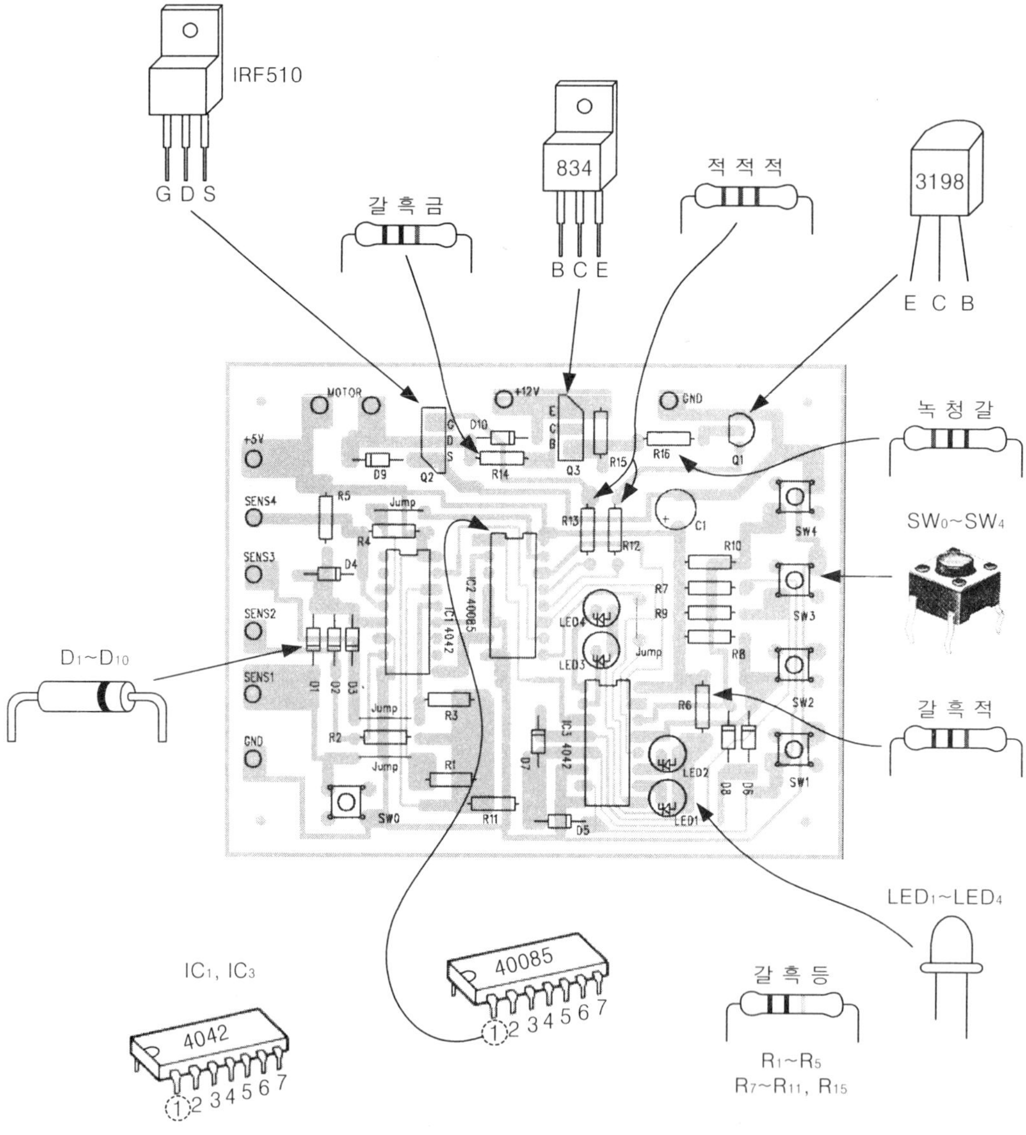

〈그림 4-17〉 **기판에 부품을 장착한다**

〈그림 4-18〉 완성된 기판

(2) 기구 및 구조물 조립과 배선

<그림 4-2>와 <그림 4-5>를 참조하여 엘리베이터의 구조물을 조립한다. 엘리베이터의 움직임이 너무 빠르게 되면 센서의 위치가 인식된 후 전기신호가 정지하여도 관성의 법칙으로 원하는 위치를 지나치게 되므로 <그림 4-19>와 같이 충분한 감속비의 감속기어를 설치하여 엘리베이터가 천천히 움직이게 한다.

〈그림 4-19〉 모터와 감속기어

<그림 4-5>에서 엘리베이터의 움직인 위치의 어느 곳에 센서를 설치할 것인가 생각해 보았다. 필자는 <그림 4-20>과 같이 장치하여 보았다. 체인이 연결된 축에 감속기어를 장치하고 감속된 축의 팔에 자석을 장치한 후 탈것의 위치와 자석의 위치가 맞게 센서를 설치한다.

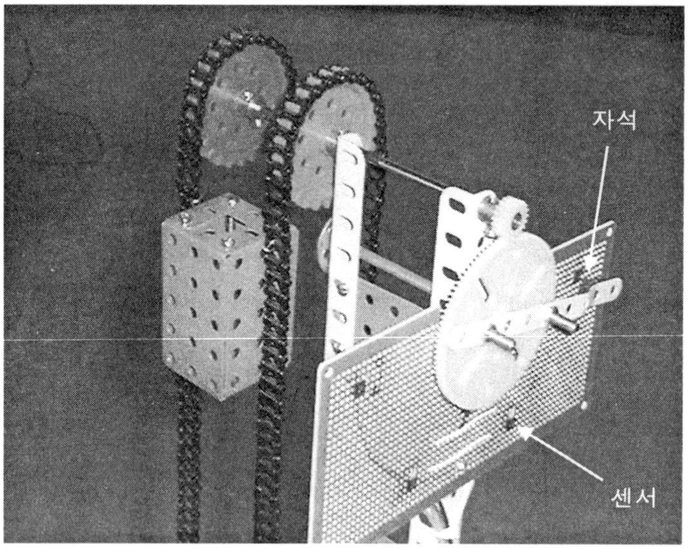

〈그림 4-20〉 **센서와 탈것**

자석이 붙은 팔의 축을 회전하면서 자석과 센서와의 거리가 3~5mm 정도 되게 한다. 자석의 N극 S극에 따라 센서에서 감지하는 정도가 다르므로 동작 테스트할 때 자석의 극성도 바꾸어 본다.

(3) 배선

<그림 4-21>을 참조하여 센서와 모터를 기판에 배선한다. SENS1은 1층, SENS2는 2층, SENS3은 3층, SENS4는 4층의 위치가 되게 원하는 위치에서 자석이 가까이 되도록 한다.

홀센서는 크기가 작고 구조물에 고정하기가 쉽지 않으므로 <그림 4-20>에서와 같이 만능기판에 센서를 부착하고 배선하여 보았다. 센서를 배선할 때 다리의 순서가 바뀌지 않도록 주의한다.

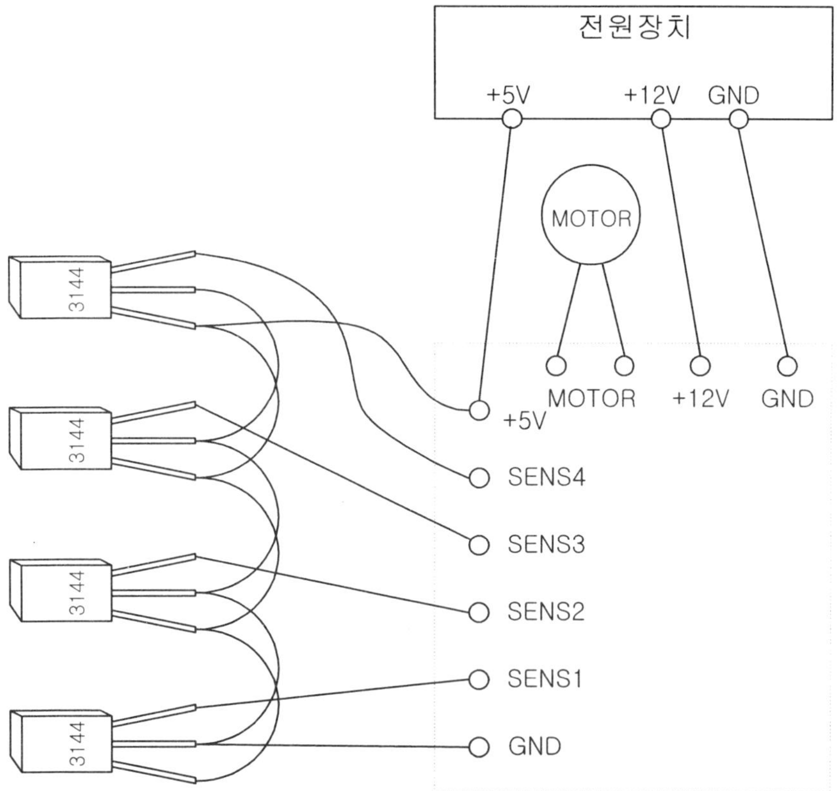

〈그림 4-21〉 배선

(4) 동작 테스트

작품1에서 제작한 전원장치를 사용하여 완성된 작품에 +12V, +5V, GND(Ground 접지)를 접속하고 동작이 잘 되나 테스트한다.

**SW0(리셋 스위치)를 누른 후 SW3을 눌러본다. SW0(리셋 스위치)를 누른다는 것은 센서쪽을 1층으로 입력한다는 것이다. SW3을 눌러 3층에 가기를 원한 것이므로 엘리베이터는 위로 움직인 후 3층에 도달하여 멈춰야 한다. 만약 반대 방향으로 엘리베이터가 움직이면 모터의 전선 두 가닥을 서로 바꾸어 연결한다.

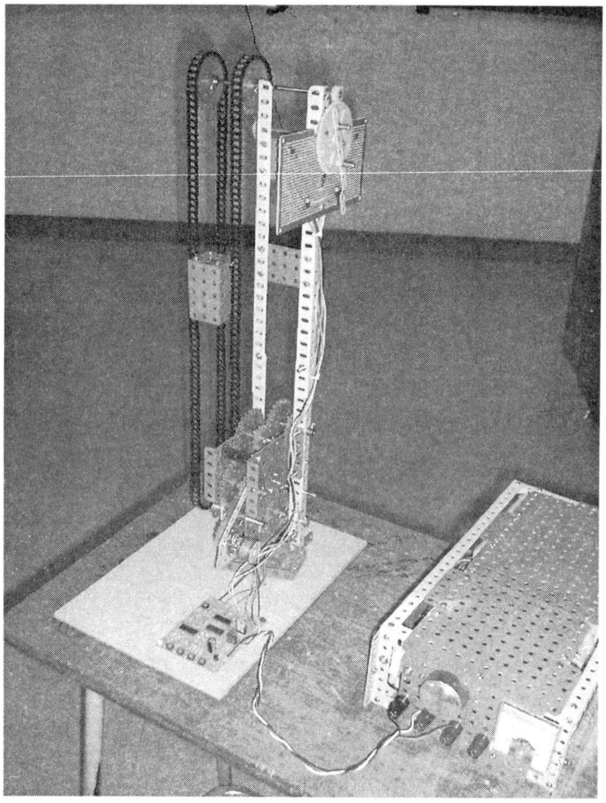

〈그림 4-22〉 완성된 엘리베이터를 테스트한다

작품5 타이머 부착 무빙워커

보행자가 있으면 설정된 시간 동안만 무빙워커가 움직이는 장치를 제작해 본다. 지하철의 환승 통로가 길 경우에 보행자의 이동을 쉽게 하도록 평면으로 움직이는 장치가 무빙워커이다. 실제 사람이 걸어다닐 정도의 크기로 작품을 제작할 수는 없고, 규모를 축소하여 모형으로 제작하여 본다.

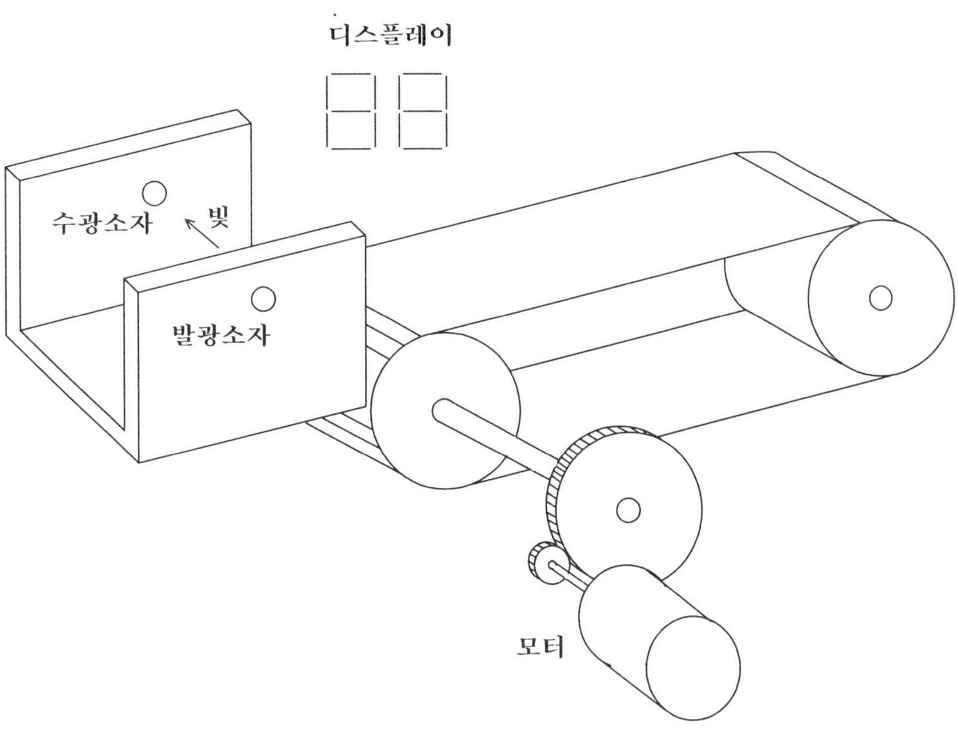

〈그림 5-1〉 **이런 형태로 하면 어떨까**

만들려고 하는 대략적인 구조는 <그림 5-1>에서 보였다. 발광소자는 빛을 쏘고 수광소자에서 받는다. 보행자가 통로를 지나가면 빛이 가려지고 수광소자에 빛이 없으므로 보행자가 있다고 인식되며 모터가 회전한다. 보행자가 지나간 후 설정된 시간만큼 계속 모터는 회전하고 시간이 다 소진되면 모터는 정지된다. 이때 남은 시간이 디스플레이에 표시된다. 보행자가 계속 있을 경우에는 시간이 설정된 값으로 계속 SET되어 모터는 계속 회전한다. 보행자가 지나간 후 모터가 멈출 때까지의 시간을 몇 초로 설정할 것인가 하는 설정값도 조정이 가능하도록 한다.

작품을 제작할 때 전기적인 부분을 설계하고 납땜하는 것도 중요하지만 움직이는 부분을 만드는 것과 그럴싸하게 외관을 꾸미는 것도 꽤 힘든 작업이다. 이 책에서는 기구적인 구조물을 만드는데 과학상자 부품을 적극 활용하도록 하였으나 주변에서 찾아보면 훌륭한 재료를 구할 수 있다. 이번 작품을 구상하면서 보행자가 밟고 가는 벨트부분을 무엇으로 할까 생각해 보았으나 적절한 것을 찾지 못하여 필자는 과학상자 부품 중 체인을 3개 붙여서 제작하였으나 왠지 엉성한 느낌을 지울 수 없다. 벨트 부분은 모형탱크의 캐터필러를 활용하여도 좋고 배구공 축구공 내부의 튜브를 잘라서 벨트의 형태로 사용하여도 좋으리라 생각된다.

1. 회로의 구상

센서의 입력에 따라 시간이 표시되고 모터가 회전하는 등의 제어를 하는 회로를 표준 C-MOS IC를 활용하여 회로를 구상하는 방식으로 제작하여 본다.

이윤추구를 목적으로 하는 기업체에서 시스템을 설계한다면 당연히 마이크로콘트롤러를 사용하겠지만, 졸업작품을 제작한다던가 논리회로를 공부하는 목적이라면 표준 C-MOS IC를 사용하여 회로를 설계하고 작품을 제작하여 보는 것도 큰 의미가 있다. 특히 졸업작품에서라면 노력의 흔적을 보여주는 것이 의미가 크므로 표준 C-MOS IC로 제작함이 더욱 좋을 수 있을 것이다.

무빙워커를 완성하기 위하여 어떤 회로요소들이 필요한지 생각해보면

◎ 정밀한 기준신호 발생회로
◎ 디스플레이 회로
◎ Counter
◎ 센서와 주변회로
◎ 상황판단과 제어회로
◎ 모터 구동회로

등인데 이들을 적절히 조합하여 본 회로가 <그림 5-2>이다.

일단 제작하여 보면서 회로의 각 부분에 대하여 자세히 이해하도록 한다.

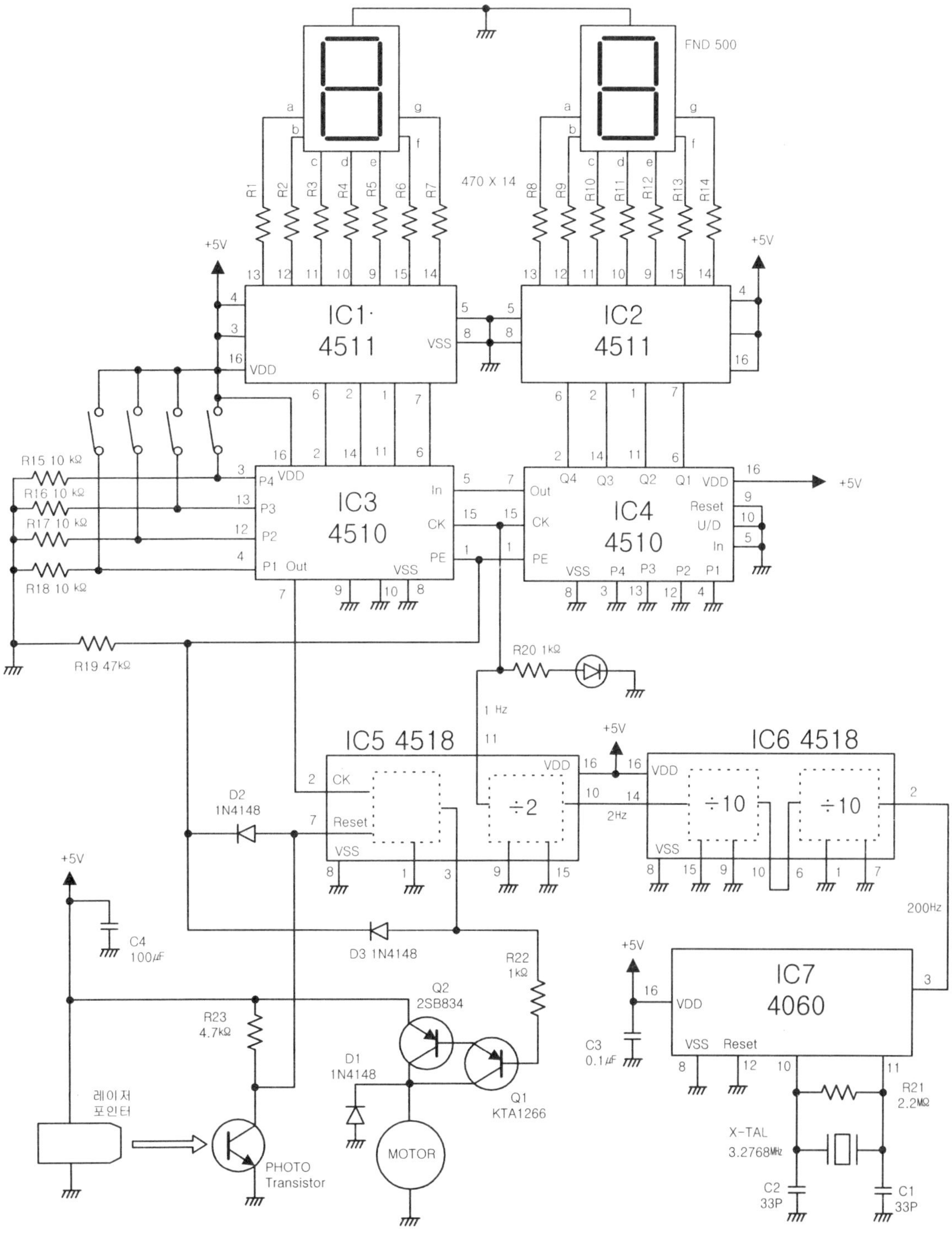

〈그림 5-2〉 표준 CMOS IC를 사용한 무빙워커의 회로

2. 부품

(1) 기판에 들어가는 부품

품명	규격	수량	비고
IC	4060	1	
	4510	2	
	4511	2	
	4518	2	
트랜지스터	KTB834	1	
	KTA1266	1	
저항	470Ω	14	색띠 ; 노랑 보라 갈색
	1kΩ	2	색띠 ; 갈색 검정 빨강
	4.7kΩ	1	색띠 ; 노랑 보라 빨강
	10kΩ	4	색띠 ; 갈색 검정 주황
	47kΩ	1	색띠 ; 노랑 보라 주황
	2.2MΩ	1	색띠 ; 빨강 빨강 초록
전해콘덴서	100㎌ 16V	1	
세라믹콘덴서	0.1㎌	1	'104'로 표기
	33pF	2	
다이오드	1N4148	3	
LED		1	
FND	SND610	2	common cathode seven segment display
DIP SWITCH	4회로	1	
포토 트랜지스터	TPS 601A	1	
X-TAL	3.2768㎒	1	
기판		1	책 뒤에 첨부된 기판을 사용

◎ FND500 ; common cathode seven segment display 이다. FND란 품명은 FNDXXX 라는 페어챠일드(Fairchild)의 디스플레이 형명에서 유래하여 널리 사용하는 용어이다. 부품표에서는 SND610으로 표시하였으나 페어챠일드의 MAN6180E, ROHM의 LA601VP, 목산전자의 MS-DS10561 등 동등품을 사용할 수 있다. 외형의 크기는 가로 13㎜ 세로 18㎜ 정도이며 부품의 다리가 첨부된 기판의 구멍에 맞는지 확인하고 준비한다.

◎ DIP SWITCH

Dual In Line Package에 일렬로 배열된 스위치로서 2진수를 설정하여 입력하는 용도로 사용한다.

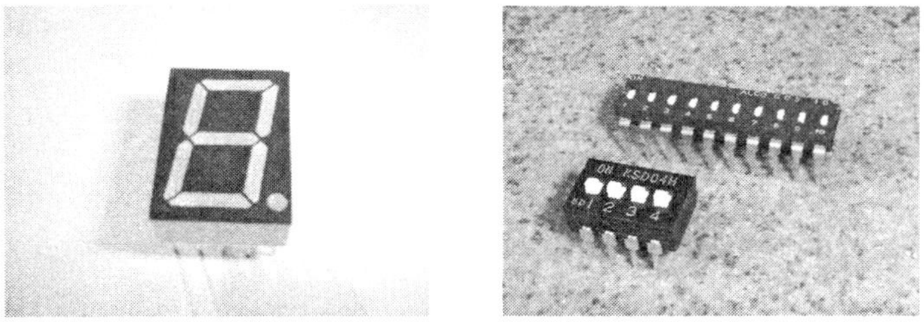

〈그림 5-3〉 FND와 DIP SWITCH

◎ X-TAL

정확한 주파수를 발생하기 위한 발진용 소자이다. 3.2768㎒를 사용할 때 기판의 LED가 1초에 한 번씩 깜빡이게 되는데 시간이 다소 틀리더라도 동작만 하기를 원한다면 다른 주파수의 크리스탈을 써도 좋다.

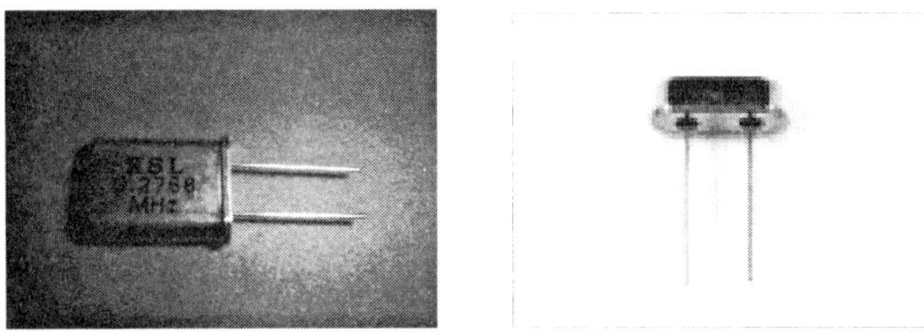

〈그림 5-4〉 크리스탈

(2) 기판외의 부품

품명	규격	수량	비고
레이저 포인터	P7-655-LDS	1	
기어드모터	RGO-12GS0301	1	
과학상자부품		필요량	

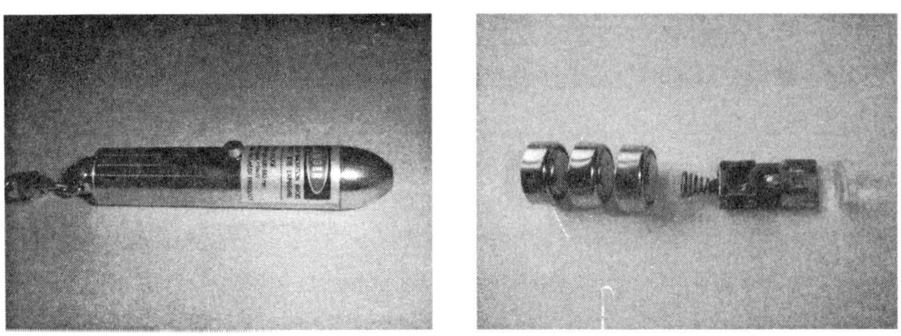

(a) 외관 (b) 내부 모습

〈그림 5-5〉 레이저 포인터

◉ 레이저 포인터

보행자가 지나가는 길목에 빛을 쏘고 그 빛이 보행자에 의해 방해받으면 모터가 돌고 타이머가 작동하는 것이 이번 작품의 핵심이므로 어떻게 빛을 쏘고 받을 것인가 하는 것이 매우 중요하다. 상당히 먼 거리에 초점을 맞춰 빛을 쏘려면 성능 좋은 램프와 광학렌즈가 필요하며 이를 조합하여 제작하기란 매우 어려운 일이다. 그러나 최근에 널리 보급된 레이저 포인터를 사용하면 빛을 쏘는 문제가 간단히 해결되므로 레이저 포인터를 발광소자로 사용하였다. <그림 5-5>와 같은 레이저포인터라면 내부의 전지는 빼내고 전지가 접속되는 곳에 전선을 연결하여 작품의 기판에 접속해야하는데 그 작업이 번거롭다. 아 그런데 레이저포인터의 알맹이에 전선이 달려 있는 <그림 5-6>과 같이 놈이 있다니! 작품제작에는 이게 좋겠다. 제품의 모델명은 P7-655-LDS이다.

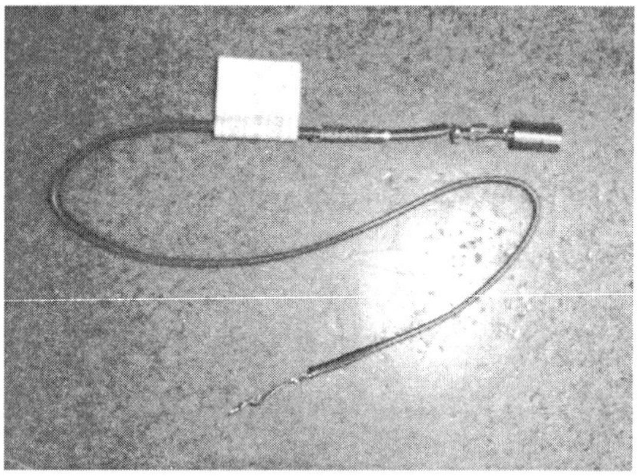

〈그림 5-6〉 **이런 레이저포인터도 있군**

◉ 포토 트랜지스터

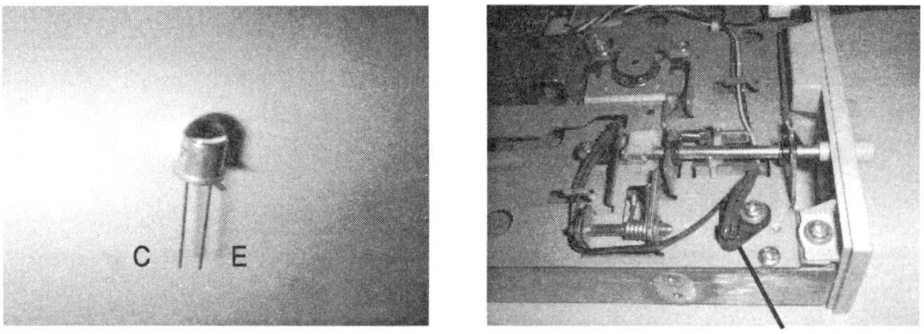

〈그림 5-7〉 **포토 트랜지스터**

포토 트랜지스터는 각 반도체 회사에서 여러 종류를 생산하므로 각자가 구입 후 콜렉터 또는 에미터 저항을 조절하여 사용하면 되겠지만 필자는 TOSHIBA의 TPS601A를 사용하여 보았다. 버려진 전자제품에서 부품을 재활용한다면 <그림 5-7>과 같은 디스크 드라이버에서 포토 트랜지스터를 얻을 수 있다.

포토 트랜지스터의 콜렉터 저항을 조절하는 방법은 <그림 5-8>에서 본다. 그림과 같이 포토 트랜지스터와 저항을 연결하고 포토 트랜지스터 양단의 전압을 테스터롤 측정한다. 포토 트랜지스터에 빛을 쪼여서 0V, 빛을 쪼이지 않을 때 전원전압이 나타나도록 저항값을 설정하면 된다. 즉 빛이 있을 때 전압이 낮고 빛이 없을 때 전압이 높게 측정되는데 흐린 빛에서도 전압이 낮다면 저항을 작게 하면 된다. TOSHIBA의 TPS601A은 4.7kΩ이 적당하다고 판단되었다.

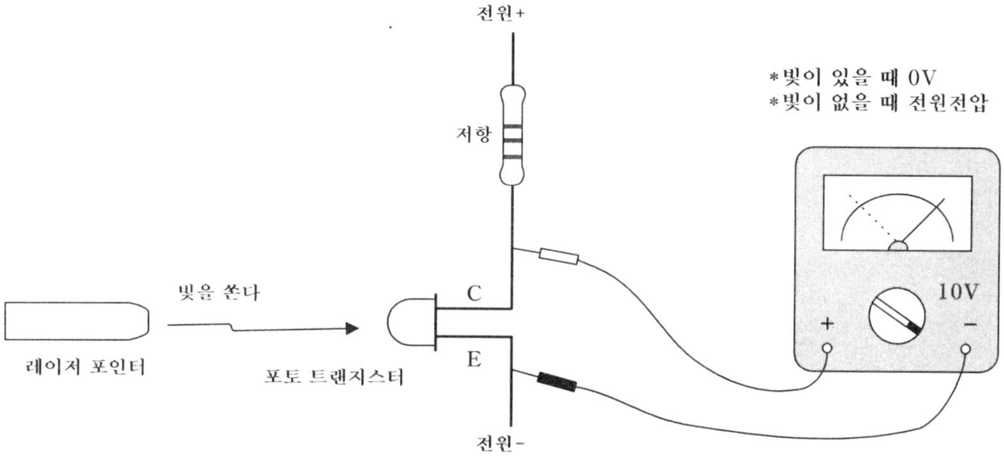

〈그림 5-8〉 **콜렉터 저항의 설정**

◉ 기어드 모터

소형 직류전동기에 정교한 감속기어가 붙어 있다. 과학상자의 부품에도 모터와 기어박스가 있지만 전류가 너무 많이 흐르는 것이어서 사용이 곤란하므로 <그림 5-9>와 같은 것을 사용한다.

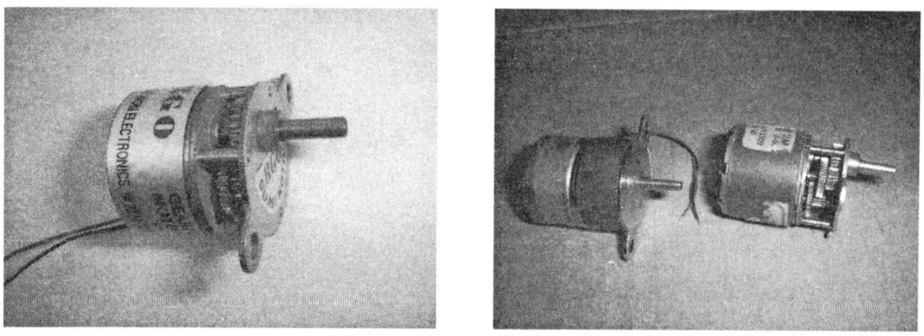

〈그림 5-9〉 **기어드 모터**

3. 제작

(1) 기판의 제작

** 저항

470Ω : R_1~R_{14}
1KΩ : R_{20}, R_{22}
4.7KΩ : R_{23}
10KΩ : R_{15}~R_{18}
47KΩ : R_{19}
2.2MΩ : R_{21}

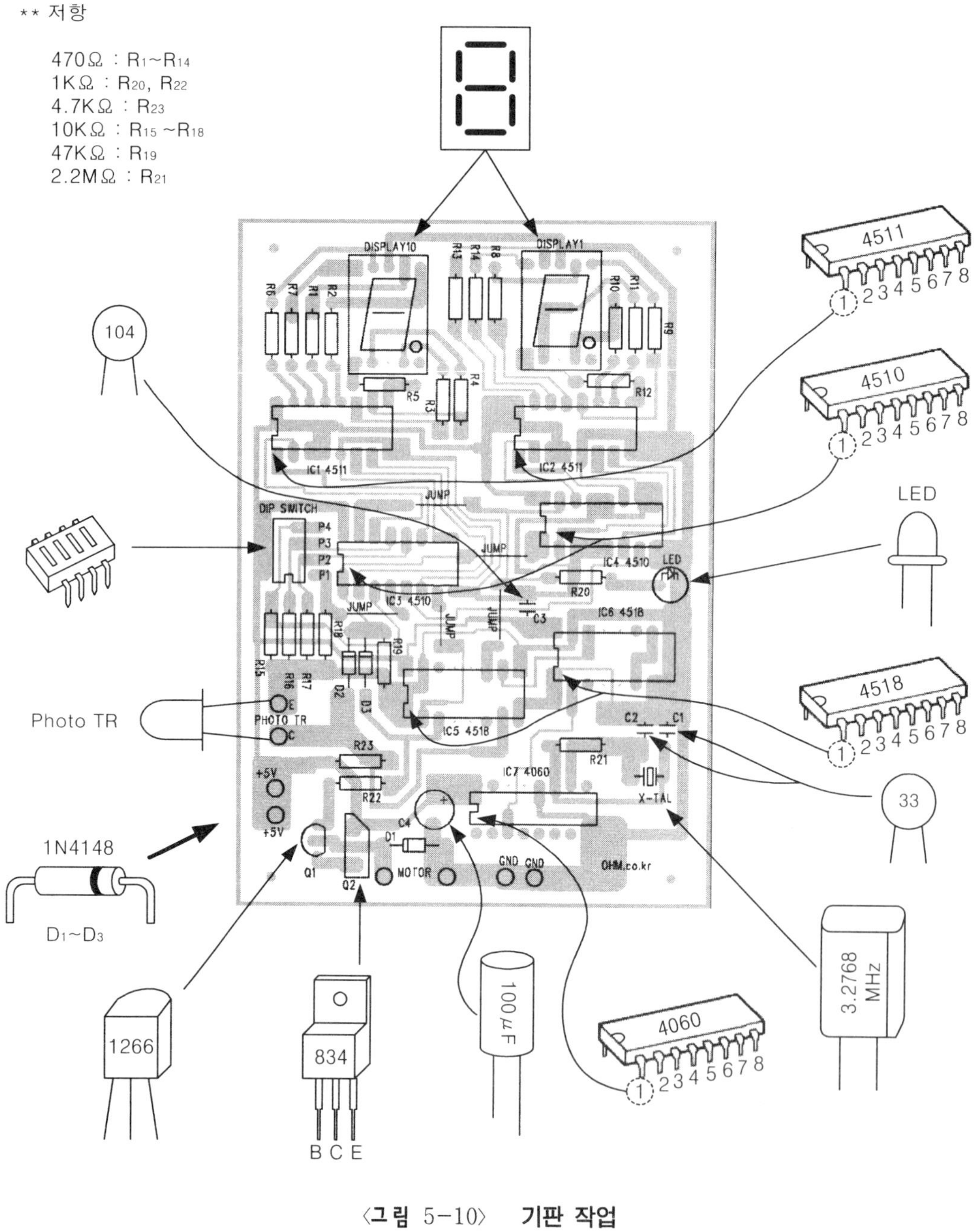

〈그림 5-10〉 기판 작업

〈그림 5-11〉 **완성된 기판**

(2) 구조물의 제작

① 과학상자 부품을 이용하여 무빙워커의 전체적인 외곽과 감속기어를 조립한다.

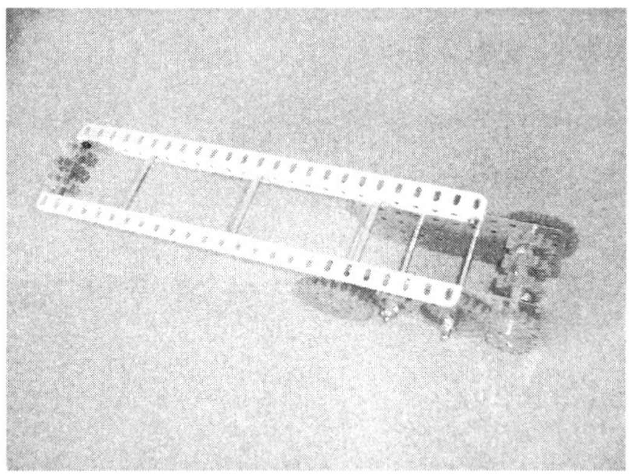

〈그림 5-12〉 **제작1**

② 체인을 벨트형태로 장치하고 움직임을 확인한다.

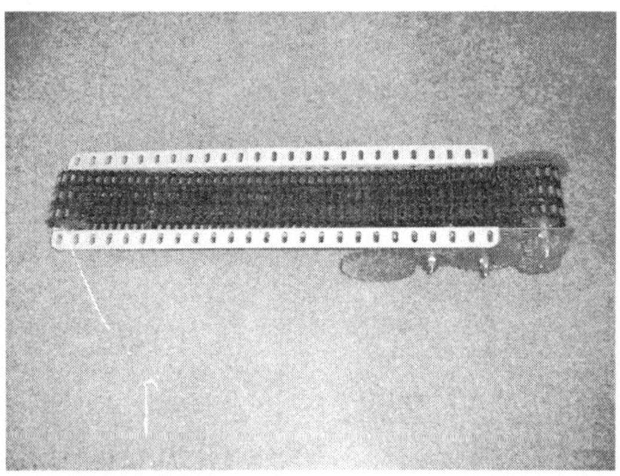

〈그림 5-13〉 **제작2**

③ 모터, 기판, 레이저포인터 등 전기적인 부분을 조립하여 제작을 완성한다.

모터의 전선 2가닥은 기판의 'MOTOR'라 표기된 곳에 납땜한다. 일단 접속하여보고 모터의 회전방향을 반대로 하고 싶으면 2가닥 전선을 바꾸어 연결한다.

레이저 포인터의 빨강전선은 '+5V'에 검정전선은 'GND'에 연결한다.

레이저 포인터의 빛이 포토 트랜지스터에 정확하게 비추도록 한다.

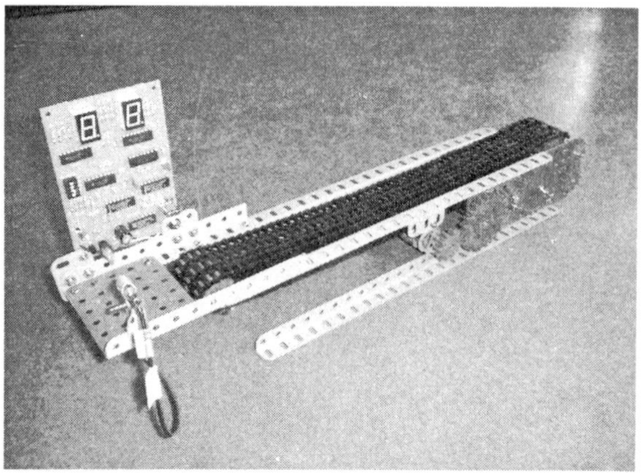

〈그림 5-14〉 **완성된 무빙워커**

(3) 동작확인

<그림 1-16>에서 제작한 전원장치를 사용하여 완성된 무빙워커에 5V의 전원을 공급하고 동작을 확인한다.

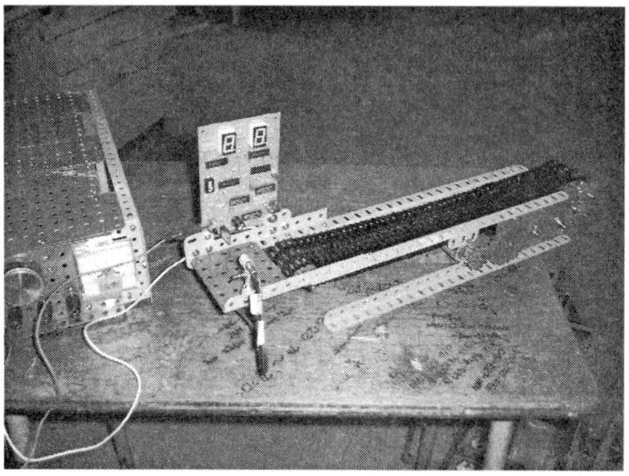

〈그림 5-15〉 **동작 확인**

주의!!!!!

레이저 포인터의 빛을 사람의 눈에 직접 쪼일 경우에 눈을 상하게 할 우려가 있으므로 레이저 포인터의 빛이 사람에게 향하지 않도록 주의한다. 간접적으로 반사된 빛이라도 좋지 않으므로 레이저 포인터의 빛이 원하는 곳에 잘 가고 있는지 검토하는 등의 작업에서도 가능한 빨리 끝내도록 한다.

동작상태

** 기판의 LED가 1초에 한 번씩 깜빡인다.

** 포토트랜지스터에 빛이 있을 때 디스플레이의 숫자가 1초에 1씩 감소한다. 이때 모터는 회전한다. 숫자가 완전히 감소하여 '00'이 되면 모터의 회전이 멈추고 디스플레이의 숫자는 DIP Switch로 입력된 값이 되어 멈춘다.

** 보행자가 지나가는 것을 가정하여 빛을 가리면 숫자가 감소하며 모터가 회전한다. 숫자가 '00'이 되기 전에 빛이 다시 가려지면 처음 상태에서 시작한다. 포토트랜지스터에 빛이 아예 없으면 숫자는 움직이지 않고 모터는 회전한다. 이는 보행자가 엄청 많다는 상황이기 때문이다.

** 모터가 몇 초 후에 멈출 것인가 하는 설정은 기판의 DIP Switch로 한다. '0110'이면 60초, '0011'이면 30초, '0001'이면 10초와 같이 2진수로 입력한다.

4. 회로이해

(1) 정밀한 기준신호 발생

보행자가 지나가면 일정시간 동안은 무빙워크가 동작하다가 일정시간 이후에는 자동으로 멈추는 타이머가 있으므로 시간의 진행을 위한 정밀한 기준신호가 필요하다.

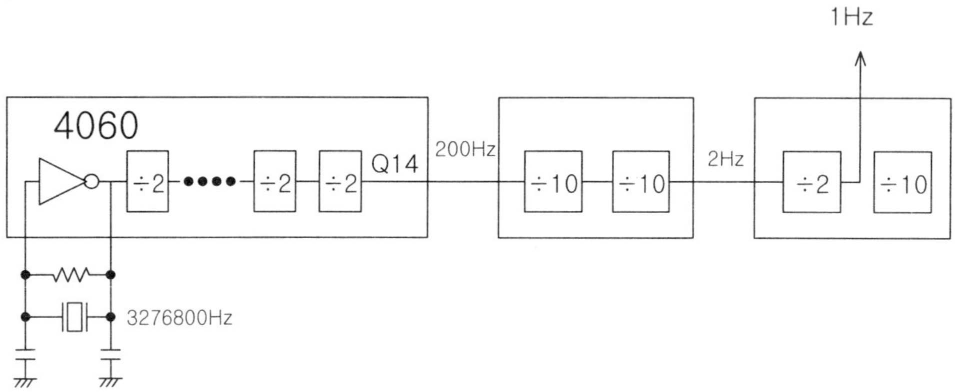

〈그림 5-16〉 **1Hz의 발생**

수정발진회로에서는 주파수의 오차가 매우 적은 신호를 발생한다. IC4060에는 ÷2의 플립플롭이 14개 연결되어 있으므로 2^{14}=16384 분주가 가능하다.

발진된 주파수 3276800 ÷ 16384 = 200 이므로 4060의 출력은 200Hz가 된다.

4518에는 ÷10카운터가 2개 있어서 10×10 = 100분주가 가능하다.

200÷100=2Hz의 신호가 되며 이 신호를 4518로 ÷2하여 1Hz의 신호를 얻게 된다.

(2) Counter와 제어회로

카운터는 말 그대로 숫자를 세는 것이다. 이번 작품에서는 8→7→6→5.......로 숫자가 줄어드는 down counter로서 4510을 사용하여 보았다. 4510은 'Presettable BCD up/down counter'로서 10진수의 범위 내에서 5진이건 7진이건 원하는 상태로 up/down 선택 가능한 counter이다. <그림 5-17>의 회로에서 P1 P2 P3 P4에 입력된 값에 따라 몇 진 카운터인지 정해진다. 제작용 회로 <그림 5-2>에서 사용된 DIP Switch가 바로 이것이다. <그림 5-2>에서는 10의 자리에만 DIP Switch를 장치하여 카운터 값을 설정하도록 하였으므로 설정 가능한 값은 90, 80, 70, 60, 50, 40, 30, 20, 10이 된다.

카운터를 cascade 접속하여 10진, 100진 등으로 사용할 때 Carry in과 Carry out을 접속하여 자리올림 또는 자리내림이 되게 해야 한다. Carry out은 보통 때는 High였다가 자리올림 또는 자리내림이 될 때 Low가 되어 상위자리수의 숫자가 카운터되게 한다.

Preset Enable(PE)는 카운터 값을 설정할 것인지 숫자 세는 동작을 할 것인지를 정해주는 단자이다. <그림 5-2>의 회로에서는 PE에 연결된 것은 포토트랜지스터와 10의 자리 4510의 Carry out이다. PE에 연결된 다이오드는 OR 게이트이므로 포토트랜지스터에 빛이 가려져서 High가 되거나 카운터가 숫자셈을 마쳐 Carry out에 출력이 있을 때 Preset된다.

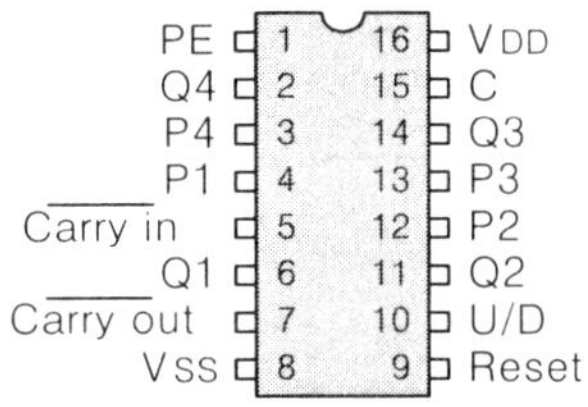

(a) 핀 구조

$\overline{\text{Carry in}}$	Up/Down	Preset Enable	Reset	Clock	Action
1	X	0	0	X	No Count
0	1	0	0	↑	Count up
0	0	0	0	↑	Count down
X	X	1	0	X	Preset
X	X	X	1	X	Reset

(b) 진리표

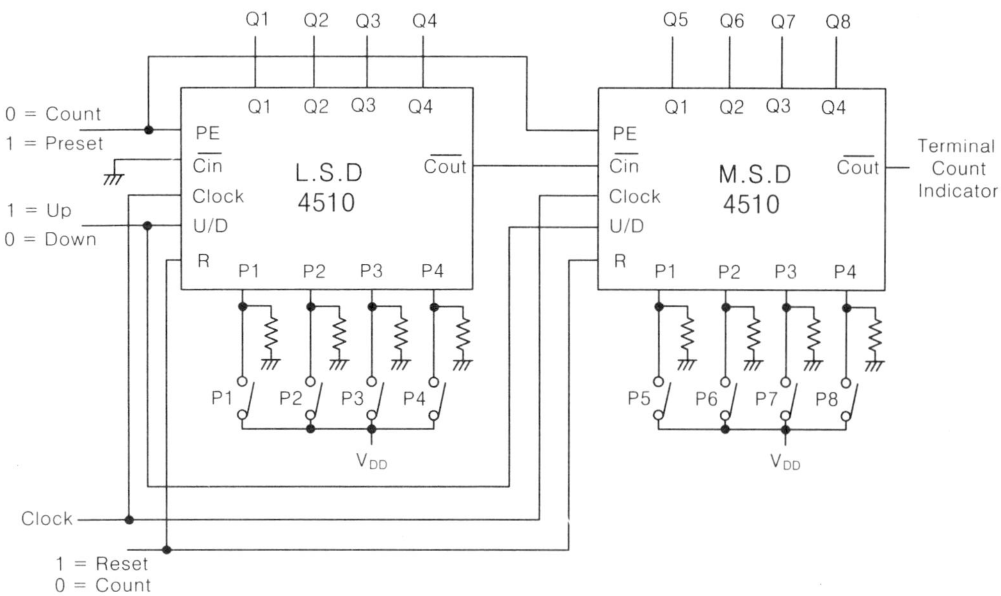

(c) Presettable cascaded up/down counter

〈그림 5-17〉 4510의 구조와 사용법

(3) Display와 Decoder

seven segment display로 숫자를 표시하며 숫자를 변환하는 Decoder는 4511을 사용한다.

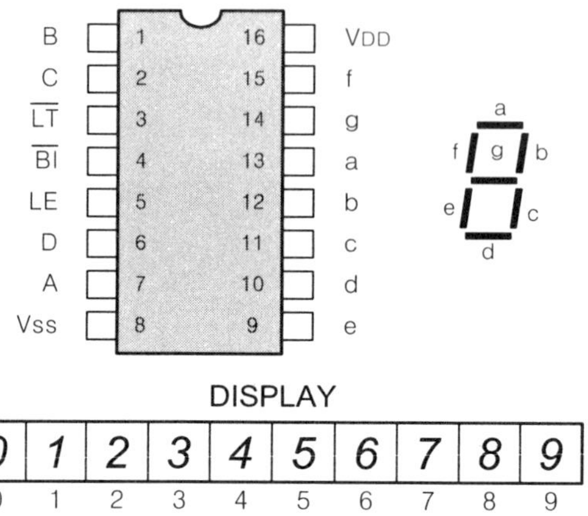

INPUTS							OUTPUTS							
LE	BI	LT	D	C	B	A	a	b	c	d	e	f	g	DISPLAY
X	X	0	X	X	X	X	1	1	1	1	1	1	1	8
X	0	1	X	X	X	X	0	0	0	0	0	0	0	Blank
0	1	1	0	0	0	0	1	1	1	1	1	1	0	0
0	1	1	0	0	0	1	0	1	1	0	0	0	0	1
0	1	1	0	0	1	0	1	1	0	1	1	0	1	2
0	1	1	0	0	1	1	1	1	1	1	0	0	1	3
0	1	1	0	1	0	0	0	1	1	0	0	1	1	4
0	1	1	0	1	0	1	1	0	1	1	0	1	1	5
0	1	1	0	1	1	0	0	0	1	1	1	1	1	6
0	1	1	0	1	1	1	1	1	1	0	0	0	0	7
0	1	1	1	0	0	0	1	1	1	1	1	1	1	8
0	1	1	1	0	0	1	1	1	1	0	0	1	1	9
0	1	1	1	0	1	0	0	0	0	0	0	0	0	Blank
0	1	1	1	0	1	1	0	0	0	0	0	0	0	Blank
0	1	1	1	1	0	0	0	0	0	0	0	0	0	Blank
0	1	1	1	1	0	1	0	0	0	0	0	0	0	Blank
0	1	1	1	1	1	0	0	0	0	0	0	0	0	Blank
0	1	1	1	1	1	1	0	0	0	0	0	0	0	Blank
1	1	1	X	X	X	X								

X=Don't Care

〈그림 5-18〉 **4511의 핀 구조와 진리표**

TTL 계열의 BCD TO Seven Segment Decoder로는 SN74LS47, SN74LS48이 있다. Decoder와 Display는 궁합이 맞아야 하는데 4511과 7448에는 Common Cathode, 7447에는 Common Anode의 디스플레이를 사용한다.

(4) 모터 구동회로

이번 작품에서는 모터를 역회전하지는 않고 on/off만 하면 된다. 트랜지스터의 스위칭으로 모터를 on/off 하는 방법은 <그림 5-19>와 같으며 <그림 5-2>에서는 IC5의 3번이 Low일 때 모터가 회전해야하므로 PNP트랜지스터를 사용하였다. <그림 5-2>에서 모터구동에 트랜지스터 2개를 달링턴(Darlington) 접속하였다. 모터에 충분한 전류를 공급하려면 트랜지스터의 증폭율이 매우 커야하므로 2개의 트랜지스터를 결합하여 증폭율이 큰 하나의 트랜지스터처럼 사용한다.

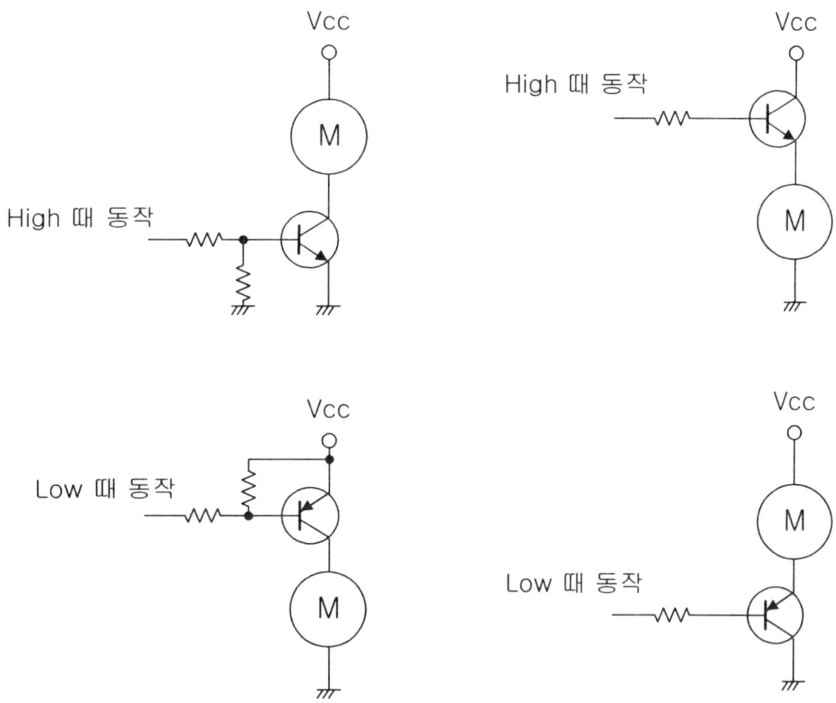

〈그림 5-19〉 **모터 구동회로**

(5) 포토트랜지스터 주변회로

보통의 트랜지스터는 베이스 전류에 의해 콜렉터 전류가 흐르지만, 포토 트랜지스터는 빛에 의해 콜렉터 전류가 흐르게 된다. 포토 트랜지스터는 <그림 5-20>과 같이 주변 회로의 여건에 맞춰 다양하게 사용할 수 있다. <그림 5-2>의 회로에서는 빛이 있을 때 IC5의 7번에 Low가 입력되는 동작조건이므로 <그림 5-20(c)>의 방법을 사용하였다.

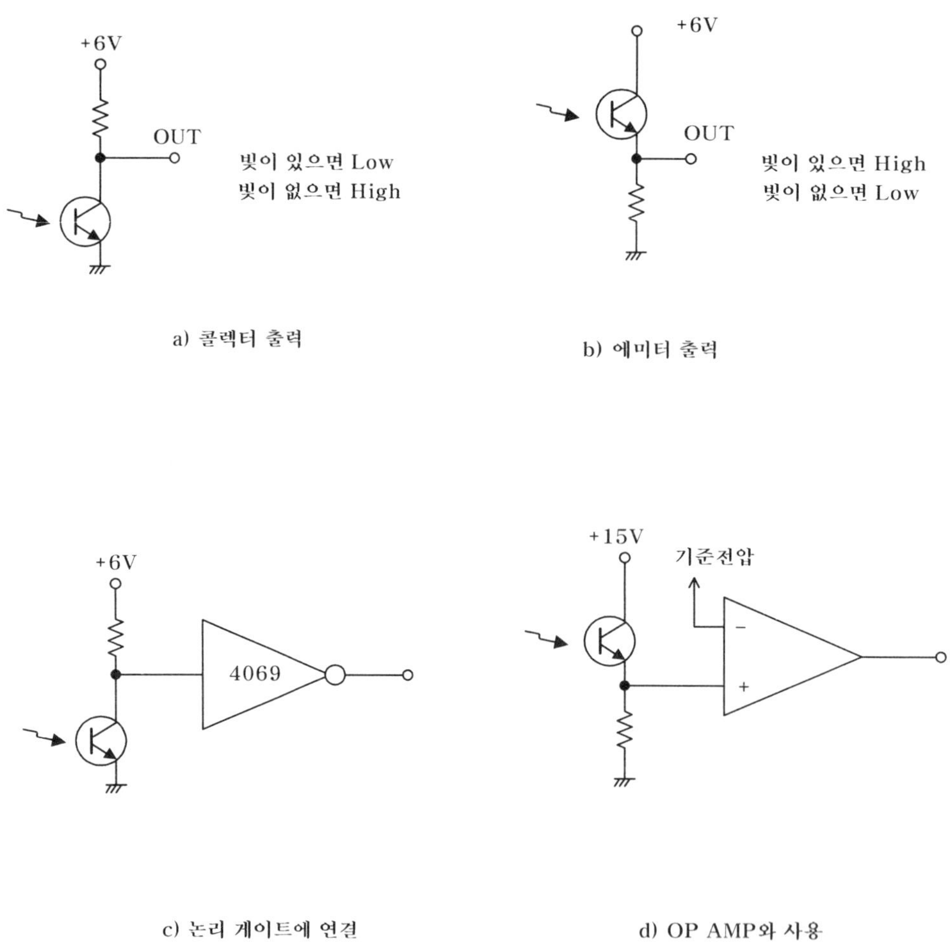

〈그림 5-20〉 **포토 트랜지스터의 사용**

작품6 인체감지센서 응용 제작

1. 인체감지센서란 무엇인가?

인체를 감지하여 현관에 사람이 들어오면 자동으로 전등이 켜지는 등의 용도에 사용하는 센서를 초전형 적외선센서(焦電型赤外線SENSOR) 또는 Pir sensor 라고 한다.

강유전체(强誘電体)가 적외선을 받으면 그 열에너지를 흡수하여 자발분극(自發分極)의 변화를 일으키고 그 변화량에 비례하여 전하(電荷)가 유기(誘起)된다. 그 현상을 초전효과라고 한다. 초전형 적외선 센서는 Fine ceramic 의 초전효과를 이용하여 인체 등에서 발생하는 소량의 적외선을 예민하게 감지한다.

〈그림 6-1〉 pir 센서의 예

PIR Sensor 는 적외선을 받아들이는 sensor이며 국내에서는 PIR Sensor를 인체감지 Sensor 라 하는데 이것은 다소 잘못된 표현이기도 하지만 인체감지센서라는 말로 널리 사용하므로 이 책에서는 혼용하여 사용하기로 한다. 보다 정확히 말하면 일정한 적외선을 띤 물체가 움직이는 것을 감지하는 Sensor가 정확한 표현이고 외국에서는 Moving IR Detector라 표현하기도 한다.

인체의 온도는 36.5도이다. 이 범위는 적외선 범위이기 때문에 IR로 표기한다. 그러나 인체의 온도는 일정하나 사람에 따라서는 방사되는 양에 많은 차이가 있기 때문에 실제로 IR Detector로 측정하면 보통 9.4~10.4 정도로 나타난다. 센서의 응용에서는 일정한 양의 적외선을 띤 물체가 움직이면 감지하여 출력을 내게 된다. 그러므로 사람이 움직임이 없으면 출력은 나오지 않게 된다.

애완동물 감지

일반적인 애완동물은 강아지, 고양이를 주로 표현하는데 그들의 체온은 인체의 체온과 거의 비슷하다. 그렇기 때문에 Pir Sensor가 사람과 애완동물을 구별하지 못한다. 전 세계의 많은 경보기, 조명 업체에서 PIR Sensor를 이용하여 구별하는 제품을 개발하고는 있으나 완벽하게 해결하지 못했다.

2. 어떤 센서를 사용하여 작품에 응용할 것인가?

예를 들어 <그림 6-2>와 같은 '인체감지센서'라는 모듈화된 제품이 있다. (www.devicemart.co.kr에서 구매가능). PIR 센서와 움직임을 감지하는 전자회로를 결합해 놓은 것으로 전원+, 전원-, 출력, 이렇게 전선 3가닥이 나와 있으며 인체가 감지되면 출력이 High-Low로 변화되므로 작품제작에 쉽게 응용이 가능하다. 그러나 <그림 6-2>와 같은 모듈을 사용하여 작품을 제작한다는 것은 초보자가 하는 것이고, 이 책에서는 욕심을 좀 내어서 모듈에 내장된 전자회로까지도 자신이 제작하여 작품제작에 활용하도록 해 본다.

(a) 외관

(b) 센서를 확대

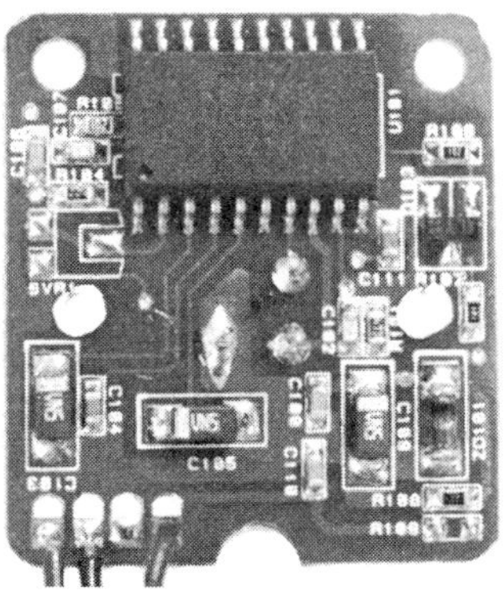

(c) 동박면 모습

(d) IC 부분의 확대

〈그림 6-2〉 모듈화된 제품

3. 센서 모듈의 제작

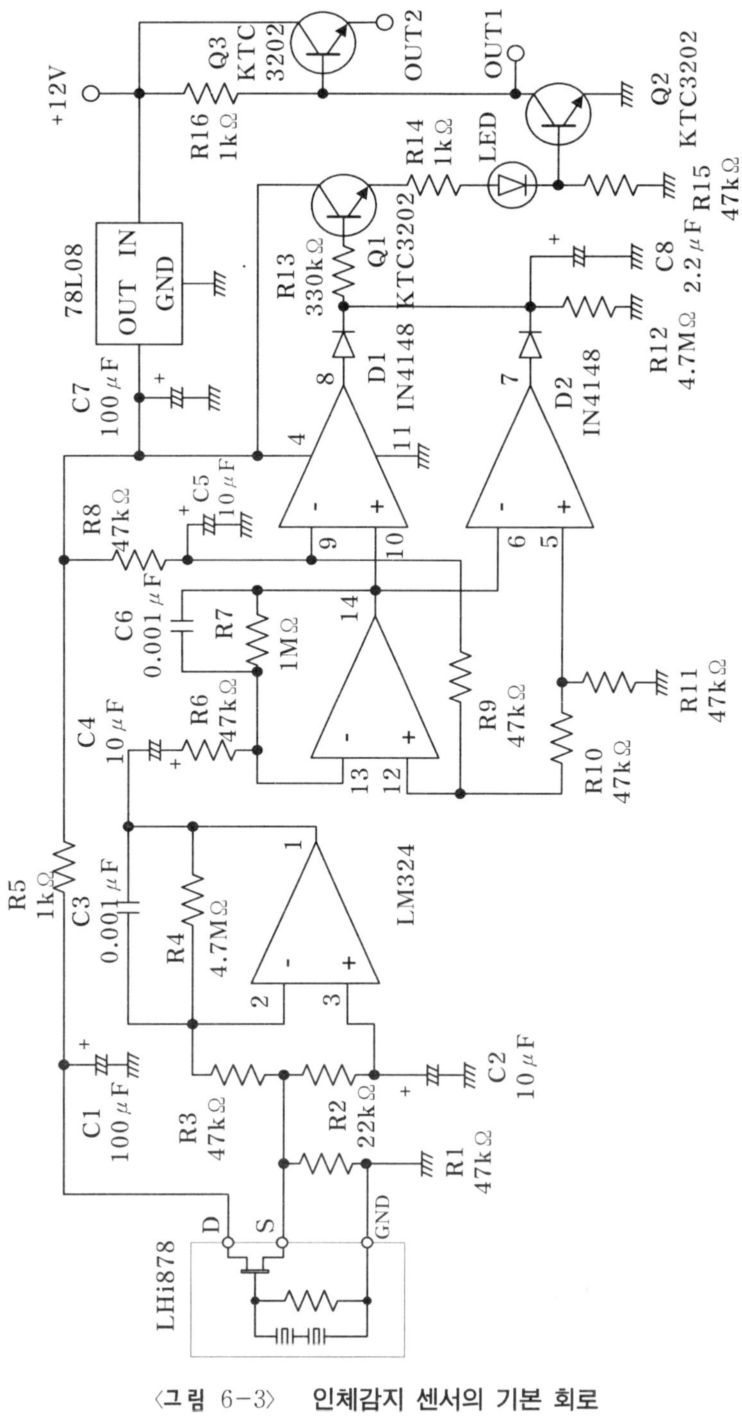

〈그림 6-3〉 인체감지 센서의 기본 회로

<그림 6-3>의 회로를 사용하여 인체가 접근함을 감지하는 센서모듈을 제작한다. 회로가 다소 복잡한 것 같으나 각 부분을 나누어 생각해보면 이해하기 어려운 회로는 아니다. 이번 작품을 통하여 여러 전자기기에서 많이 응용되는 OP AMP의 쓰임새를 살펴보는 계기가 되었으면 좋겠다.

(1) 부품의 구입과 식별

품명	규격	수량	비고
센서	LHi878	1	
IC	LM324	1	
	LM78L08	1	
트랜지스터	KTC3202	3	
저항	1kΩ	3	색띠 ; 노랑 보라 갈색
	22kΩ	1	색띠 ; 빨강 빨강 주황
	47kΩ	8	색띠 ; 노랑 보라 주황
	330kΩ	1	색띠 ; 주황 주황 노랑
	1MΩ	1	색띠 ; 갈색 검정 초록
	4.7MΩ	2	색띠 ; 노랑 보라 초록
다이오드	1N4148	2	
마일러콘덴서	0.001㎌	2	'102'로 표기
전해콘덴서	10㎌	3	
	100㎌	2	
	2.2㎌	1	
LED		1	

◎ 센서

PERKINELMER의 LHi878을 사용하였다.

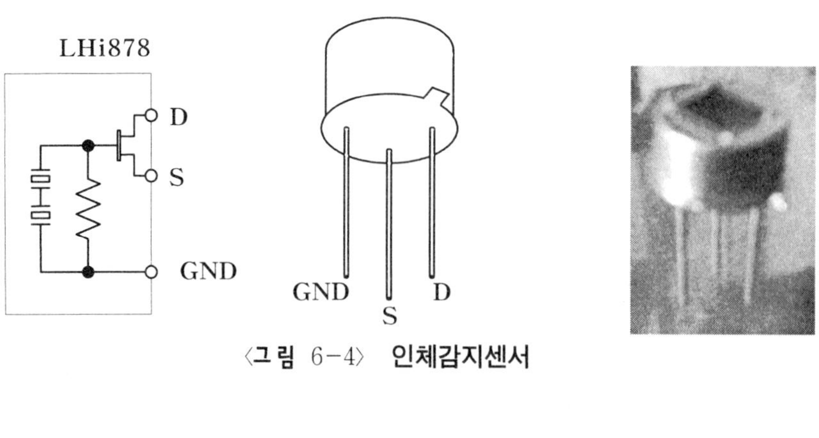

〈그림 6-4〉 **인체감지센서**

인터넷 쇼핑몰에 올라온 센서

전자부품 전문 인터넷 쇼핑몰 www.devicemart.co.kr에 올라온 센서를 <그림 6-5>에 보인다. LHi878과 함께 <그림 6-2>의 소형 모듈화된 제품도 있다.

〈그림 6-5〉 **인터넷 쇼핑몰의 센서**

◎ IC LM324

센서의 미약한 신호를 증폭하고 Low pass filter와 비교기 등 다용도로 사용한 OP AMP인데, 14핀 칩에 4개의 OP AMP가 내장되어 있다. 동작 가능한 전원전압의 범위가 넓고 구하기 쉬우며 저렴하여 널리 사용하는 IC이다. 성능면에서는 매우 우수하지는 않으나, 명색이 OP AMP인데 웬만한 용도에는 사용에 손색이 없다. 좋은 주파수 특성을 요하거나 매우 저잡음을 요구하지 않는 경우에는 LM324도 훌륭한 OP AMP로 동작한다.

LM324는 전 세계 반도체회사에서 동등품을 생산하는데 KIA324, NJM324, KA324, HA17324 등이 있다.

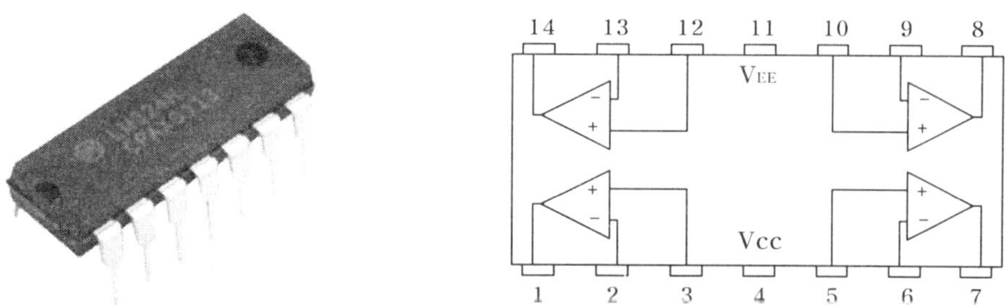

〈그림 6-6〉 **LM324의 외관과 핀 배열**

◎ IC 78L08

8V가 출력되는 정전압 IC이다. 78L08이 입수가 어렵다면 7808을 사용하는 것도 무방하나 입력/출력의 핀 순서가 다르므로 확인하고 사용해야한다. 78시리즈의 정전압 IC에는 78LXX, 78MXX, 78XX가 있는데, 출력 최대전류가 각각 150㎃, 0.5A, 1A이다.

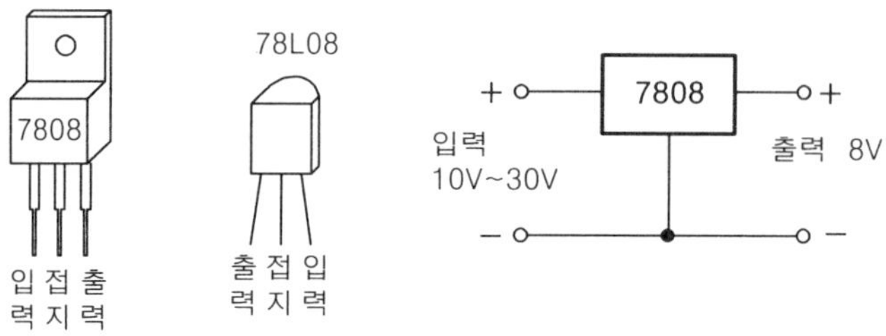

〈그림 6-7〉 7808

◎ 트랜지스터

OP AMP는 릴레이를 직접 구동할 출력 전류의 능력이 모자라므로 외부 기기의 구동용으로 사용하는 트랜지스터로서 KTC3202를 사용하여 보았으나, 최대 콜렉터전류가 0.2A 이상의 NPN 트랜지스터라면 사용이 가능하다. 전자부품 전문 인터넷 쇼핑몰 www.ic114.com에 검색된 트랜지스터를 <그림 6-8>에 보듯이 사용 가능한 트랜지스터는 수십 종에 이른다.

〈그림 6-8〉 검색된 트랜지스터

(2) 제작 및 동작확인

<그림 6-9>를 참조하여 기판에 부품을 삽입하고 납땜 후 길게 나온 부품의 다리는 니퍼로 절단한다. 이 때 방향성 있는 부품은 방향이 바뀌지 않도록 확인 후 작업 하도록 한다.

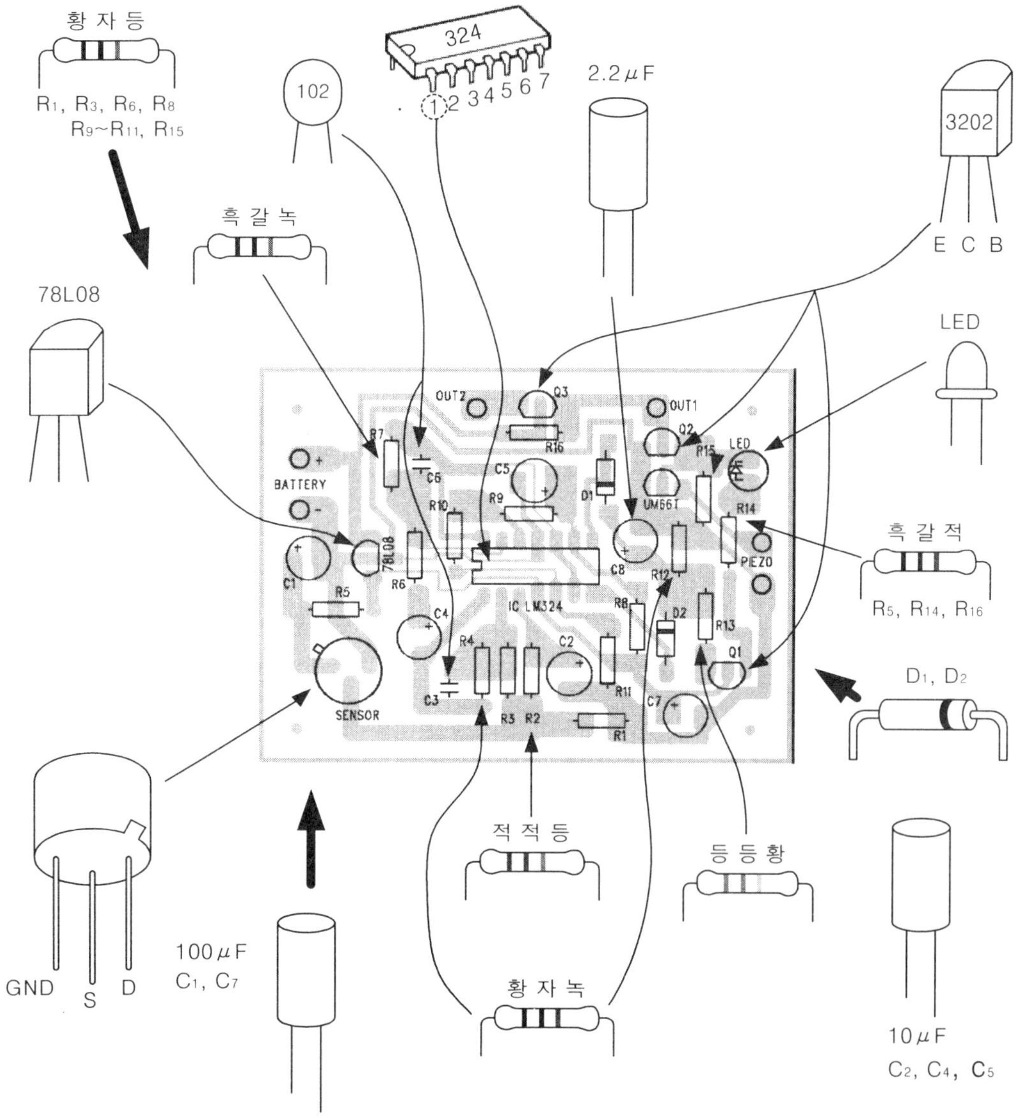

** 기본형에서는 UM66T는 사용하지 않고, <그림 6-33>의 침입자 경보기에서 사용합니다.

〈그림 6-9〉 기판에 부품을 부착

〈그림 6-10〉 **완성된 센서 모듈**

제작이 완료되면

부품의 부착에서 잘못된 곳이 없는지 한번 더 확인한 후 전원을 공급하여 센서모듈의 동작을 본다. LED가 꺼지기를 기다렸다가 LED가 꺼진 상태에서 인체가 센서에 접근하면 LED가 켜지고 약 3초 후에 꺼지게 된다.

① 감도 조절

용도에 따라 다소 먼 거리에 있는 미세한 사람의 움직임을 감지할 필요도 있지만, 너무 민감하게 센서가 반응하는 것을 원하지 않을 때도 있다. 이러한 감도를 조절하는 방법으로는 OP AMP에서의 증폭율을 조절하는 방법이 있는데, <그림 6-3> 회로의 R7 1MΩ을 조절하면 된다.

② 움직임을 인식 후 출력을 지속하는 시간

인체의 접근을 감지한 후 얼마동안 출력된 상태를 지속하는가 하는 것은 신호유지 회로의 시정수와 관련이 있다. <그림 6-3> 회로에서 C8 2.2㎌이 작게 되면 지속 시간이 짧아진다.

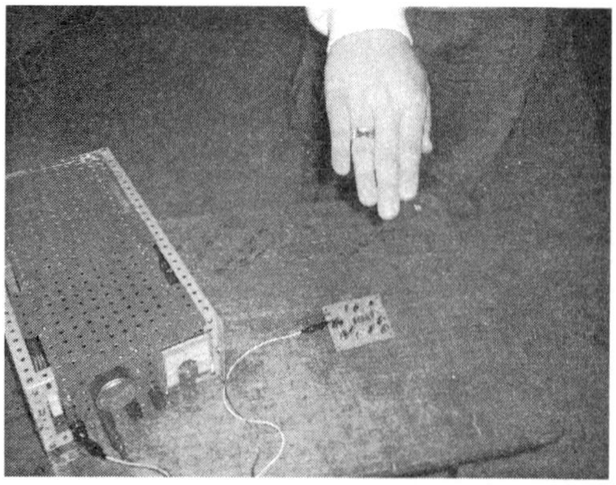

〈그림 6-11 〉 **센서모듈이 잘 동작되나?**

(3) 회로이해

센서모듈은 인체가 방사하는 적외선을 감지하는 것이므로 주변이 밝으나 어두우나 관계없이 인체의 접근을 검출할 수 있다는 특징이 있으며 <그림 6-12>에서 LPF(Low Pass Filter) 및 증폭기, 비교기, 신호유지 및 출력회로로 나누어 생각해 볼 수 있다.

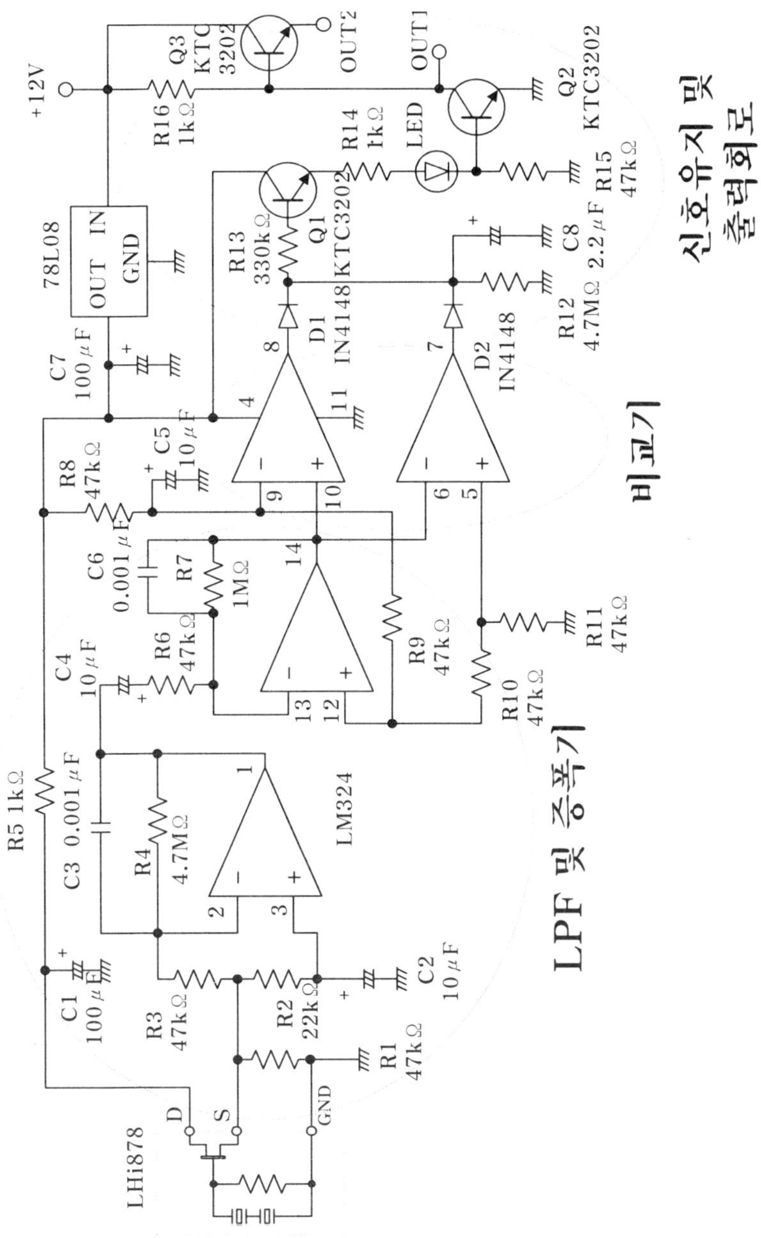

<그림 6-12> 인체감지센서의 회로 분석

① LPF(Low Pass Filter) 및 증폭기

이 부분은 2개의 OP AMP로 회로를 구성하였다. 센서에서 감지된 신호는 매우 미약하므로 증폭을 하여 신호의 크기를 크게 하는 것은 당연하다. 또 사람이 있는지 없는지를 감지하는 것 보다 사람의 움직임이 있을 때를 감지하는 것이므로 사람의 움직임에 따른 전압의 변화를 출력하도록 하기 위하여 LPF를 사용한다. 회로에서 C2, C3, C6 등의 값이 LPF와 관련된 것이다. 초단의 OP AMP는 LPF(Low Pass Filter)의 기능과 함께 약 100배(40dB)의 증폭을 하도록 하였다. 초단의 입력회로는 센서에 내장된 FET에 직접 접속되었으며 입력전압은 0V 근처에서 동작하므로 단전원으로 동작하도록 하는 OP AMP의 회로에 적합하다.

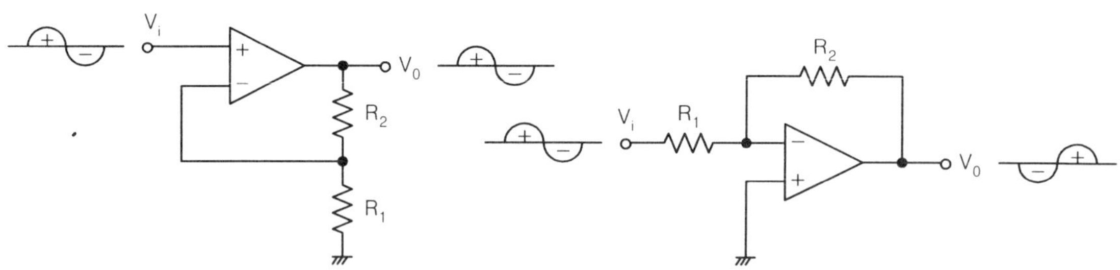

(a) 비반전 증폭기 (b) 반전 증폭기

〈그림 6-13〉 **반전 및 비반전 증폭기**

<그림 6-13>에서 비반전 증폭기의 전압이득 $= \dfrac{V_o}{V_i} = 1 + \dfrac{R_2}{R_1}$ 이고 반전 증폭기의 이득은 $A_v = \dfrac{V_o}{V_i} = -\dfrac{R_2}{R_1}$ 이다. <그림 6-12>의 회로의 첫째 OP AMP에서 R_3은 47kΩ, R_4는 4.7MΩ에 해당되므로 100배의 증폭율이 된다. 4.7MΩ의 저항값이 크면 증폭율이 크게 되는데 4.7MΩ에 병열로 접속된 콘덴서에 주목한다면, 주파수가 높을 때 콘덴서의 임피던스는 0Ω이 되므로 높은 주파수에서 전압이득은 0이 된다. 주파수가 낮을 때 증푹율이 100배였다가 주파수가 높을 때 증푹율이 0이 된다면 이것이 낮은 주파수의 신호만을 통과하는 LPF(Low Pass Filter)이다. 두 번째 OP AMP에서도 47kΩ과 1MΩ의 저항값에 의해 증폭율이 정해진다.

센서에서 감지된 미약한 신호의 변화를 증폭하고 그 변화분이 어느 정도 이상일 때 비교기의 출력이 High가 되는 것이 기본 동작이므로 4.7MΩ, 1MΩ 저항값을 변경하면 인체감지 센서의 감도를 조절할 수 있다.

② 비교기(Comparator)

OP AMP의 +, - 두 개의 입력전압을 비교하여 출력하는 부분이다. <그림 6-3>의 회로에서 R8, R9, R10, R11에 의해 분압된 전압은 2V, 4V, 6V이며 IC LM324의 5번, 12번, 9번에 가해진다. 7808에 의한 전원전압은 8V이고 47kΩ 저항 4개로 분압되므로 계산도 간단하게 2V, 4V, 6V이다.

LM324 출력 14번은 4V를 기준으로 상하로 움직이게 된다. 이때 14번의 전압이 6V 이상이면 8번이 High가 되고 2V 이하이면 7번이 High가 된다. IC의 7번과 8번에 연결된 다이오드는 일종의 OR GATE 역할을 하여 둘 중 하나라도 High이면 출력은 High가 된다.

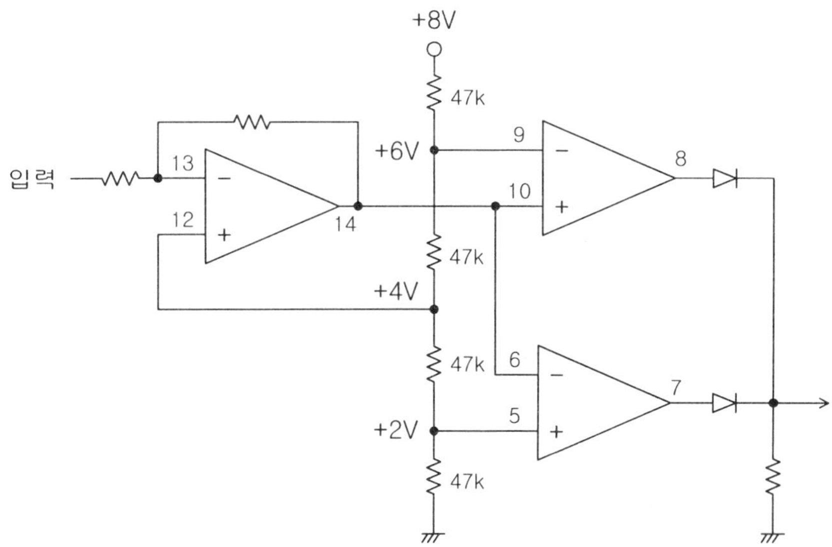

〈그림 6-14〉 **비교기와 신호**

응답속도가 빠르고 비교기로서 정밀한 특성이 요구될 때에는 LM339, LM393 등의 Comparator 전용 IC를 많이 사용하고 있지만, 일반적인 경우에는 범용 OP AMP가 전압 비교기로 널리 사용된다.

비교기의 응용 회로예 ; LED Dot Bar 전압계

널리 사용하는 전압계에는 바늘이 움직이는 아날로그 방식과 숫자가 표시되는 디지털 방식이 있다. <그림 6-15>에서 전압의 크기에 따라 일렬로 배열된 LED가 켜지는 전압계를 생각해 본다. 기준전압 9V는 10kΩ 저항 9개로 분압되므로 각 OP AMP의 - 입력에는 1V, 2V, 3V~9V가 인가된다. 만약 입력전압이 2.4V일 때는 LED1, LED2는 켜지고 나머지는 꺼진다. 이 회로는 입력전압이 2.4V인지 2.5V인지를 구별하지는 못하지만 일정 레벨 이상인지 이하인지는 표시할 수 있으며 음향기기에서 소리의 크기에 따라 LED가 켜지는 용도로 널리 사용된다.

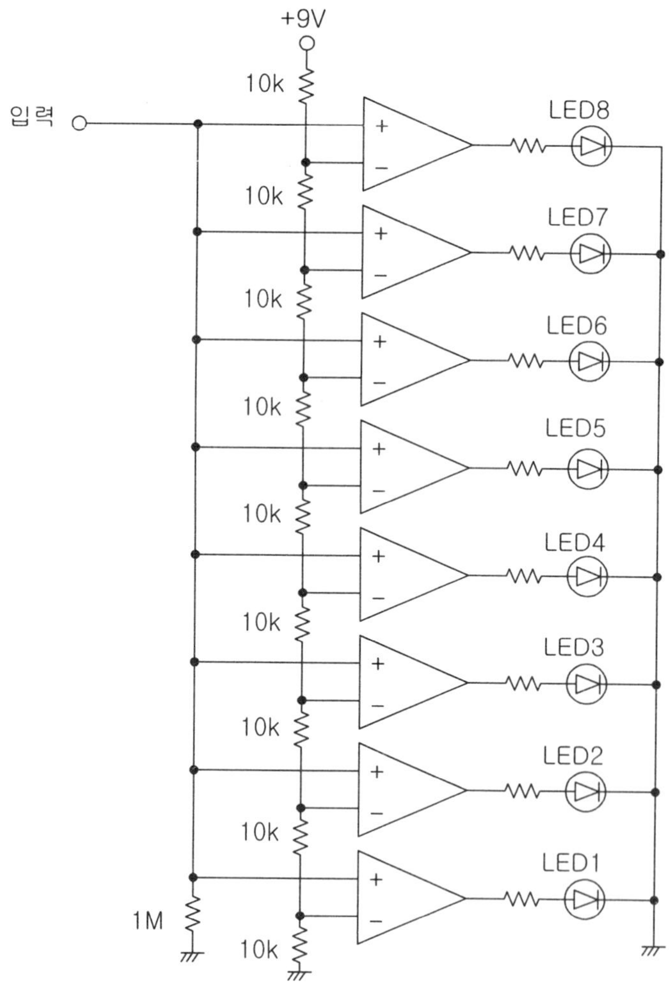

〈그림 6-15〉 Dot bar 전압계

③ 신호유지 및 출력회로

센서에서 사람의 접근을 감지하면 일정시간 동안 감지된 상태를 유지할 필요가 있는데 <그림 6-3>의 회로에서는 콘덴서에 전하를 충전하고 방전될 때까지의 시간만큼 출력상태를 유지하도록 하였다. 일정시간의 유지는 콘덴서에 충전된 전하가 소멸될 때까지이므로 회로의 콘덴서 용량을 가감하여 유지시간을 변경할 수 있다. <그림 6-3>의 회로에서는 C8 2.2㎌이 이러한 용도의 콘덴서이다.

OP AMP는 출력에 어떤 부하(부품)가 연결 될 때 부하가 동작하기에 충분한 전류를 공급할 능력이 되지 않으므로 트랜지스터를 통하여 부하를 구동하여야 한다. 물론 LED 하나를 켠다던가 하는 정도라면 직접 연결이 가능하겠지만 그 이상은 곤란하다. 제작한 센서모듈에 릴레이나 작은 전구를 연결할 수도 있고 여러 개의 센서 모듈을 활용 가능하도록 출력을 Open Collector의 형태로 설계하였다.

<그림 6-3>의 회로에서 출력으로 'OUT1'과 'OUT2'가 있다. 둘 다 사람의 접근을 검출하였을 때 Low상태가 되지만 사용방법은 다르며 그 사용 예는 <그림 6-20>, <그림 6-28>, <그림 6-29>, <그림 6-31>에서 보도록 한다.

4. 응용제작

(1) 사람이 접근하면 전등이 켜진다.

아파트의 현관에 사람이 접근하면 자동으로 전등이 켜지는 '센서등'이 설치되어 있다. 이제 인체감지센서를 응용한 첫 작품으로 센서등을 생각해 본다.

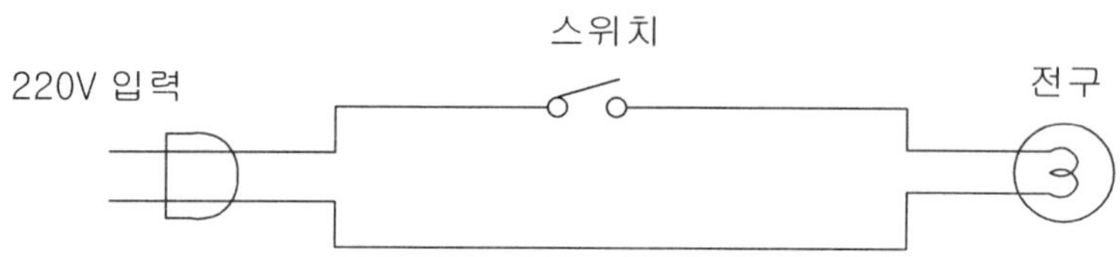

〈그림 6-16〉 **스위치의 개폐로 전등 켜기**

<그림 6-16>에서 스위치를 개폐함에 따라 전등이 ON/OFF 됨은 누구나 알고 있는 것인데 스위치의 개폐를 자동으로 하는 방법으로는 릴레이를 사용하는 방법과 전자스위치를 사용하는 방법이 있다.

1) 릴레이(Relay)를 사용하여 전등 ON/OFF 하기

① Relay란 무엇인가?

일반적으로 '전기를 연결한다'라는 의미로서 '전자계전기'라 하며 전기접점을 개폐하여 다른 회로에 접속된 장치를 작동시키는 기능을 한다.

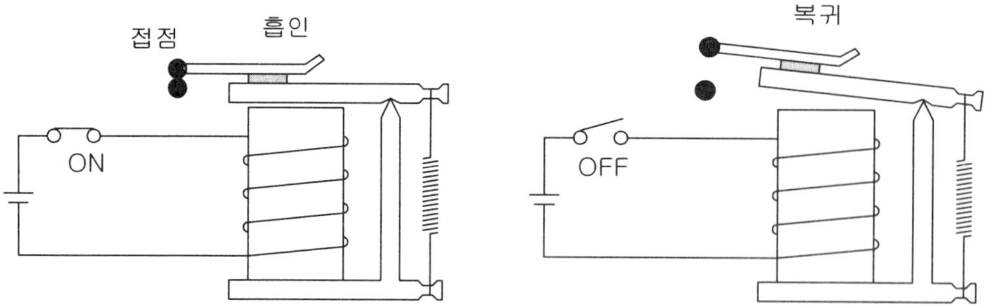

〈그림 6-17〉 **릴레이의 구조와 동작**

철심에 감긴 코일에 전류가 흐르면 철심은 전자석이 되고 철편을 끌어당겨 접점이 붙게 되며, 코일에 전류가 흐르지 않으면 철편이 복귀하여 접점이 떨어진다. 릴레이는 동작을 이해하는데 어렵지 않고 제조하는 데에 첨단기술을 필요로 하지 않으므로 누구나 쉽게 사용할 수 있다.

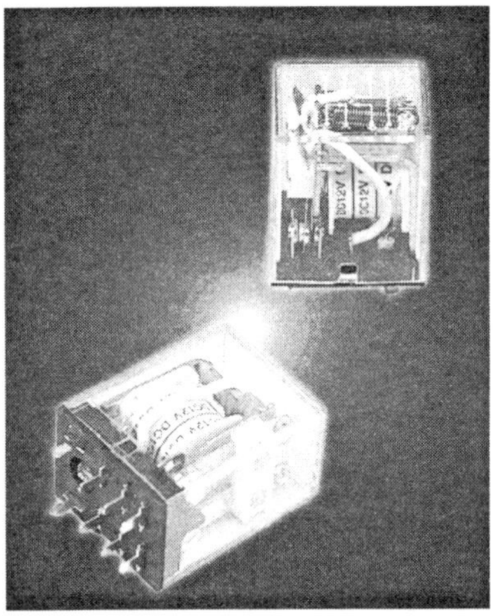

〈그림 6-18〉 **릴레이의 예**

② 릴레이의 사용예

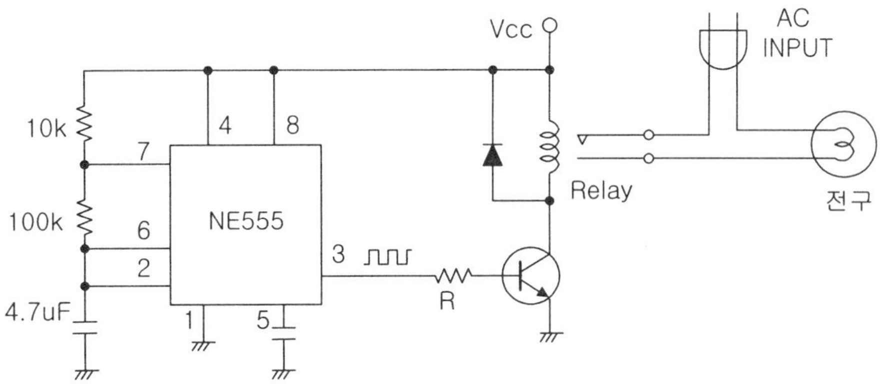

〈그림 6-19〉 **릴레이에 의한 전구 스위칭**

릴레이를 사용한 간단한 회로의 예를 <그림 6-19>에서 보였다. 만약 전구를 2초간 켜고 2초간 끄는 동작을 반복하려고 한다면 타이머 IC NE555를 사용하여 High/Low가 2초마다 반복되는 회로를 구성하고 그 신호에 따라 전구를 켜고 끄도록 하면 된다.

이때 NE555는 교류 220V를 직접 ON/OFF할 수 없으므로 릴레이를 사용한다. 회로에서 NE555의 3번 출력이 High가 되면 트랜지스터의 베이스 전류가 흐르고 그에 따라 콜렉터 전류가 흐르며 릴레이의 코일에 전류가 흐르게 된다. 반대로 NE555의 3번 출력이 Low가 되면 트랜지스터의 베이스 전류가 0이 되고 그에 따라 콜렉터 전류와 릴레이의 코일의 전류가 흐르지 않게 된다. 릴레이의 코일에 병열로 접속된 다이오드가 일견 보기에는 큰 의미가 없는 것으로 생각될지 몰라도 반드시 부착하여야 한다. 다이오드는 릴레이가 OFF될 때 릴레이의 코일에서 발생되는 역기전력을 바이패스하여 주변의 소자가 망가지거나 오동작 되는 것을 방지하는 역할을 한다.

릴레이는 신호원과 별개의 전원을 ON/OFF하는 용도로 사용하며 작은 전류로 큰 전류를 ON/OFF하는 데에도 많이 사용한다. 예를 들어 자동차를 시동 걸 때 엔진을 잠깐 돌려주는 모터에 흐르는 전류는 100A 이상이다. 이 100A를 운전대에 있는 키를 돌리는 스위치로 ON/OFF 한다는 것은 불가능한 일이다. 그러므로 키를 돌리는 스위치는 릴레이의 코일에 흐르는 전기를 제어하고 음료수 병 크기의 엄청 큰 릴레이로 100A 이상의 전류를 ON/OFF 한다. 자동차에서 우회전 깜빡이를 동작할 때 램프의 깜빡임과 함께 '철컥 철컥' 하는 소리가 나는데 릴레이가 붙었다 떨어졌다 하는 소리이다.

2) 릴레이를 사용한 센서등의 회로

<그림 6-10>에서 제작한 센서 모듈을 이용하여 사람이 가까이 가면 자동으로 전등이 켜지는 장치를 제작하는데 먼저 릴레이를 사용하여 동작하는 회로를 구상해 본다면 <그림 6-20>과 같다. 센서 모듈에는 12V 정도의 직류 전원이 필요하므로 트랜스를 사용하여 전압을 낮추고 다이오드로 정류하여 직류로 변환한 다음 1000μF 콘덴서로 평활하는 가장 기본적인 전원회로를 사용하였다.

그림과 같이 그다지 복잡하지 않은 회로에서는 Fuse를 생략하여도 큰 지장이 없으리라 생각할 수도 있을지 몰라도, 아무리 단순한 회로에도 퓨즈는 생략하면 안된다는 것을 명심하고 실천해야 한다.

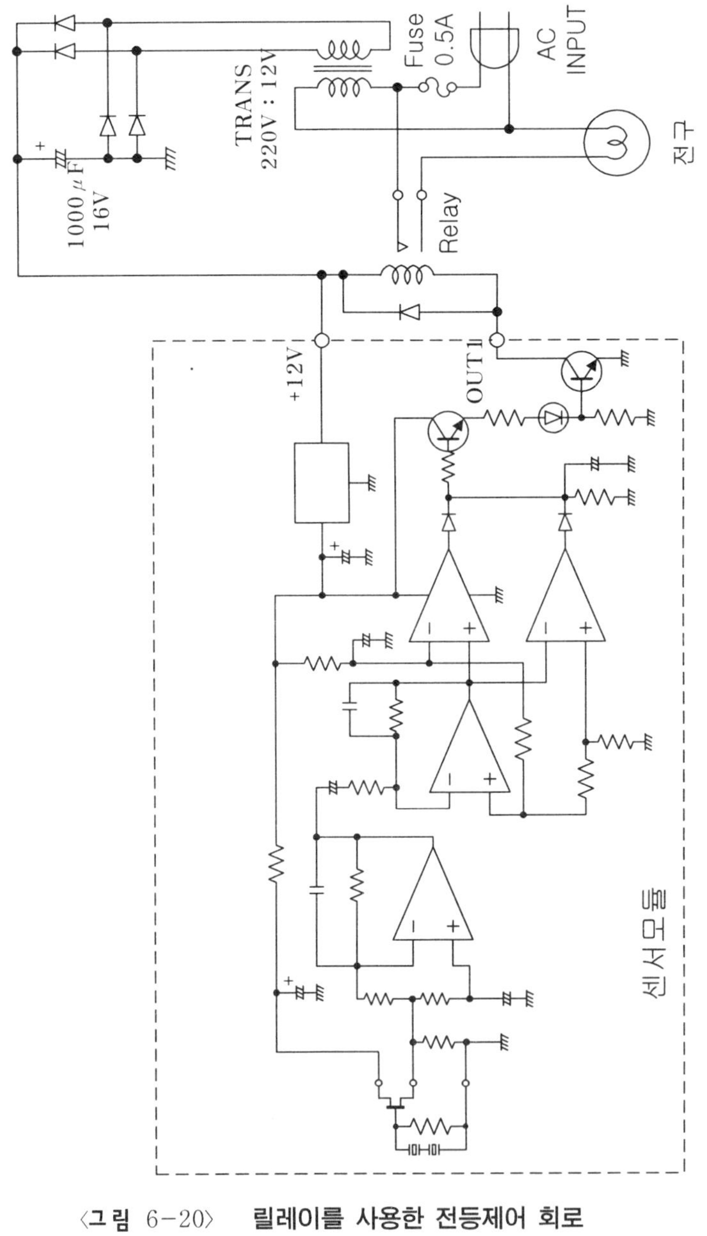

〈그림 6-20〉 릴레이를 사용한 전등제어 회로

3) 부품의 준비와 제작

① 부품의 식별과 구입

실제 제작할 때 트랜스와 다이오드, 릴레이를 어떤 것을 사용할 것인가 하는 것이 초보자의 경우라면 고민사항이 될 수 있다. 이 회로에서는 사용하는 직류전압이 12V로 높지 않고, 전류도 최대 0.1A 정도로 크지 않으므로 트랜스와 다이오드를 찾는 데는 어려움이 없을 것이다. 트랜스는 2차측의 교류 전압이 10V 정도라면 외관적인 크기에 상관없이 사용 가능하다. 만약 사용하는 전류(전력)가 클 경우에 용량이 작은 트랜스를 사용하면 트랜스에서 열이 발생하는 등 문제가 생기지만 아무리 작은 트랜스라 하더라도 0.1A 정도는 충분하기 때문이다. 여기서 다이오드는 널리 사용하는 1N4002를 사용한다. 트랜스의 경우와 마찬가지로 전류, 전압이 높지 않은 이 회로에서는 다이오드 또한 아무 다이오드나 사용해도 괜찮다고 할 정도로 1N4002 외에도 사용이 가능하다.

문제는 릴레이인데 릴레이는 워낙 제조회사도 많고 종류가 다양하므로 케이스에 표기된 정격을 확인하고 사용하도록 한다. 정격에는 코일의 전압과 접점의 전압, 전류가 표기된다. <그림 6-20>의 회로를 이용할 경우라면 센서 모듈의 전원전압이 12V이므로 릴레이의 코일에는 12V용 임을 확인하고 사용한다. 접점의 정격으로는 3A 250V 이상이라면 충분하다.

〈그림 6-21〉 **릴레이의 정격 표기**

릴레이 핀(단자)을 찾는 방법

릴레이에는 납땜하여 연결할 수 있는 핀(단자)이 4개 이상 있는데, 테스터(멀티 미터)를 사용하여 어떤 핀이 어디에 연결되어야 하는지 찾는 방법을 알아본다.

먼저 코일의 핀 2개를 찾는다. 코일은 구리선이므로 저항이 0Ω이라고 생각하기 쉽지만 머리카락보다 가는 코일이 수천 회 감겨 있으면 0Ω이 아니라 수100Ω이 된다. 그러므로 릴레이의 두 단자 사이가 수100Ω으로 측정된다면 그것이 코일이 연결된 단자이다. <그림 6-22>와 같이 테스터의 레인지를 ×10Ω에 두고 릴레이의 단자 사이를 측정하면 0Ω, 수100Ω, ∞Ω의 3가지 경우로 측정된다. 수100Ω으로 측정되는 단자가 코일이며, 0Ω, ∞Ω으로 측정되는 곳이 접점인데, 접점에는 코일에 전류가 흐를 때 붙는 접점과 전류가 흐르지 않을 때 붙는 접점이 있다. 코일의 단자를 찾았으면 코일 단자에 12V 전원(5V릴레이라면 5V)을 가하여 릴레이가 동작되는 '철컥 철컥'하는 소리를 확인하면서 접점을 테스터로 측정하면 접점의 붙고 떨어짐을 확인할 수 있다.

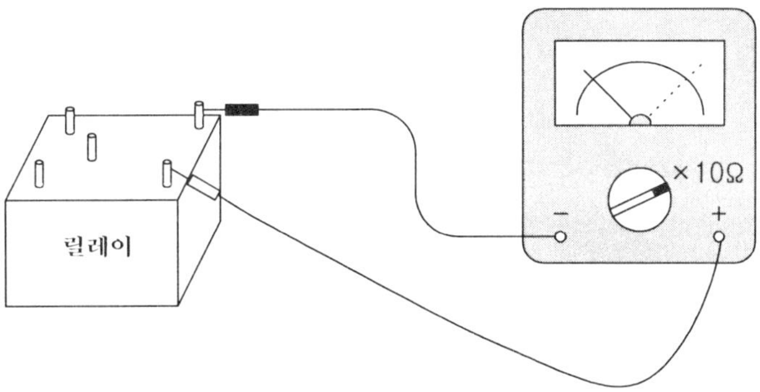

릴레이의 코일은 수100Ω 정도의 직류 저항이 있으므로 테스터로 저항을 측정할 수 있다.

〈그림 6-22〉 **릴레이의 핀을 테스터로 찾기**

② 제작

이번 작품의 전원은 교류 220V를 사용하는데 교류 220V 또는 교류 110V는 잘못 다룰 경우 감전의 위험과 화재의 위험이 있으므로 항상 조심하고 아래의 사항을 잘 지키도록 한다.

1. 누전 차단기 및 적정 용량의 퓨즈가 설치된 곳에서만 작업하고 작품을 사용한다.
2. 작품에 사용하는 부품은 안전이 보증된 규격품을 사용한다.
3. 작품 제작과 테스트시 전원 플러그가 빠져 있는지 확인한다.
4. 부득이 교류전원이 연결된 상태에서 작품을 테스트할 경우 회로의 1차 측에는 절대 인체 및 기타 물건들이 접촉되면 안된다.
5. 작품의 퓨즈는 반드시 정격용량품을 사용한다.
6. 전기가 잘 흐르지 않는 플라스틱 재질의 케이스가 감전의 확률이 낮으므로 초심자에게는 플라스틱 재질의 케이스가 좋다.

138×234의 큰 만능기판에 트랜스, 릴레이, 전구소켓, 정류회로 등을 <그림 6-23>과 같이 장착한다. 전원코드 대신 폐 전원장치에서 뽑아낸 전원소켓을 활용하였다.

〈그림 6-23〉 **전원 스위칭부분을 작업**

<그림 6-24>와 같이 센서모듈을 연결하여 '릴레이를 사용한 센서등'을 제작한 후 제대로 작업하였는지 한번 더 확인해보고 전원을 공급하여 동작 시험을 한다.

〈그림 6-24〉 **완성된 릴레이를 사용한 센서등**

3) 반도체 스위치를 사용한 센서등

앞에서 제작한 릴레이는 나름대로의 정점도 있으나, 릴레이의 기계적인 접점의 신뢰성이 문제가 된다는 치명적인 결함이 있다. VTR이나 카세트 녹음기를 10년을 사용한다고 가정할 때 내부의 반도체가 망가져서 고장이 나는 경우는 거의 없지만, 기계적으로 움직이는 부분 즉 모터나 벨트, 스위치 등의 고장으로 못쓰게 된다. 릴레이도 마찬가지로 아무리 잘 만들어도 반도체만큼의 신뢰성을 도저히 따라올 수가 없다. 반도체 기술이 발달되기 전에 빌딩의 엘리베이터를 릴레이를 이용하여 제어하였는데, 고장률이 꽤 되었으며 거의 대부분은 릴레이의 접점불량이었다. 이러한 이유로 최근에는 '철컥 철컥'하는 소리가 나는 릴레이가 아닌 반도체 스위치를 여러 분야에서 많이 응용한다.

① 교류전원의 스위칭

직류회로에서는 앞에서 보았던 BJT나 FET를 사용하여 스위칭하지만 전류 흐름의 방향이 번갈아 바뀌는 교류전원을 BJT나 FET로 직접 스위칭할 수 없기 때문에 SSR (Solid State AC Relay)이라는 것을 사용하여 교류 전원을 스위칭한다.

SSR은 입력에 5V의 전압이 공급되면 내부의 LED가 켜지고 그 빛을 CdS 또는 포토트랜지스터가 감지하여 트라이액을 ON하는 동작이다. SSR 내부의 트라이액 ON/OFF 동작은 빛에 의해 제어되므로 교류 전원과 제어 입력이 전기적으로 완전히 분리되어 감전의 위험이 없을 뿐만 아니라 입력이 5V인가 0V인가하는 것으로 제어되므로 마이크로컴퓨터의 출력과 딱 들어맞는 동작이다. SSR의 내부구조와 동작은 <그림 6-25> ⓐ와 ⓑ에서 보였으며 SSR을 이용하여 히터의 온도 또는 전구의 밝기를 제어하는 회로를 <그림 6-25> ⓒ와 같이 고안해 볼 수 있다. 마이크로프로세서에서 히터를 켜고 끄는 신호를 발생한다면 그 신호는 5V냐 0V냐 하는 것이다. SSR에 5V 또는 0V의 전압이 입력되면 SSR 내부의 트라이액을 ON/OFF되어 히터를 켜고 끌 수가 있다.

SSR은 많은 제조사에서 다양한 크기와 규격으로 시판하고 있으므로 회로설계능력이 모자라는 아마추어라 하더라도 쉽게 이해하여 응용할 수 있을 것이다.

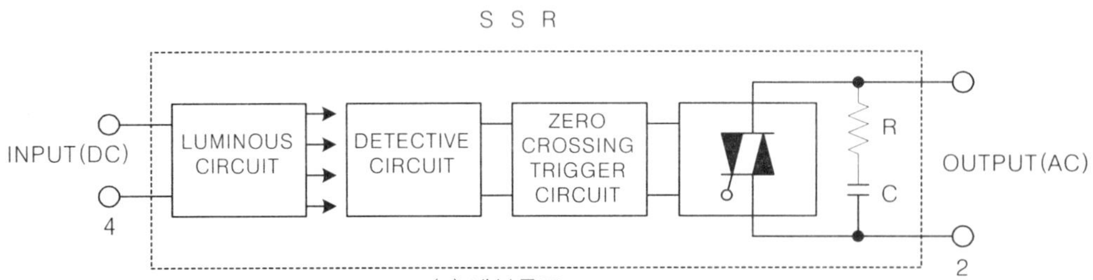

(a) 내부구조

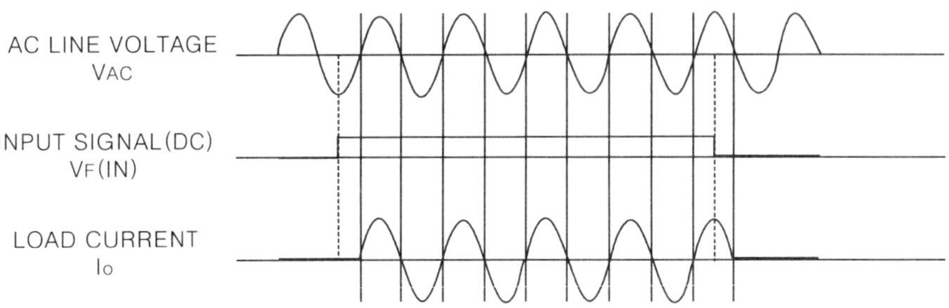

(b) 동작

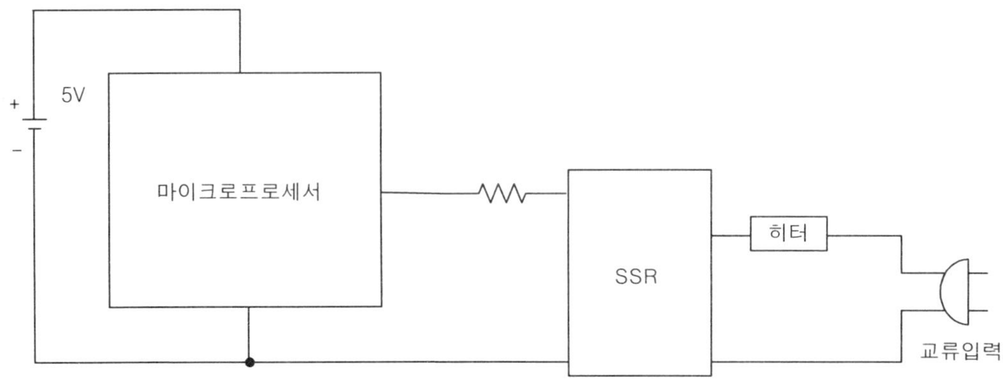

(c) 회로예

〈**그림** 6−25〉 **SSR과 응용 회로예**

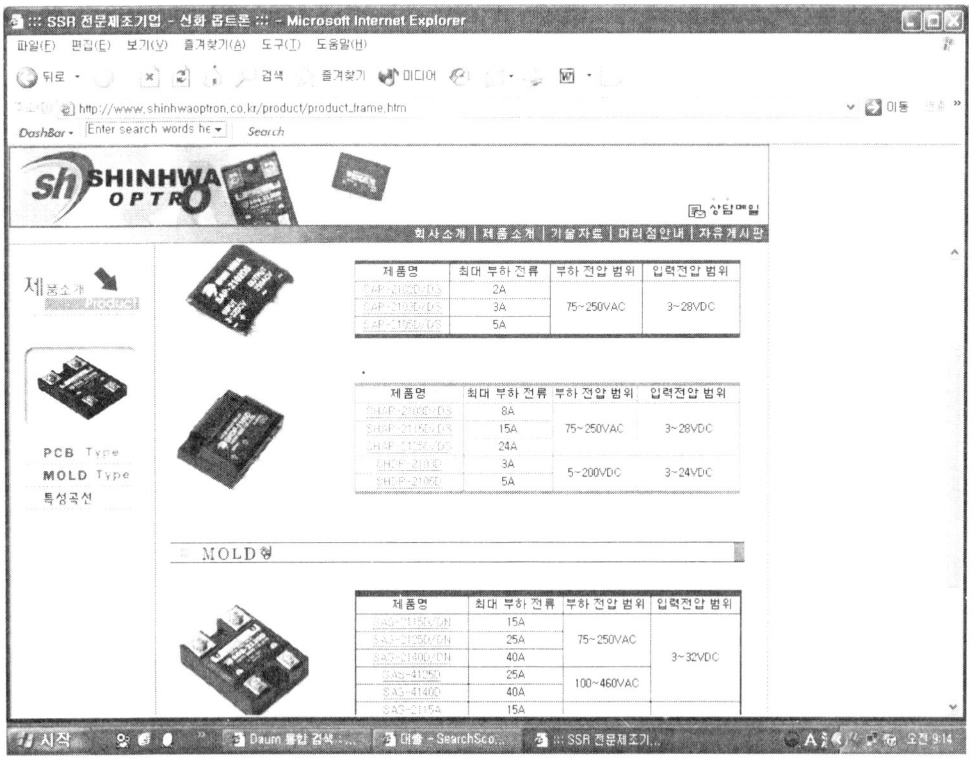

〈그림 6-26〉 **SSR의 외형과 규격 예**

실제로 교류전원을 스위칭한 회로의 예를 <그림 6-27>에서 본다. 그림에서는 릴레이를 사용하여 스위칭하는 방법과 트라이액이라는 반도체 스위치를 사용하여 히터를 ON/OFF하는 두 가지의 방법을 모두 사용하였다. <그림 6-27>의 회로에서 MOC3021과 BTA16 그리고 1kΩ 저항 2개를 조합한 것이 SSR이라 말할 수 있다. SSR은 가격이 비싸기 때문에 <그림 6-27>의 회로에서와 같이 사용하는 경우가 많다.

BTA16은 교류전원을 스위칭하는 TRIAC(트라이액)이며 MOC3021의 제어를 받는다.

② 센서등의 회로

반도체 스위치를 이용한 센서등의 회로는 <그림 6-28>이다. <그림 6-27>과 <그림 6-28>의 회로에서 TRIAC(트라이액)과 MOC3021이 똑같이 사용되었음을 살펴보라.

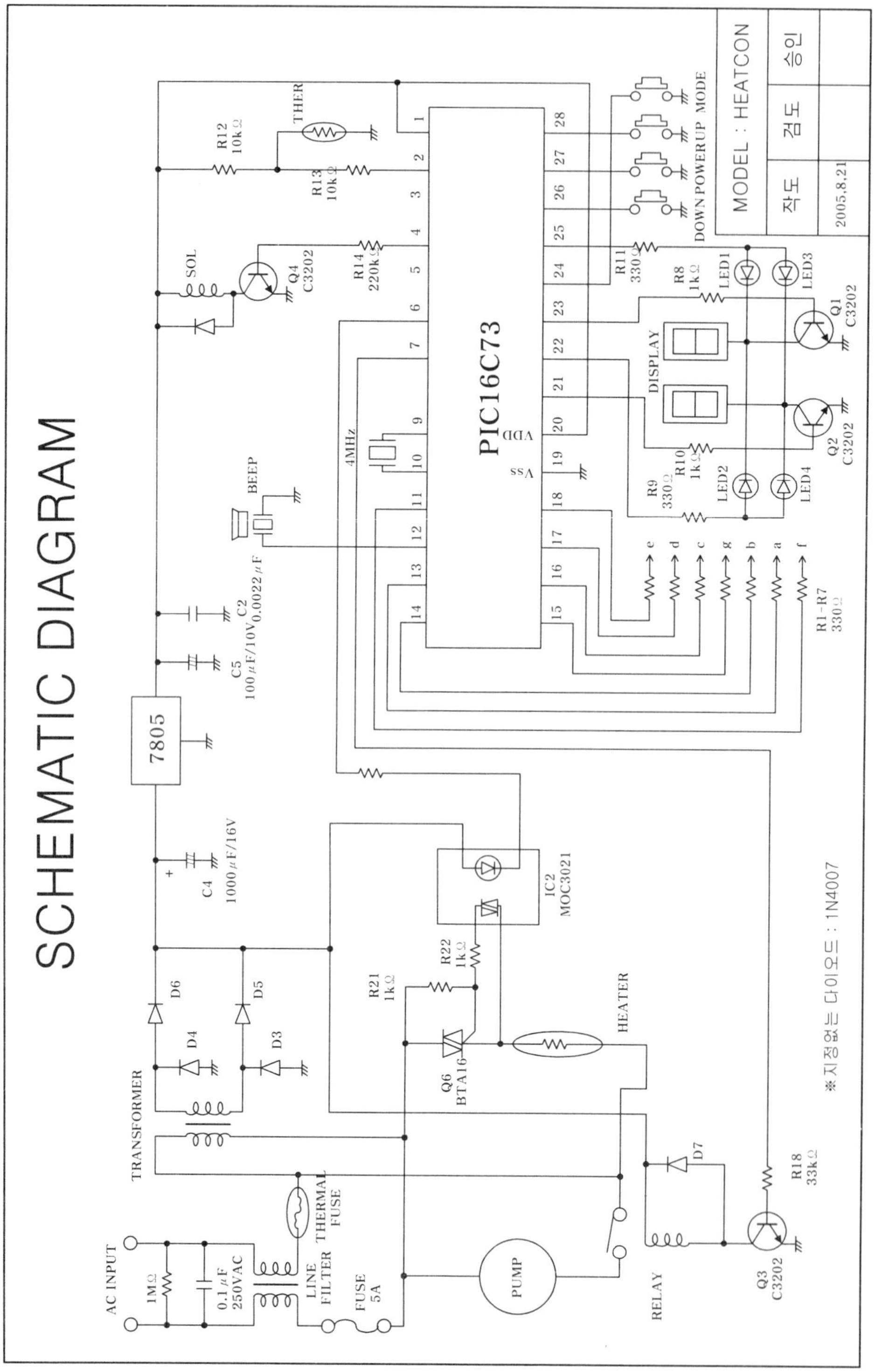

〈그림 6-27〉 **릴레이와 트라이액의 사용예**

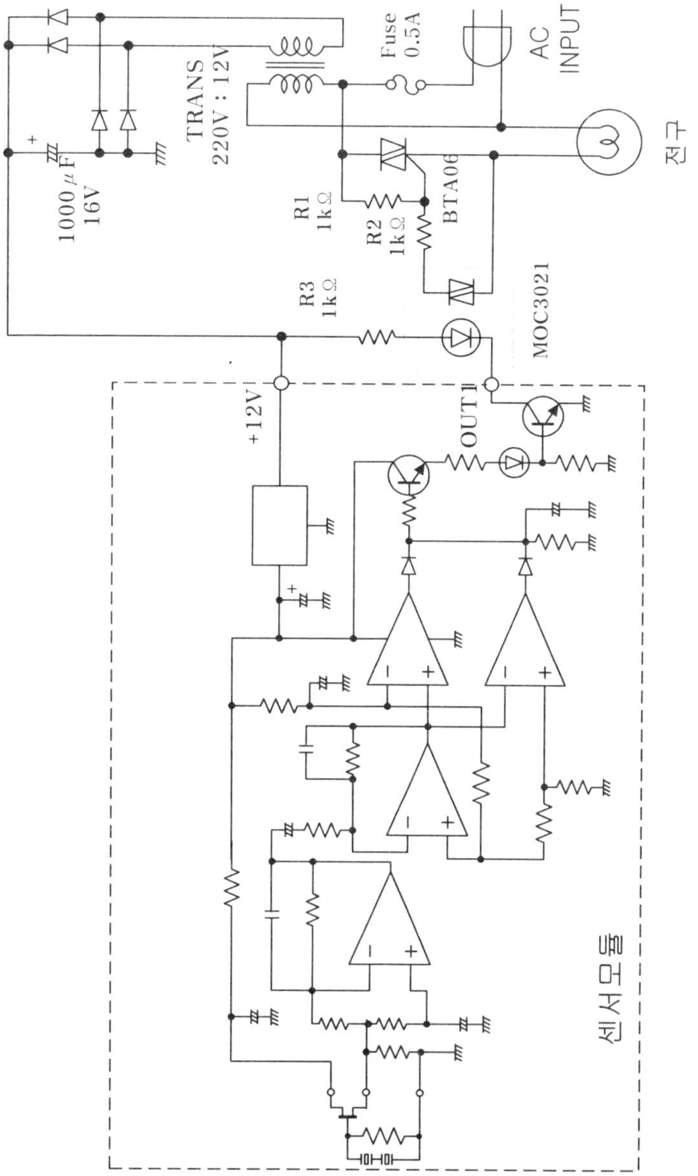

〈그림 6-28〉 트라이액을 사용한 전등제어 회로

(2) 사람이 접근하면 열리는 자동문

백화점, 호텔, 병원 등 대형건물 현관에 사람이 접근하면 열리는 자동문이 설치되어 있다. 이와 같이 사람이 접근하면 자동문이 열리고 얼마간의 시간이 경과 후 자동으로 닫히는 자동문을 제작해 본다. 사람의 접근을 인식하는 센서로는 <그림 6-3>의 회로로 제작한 것을 사용하며 기구적인 동작장치는 <그림 2-2>에서 사용하였던 자동차 안테나를 이용하여 본다.

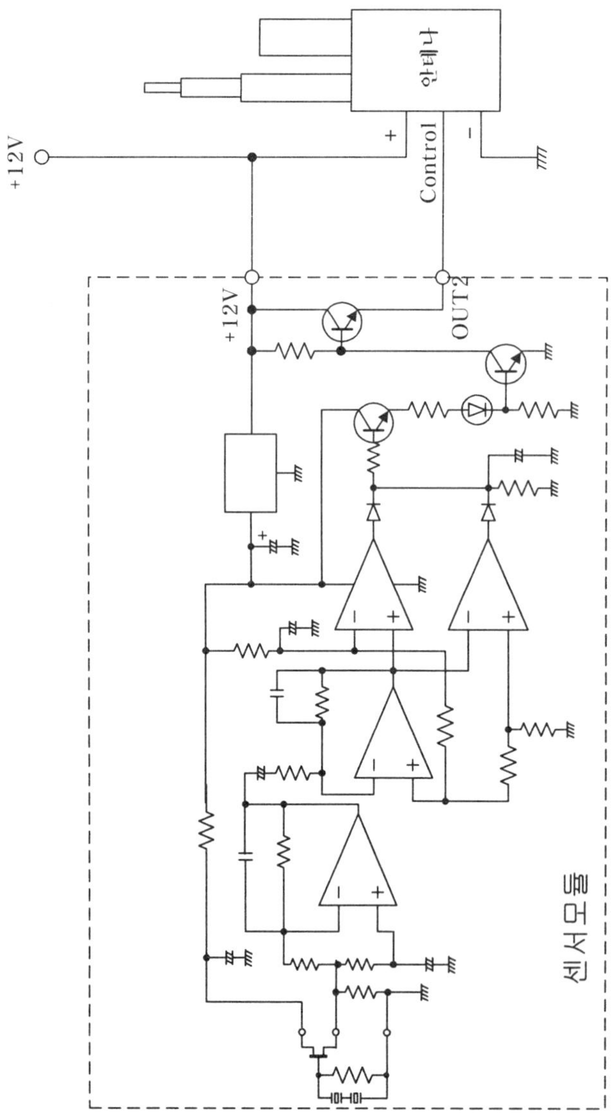

〈그림 6-29〉 **사람이 접근하면 열리는 자동문의 회로**

<그림 6-29>에서 안테나의 "Control"은 센서모듈의 "OUT2"에 연결되어 있다. 안테나의 "Control"에 +12V가 공급될 때 안테나가 쭉 빠져 나오는 동작인데, <그림 6-3>의 회로에서 Q3이 ON/OFF됨에 따라 "Control"에 +12V의 공급이 제어된다.

〈그림 6-30〉 **완성된 모습**

(3) 침입자 경보기

<그림 6-31>과 같이 인체감지센서 모듈의 출력에 부저를 연결하여 아주 단순한 침입자 경보기를 제작하고, 침입자의 접근이 예상되는 중요 지점에 설치하여 부저가 울리도록 한다면 침입자의 출현을 경보하는 장치가 된다.

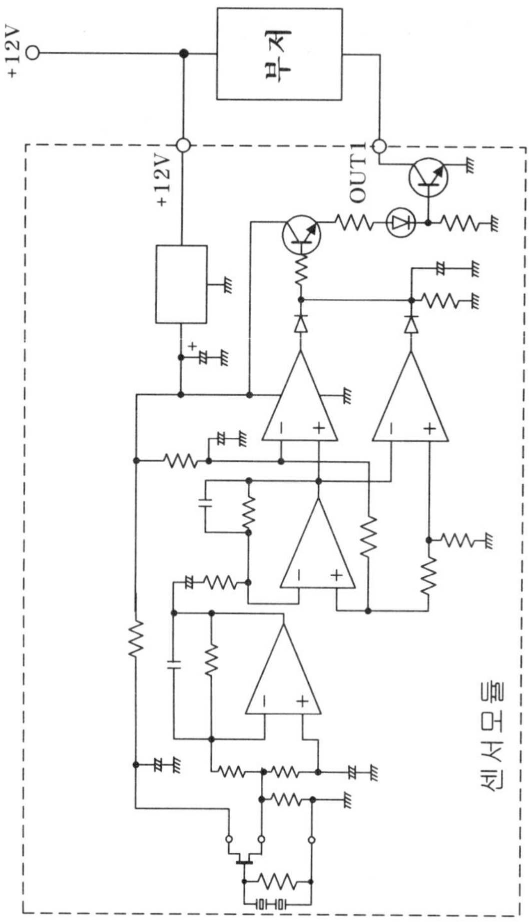

〈그림 6-31〉 **부저가 울리는 침입자 경보기의 회로**

멜로디가 나오는 침입자 경보기

<그림 6-31>과 같이 침입자의 접근을 부저소리로 알려주는 것도 좋지만 아름다운 멜로디가 울리도록 한다면 더욱 개선된 경보 장치라 할 수 있을 것이다. 또 건물의 여러 요소에 센서를 설치하였을 경우에 침입자의 감지 장소에 따라 다른 종류의 멜로디가 울리도록 설계한다면 멜로디 소리를 듣고 어느 곳인지 바로 알 수도 있다. 이와 같

이 여러 곡의 멜로디를 울리도록 하려면 'OHM사'의 '전자공작시리즈 4권' '작품4 암호인식 멜로디 선택 초인종'에서와 같이 마이크로콘트롤러를 응용하여 제작할 수도 있겠지만 여기서는 멜로디 IC UM66T를 이용하는 방법을 생각해 본다.

〈그림 6-32〉 UM66T

멜로디 IC UM66T에 대하여

소신호 트랜지스터 KTC3198과 같은 TO-92 패키지에 한곡의 멜로디가 입력되어 있고 전원이 공급되면 멜로디가 출력되는 IC이다. 예를 들어 "엘리제를 위하여"라는 멜로디가 전원이 공급되는 동안 계속하여 나오는 것은 UM66T19L이며 멜로디가 한번만 나오고 멈추는 것은 UM66T19S이므로 취향에 따라 선택하면 된다. IC의 번호에 따라 입력된 곡명이 다르며 아래의 표를 보고 원하는 곡의 IC를 구입하여 사용하면 된다.

품명	곡명
UM66T01 L/S	Jingle bells+We wish your marry X-mas
UM66T02 L/S	Jingle bells
UM66T04 L/S	Jingle bells+Rudolph+Joy to the world
UM66T05 L/S	Home sweet home
UM66T06 L/S	Let me call you
UM66T08 L/S	Happy birthday to you
UM66T09 L/S	Wedding march(Mendelssohn)
UM66T11 L/S	Love me tender, love me true
UM66T13 L/S	Easter Parade
UM66T19 L/S	For Elise
UM66T32 L/S	Waltz
UM66T33 L/S	Mary had a little lamb
UM66T34 L/S	The train is running fast
UM66T68 L/S	It's a small world

① 멜로디 1곡 울리기

<그림 6-33>은 침입자의 접근을 감지하여 멜로디가 울리도록 하는 회로이다. 책에 첨부된 기판에서는 Q2 자리는 비워두고 UM66T를 삽입한 뒤 피에조 타입의 스피커를 연결하면 된다. UM66T는 동작 가능한 전원전압의 범위가 1.5~4.5V이므로 12V를 직접 넣을 수 없으며 R14와 LED, R15로 전압이 조절되어 4V 정도의 전압이 UM66T에 공급되

도록 하였다. 소리를 내는 스피커는 압전효과를 이용한 피에조를 사용하였다. 일반적으로 스피커라면 자석이 있고 코일이 감겨 있어 코일에 흐르는 전류와 자기장 사이의 '플레밍의 왼손 법칙'을 이용한 스피커를 말하는데, UM66T는 이러한 코일이 감긴 스피커를 직접 구동할 능력이 되지 않는다. 피에조에서 나오는 소리가 너무 작아서 좀더 큰 소리의 멜로디를 원한다면 <그림 6-34>와 같은 스피커 구동회로를 사용하면 된다.

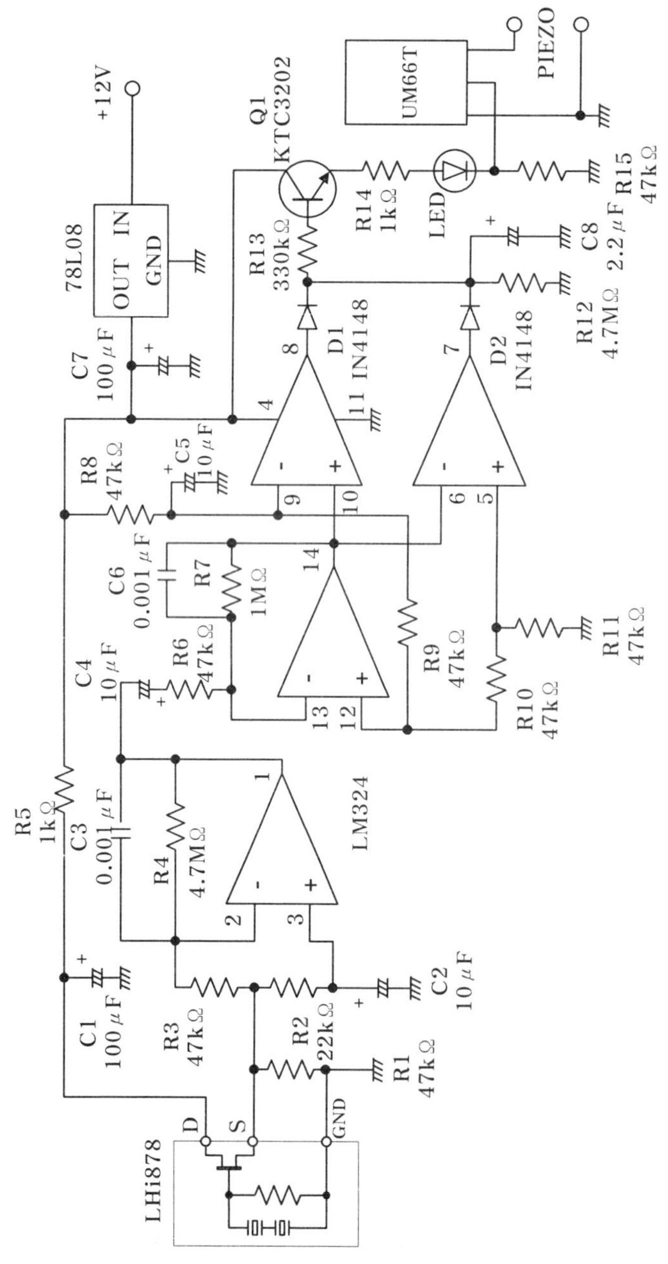

<그림 6-33> 멜로디가 울리는 침입자경보기의 회로

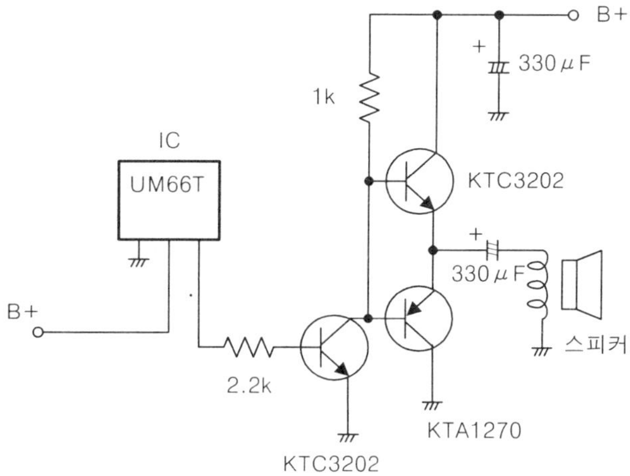

〈그림 6-34〉 **스피커 구동 회로**

〈그림 6-35〉 **완성된 모습**

<그림 6-35>는 멜로디가 울리는 침입자 경보기의 완성된 모습이다. 인체감지 센서에 사람의 접근과 움직임이 감지되면 UM66T에 전원이 공급되고 피에조에서 멜로디가 울리는 동작을 한다.

<그림 6-35>의 기판에서 Q_2 자리에는 아무것도 연결하지 않고 비워두어야 한다. 대신 Q_2 옆의 UM66이라 표시된 곳에 UM66T를 부착한다. 기판은 여러 가지 용도로 사용할 수 있도록 설계하였는데 Q_2에 트랜지스터가 연결되면 UM66T에는 전원이 공급

되지 않는다. <그림 6-33>의 회로를 사용한 <그림 6-35>의 제작에서 회로가 정상 동작되어 멜로디가 울릴 때에도 LED는 밝게 켜지지 않는다. 이는 회로의 구성에서 LED에 충분한 전류가 흐르지 않기 때문인데 LED의 안켜짐을 불량으로 오인하지 말길 바란다.

② 침입 장소를 알려주는 멜로디가 나오는 침입자 경보기

3곳의 각각 다른 장소에 센서를 설치하고 침입자가 감지되었을 때 장소에 따라 다른 종류의 멜로디가 울리도록 하는 장치를 <그림 6-36>에서 생각해 본다. 그림에서 센서 모듈 부분의 일부는 생략하고 UM66T의 출력에서부터 본다. UM66T는 각각 다른 곡이 나오는 것으로 사용한다. 3개의 UM66T 출력은 10kΩ의 저항을 통하여 연결되어 있다. UM66T에서 멜로디가 나오게 되면 서로 합성되어 하나로 합해지며 이 신호를 증폭기를 통하여 소리를 내게 된다. 만약 2 종류의 멜로디가 동시에 나오더라도 사람의 귀는 2 종류의 멜로디를 구별할 수 있으며 어디에 침입자가 있는지 알 수 있다.

<그림 6-36>에서 증폭기는 '만들면서 배우는 전자기초 2권'의 '작품2 신호감지기'에서와 같은 IC를 사용하여도 되고 '작품6 전화증폭기'에서와 같이 개별 트랜지스터를 사용하여도 좋다.

<그림 6-36>의 회로에서 1㎌은 Coupling Capacitor이다. UM66T의 출력은 0~4V 범위에서 변화되는데 증폭기 입력측은 바이어스 전압이 몇 V인지 알 수 없기 때문에 직류적인 바이어스에는 영향이 없으면서 교류신호는 통과되어야 한다. 이와 같이 직류전압에는 영향이 없이 교류신호의 통과를 목적으로 하는 것을 Coupling Capacitor(결합 콘덴서)라 한다.

작품 제작에서 책에 나오는 것과 똑같이 제작하여 보는 것도 좋으나 책의 내용을 이해하여 자신의 아이디어와 결합하여 더 좋은 작품이 탄생된다면 더욱 바람직한 일이다. <그림 6-36>과 같은 회로를 제작해 봄으로써 전자회로의 구성에 대해 좀 더 넓게 이해할 수 있는 계기가 되었으면 좋겠다.

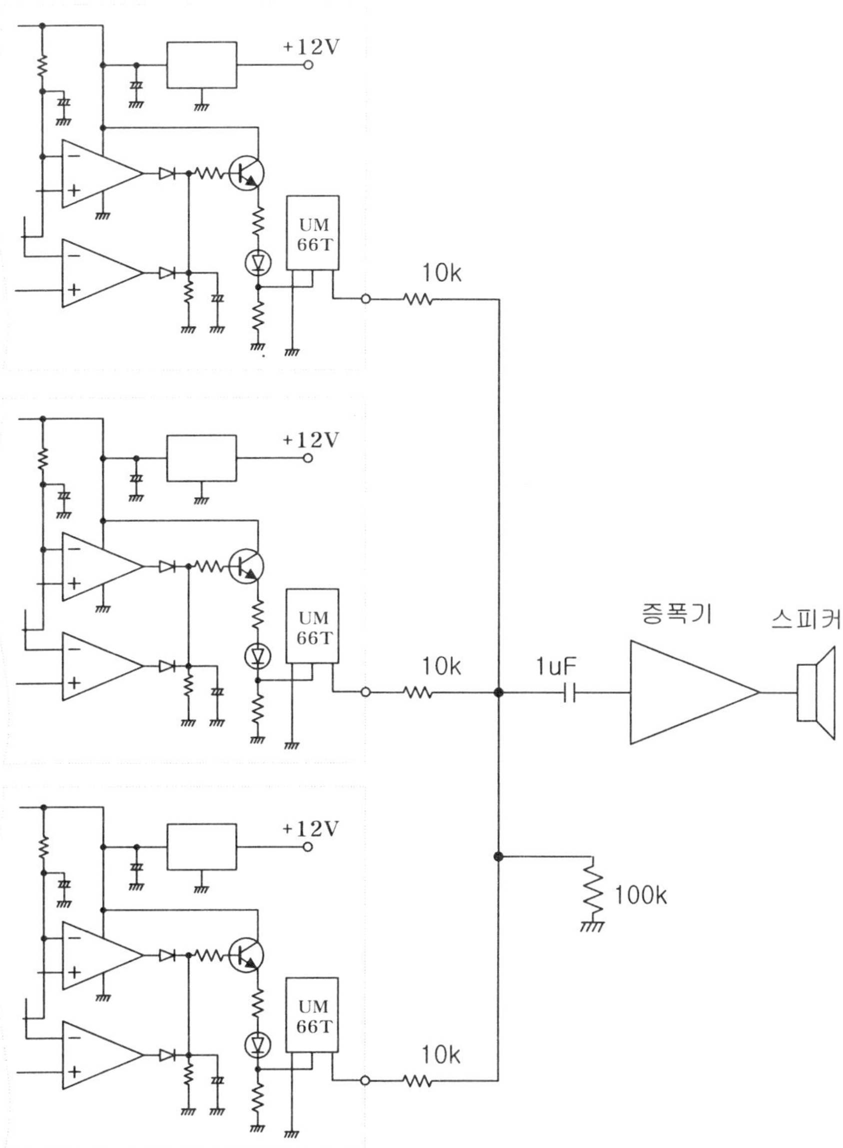

〈그림 6-36〉 장소에 따라 다른 멜로디가 울리는 침입자 경보기

작품7 CCFL 깜빡이

오늘밤에도 번화가 거리에서 네온사인 불빛이 번쩍이고 있다.

거리의 네온사인을 축소하여 다른 작품을 장식한다던가 네온사인으로 움직이는 그림을 구현해 보자. LED나 램프가 깜빡이는 것에 비하여 네온사인은 구동은 쉽지 않지만 형태가 예쁘다는 매력이 있다. 위에서 네온사인이라 하였지만 실제 제작은 네온램프의 일종인 냉음극 형광램프(CCFL)를 사용한다.

1. 냉음극 형광램프(CCFL)란?

유리관 내면에 형광물질을 도포하고 유리관의 양쪽 끝에 전극을 부착한 후 네온, 아르곤 가스와 정미량의 수은을 램프에 봉입한다. 램프의 양단에 고전압이 인가되면 유리관 안에 존재하는 전자가 고속으로 전극에 유인되고 전극과 전자의 충돌로 발생된 2차 전자에 의해 방전이 개시된다. 전극에서 발산된 전자는 수은원자와 충돌하고, 이 충돌로 인하여 253.7㎚의 자외선이 발생된다. 이 자외선이 유리관 내면에 도포된 형광체를 여과시켜 가시광선을 발하게 된다.

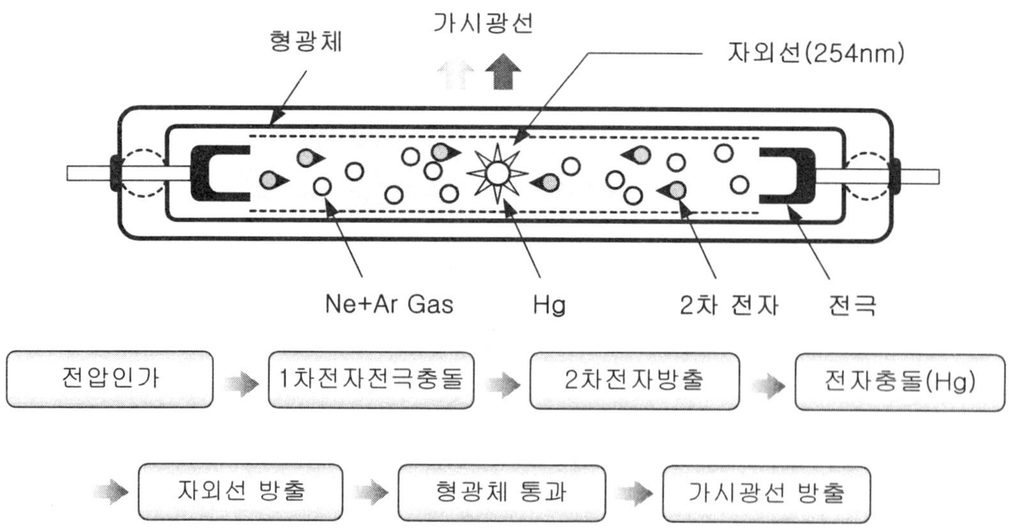

〈그림 7-1〉 CCFL의 구조

CCFL을 켜려면?

CCFL은 형광등과 유사한 방전관이므로 700V 이상의 매우 높은 전압이 있어야 켜진다. 예를 들어 직류 12V인 자동차 배터리로 CCFL을 켜기 위해서는 발진회로를 사용하여 교류신호를 발생하고, 트랜스로 승압하여 고전압을 얻는 과정을 거쳐야 된다. 이러한 승압장치를 인버터라는 이름으로 여러 회사에서 제조하여 판매하고 있으며 그 예를 <그림 7-2>에서 보였다. 일반적으로 인버터는 직류 전력으로부터 교류 전력으로 변환하는 장치이거나 주파수 변환장치 이지만, 여기서 말하는 인버터는 냉음극 방전램프(CCFL)를 점등하기 위해서 고전압을 발생하는 DC/AC 변환의 구동장치이다.

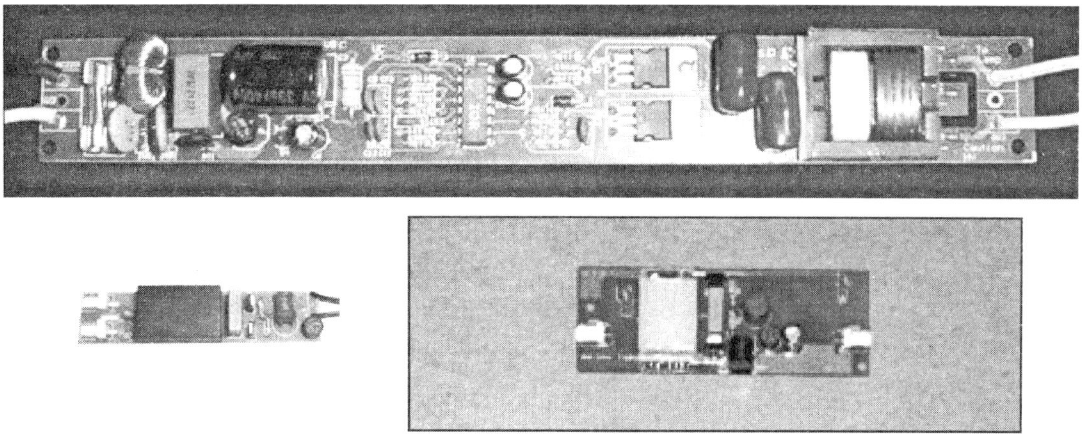

〈그림 7-2〉 인버터의 예

직류를 교류로 바꾸고 승압하는 회로를 간략하게 보면 <그림 7-3>과 같다. 수퍼헤테로다인 라디오 수신기에서 국부발진과 혼합회로가 하나의 트랜지스터로 구성되면 '자려식', 별도의 코일과 트랜지스터로 구성되면 '타려식'이라 이름하던 것처럼 이름을 붙인다면, <그림 7-3(a)>는 자려식, <그림 7-3(b)>는 타려식이라 할 수 있을 것이다. 자려식에서는 L과 C의 공진회로에서 자체의 발진주파수가 결정되어 교류신호가 발생되며, 타려식에서는 별도의 발진회로에서 발생된 신호에 의해 트랜지스터가 스위칭하여 트랜스를 구동한다.

그림의 회로를 보고 '간단하군! 별거 아니네.' 라고 생각할지 모르겠지만 여기서는 안정 및 보호회로가 생략되었으며, 발진주파수는 몇㎑가 적절한지 코일은 어떤 상태로 감기는지 등은 회로도에 표기가 안되어 있음을 알아야 한다.

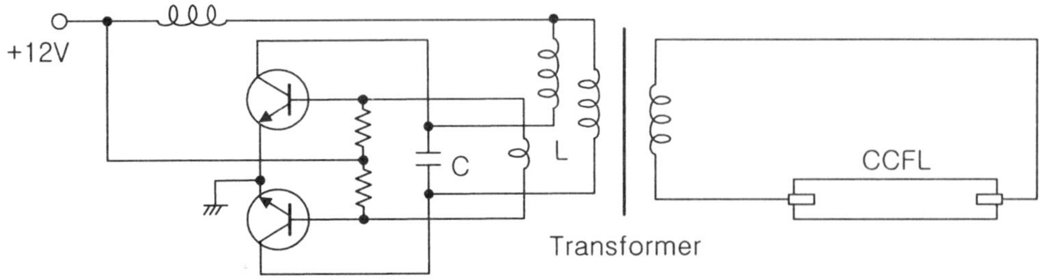

(a) 자체발진 방식

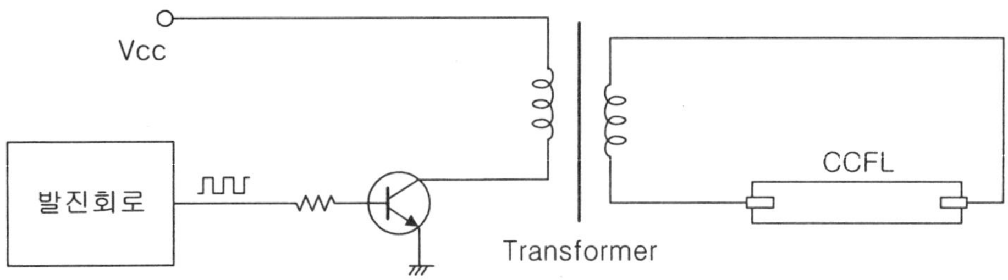

(b) 외부발진 방식

〈그림 7-3〉 **발진 방법**

2. 어떤 회로로 작품을 제작할 것인가?

CCFL을 이용하여 모형 구조물을 장식하거나, 번쩍번쩍하는 네온사인을 제작하는 것이 작품제작의 목표인데 어떤 회로를 사용할 것인가 구상해 보자. <그림 7-2>에서와 같은 기성품을 사용한다면 램프만 연결하면 켜질 것이니까 제작은 수월해질 것이다. 하지만 램프 한 개만 켠다면 그렇다는 이야기이고 여러 개의 램프를 순차적으로 점멸한다던가 하려면 순차점멸에 필요한 타이밍발생과 스위칭회로가 필요하므로 이것 또한 만만한 작업이 아닌 것이 된다.

(1) 인버터 사용하며 램프 깜빡이기

먼저 램프 한 개 깜빡이기를 생각해 본다.

'만들면서 배우는 전자기초 1'의 <그림 3-11>에서는 NE555에서 깜빡임의 타이밍을 발생하고 그 신호로 트랜지스터가 스위칭하여 전구가 깜빡이게 하였다. 이 전구 대신 인버터를 넣는다면 CCFL이 깜빡이는 회로가 <그림 7-4>와 같이 구성된다.

<그림 7-4>에서의 인버터는 규정 전압에 맞는 전원을 공급하기만하면 램프가 켜지는 것이며, 트랜지스터의 스위칭으로 전원 공급을 제어한다. 이때 램프를 켜고 끄는 타이밍은 100kΩ 저항값과 4.7㎌ 콘덴서의 용량을 변경하여 조절이 가능하다.

회로에서 인버터를 스위칭하기 위한 트랜지스터는 어떤 것을 사용하고 저항은 몇 Ω이 적절한가 생각해 본다.

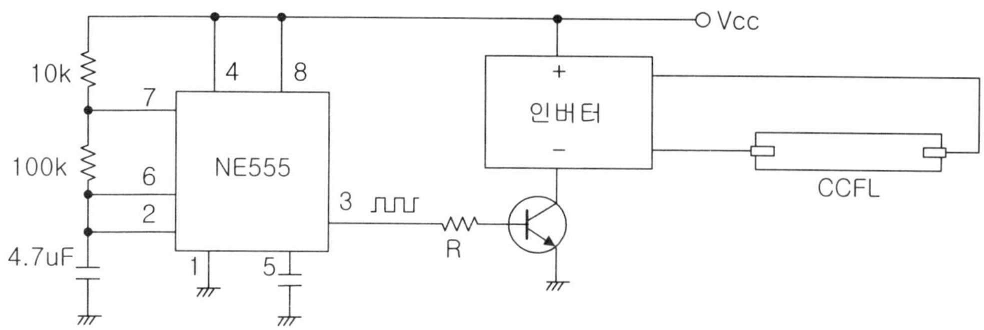

〈그림 7-4〉 **램프 한 개 깜빡이기**

램프를 켤 때 인버터에 전류가 몇 mA 흐르는지를 먼저 측정하고 그에 따라 트랜지스터의 종류와 저항치를 선정한다. 시중의 인버터는 200mA~1A 정도인데 최대치를 1A로 본다면 여유를 조금 두고 최대 콜렉터전류가 2A 이상의 트랜지스터를 사용하면 된다.

트랜지스터의 파라미터 중 가장 중요한 h_{FE}에서

$$h_{FE} = \frac{\triangle I_C}{\triangle I_B} \qquad I_B = \frac{I_C}{h_{FE}} \qquad I_C = h_{FE} \times I_B$$ 이며,

트랜지스터의 최소 h_{FE}를 50으로 보고 콜렉터전류를 1A라면 베이스전류는

$$I_B = \frac{I_C}{h_{FE}} = \frac{1}{50}$$ = 20mA가 된다.

또 전원전압이 10V일 때 베이스전류가 20mA 되려면 옴의 법칙에서

$R = \frac{V}{I}$ 에서 $R = \frac{10}{20\text{mA}}$ = 500Ω 이 된다.

인버터 사용하며 램프 7개 깜빡이기

'만들면서 배우는 전자기초 1'의 <그림 10-1>에서 보았던 10개의 LED를 순차적으로 켜지는 회로를 변형하여 LED 대신 인버터를 넣고 CCFL이 깜빡이는 회로를 만든다면 <그림 7-5>와 같이 구성된다.

램프를 깜빡이기 위한 기준신호는 NE555에서 발생하고 펄스가 한 개씩 있을 때마다 램프를 순차적으로 켜게 된다.

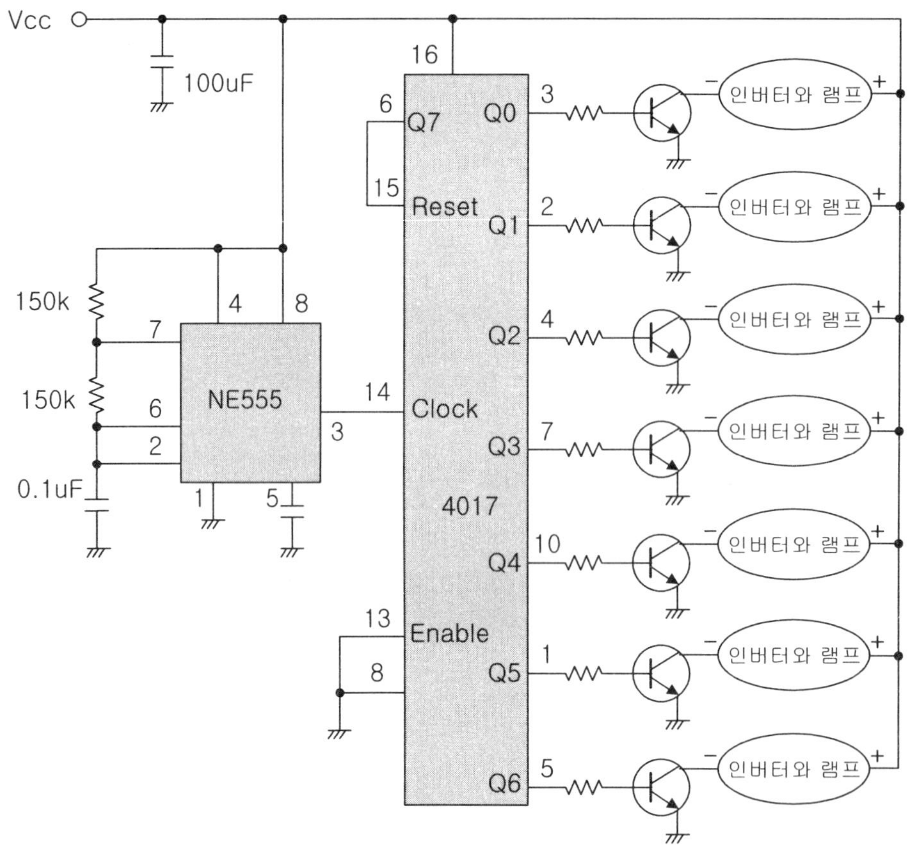

〈그림 7-5〉 **램프 7개 깜빡이기**

(2) 인버터를 제작하여 램프 켜기

<그림 7-5>와 같이 기성품 인버터를 사서 램프를 구동한다는 것은 비용도 많이 들거니와 모든 것을 자기 스스로 만들었다는 부분이 결여되어 있으므로 이 책의 제목인

졸업작품 만들기에는 미흡한 점이 있다. 그러므로 이제부터는 기성품 인버터를 사용하지 않고 모든 것을 자기 스스로 만들었다는 느낌이 드는 방법으로 회로를 생각해 본다.

CCFL을 켜기 위한 고압의 발생방법 중 <그림 7-3>에서 외부발진방식을 사용하여 램프 하나를 켜는 회로는 <그림 7-6>과 같이 구상해 볼 수 있다.

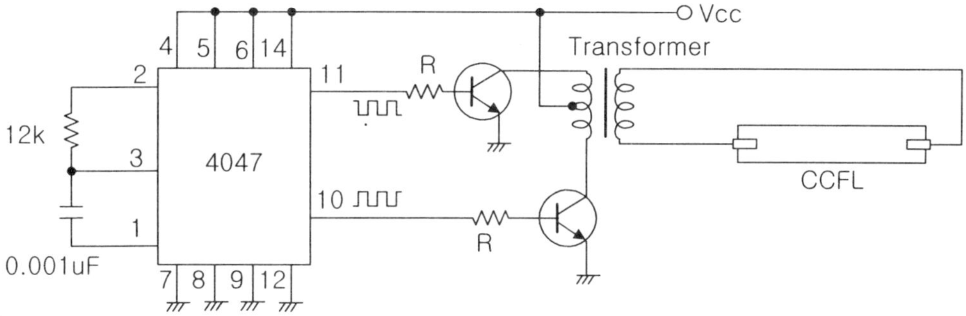

(a) 푸쉬풀

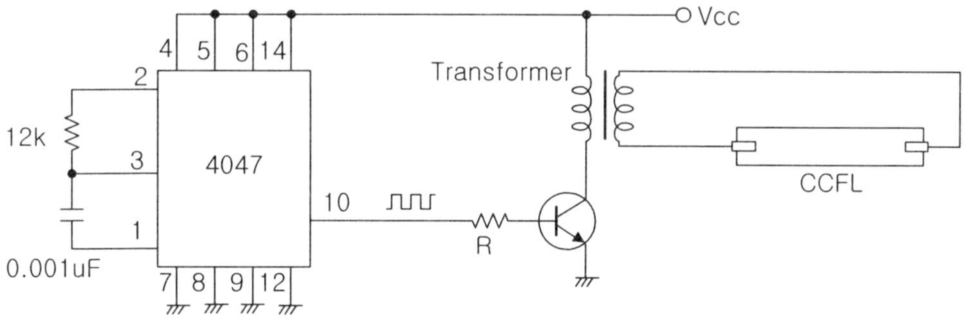

(b) 싱글

〈그림 7-6〉 고압발생 방법

4047이라고 하는 기가막힌 표준 C-MOS IC가 있다. 외부 회로라고는 발진 주파수를 정해주는 저항, 콘덴서 한 개씩 뿐이다. 출력은 10번과 11번에서 서로 반전된 출력이 나오므로 <그림 7-6(a)>와 같이 푸쉬풀로 구동하기에 제격이다. 회로에서 전원 +와 -에 많은 IC핀이 연결되었는데 이 핀이 모두 전원이 아니라 리셋이라던가 하는 것들이다. 고압을 발생하기 위해서 4047에서 일정한 주파수의 구형파를 발생하고, 그 신호로 트랜지스터를 스위칭하면 트랜스의 1차 코일에는 교류전류가 흐르게 되고 트랜스의 권선비에 따라 고전압이 발생된다. 트랜지스터 2개를 푸쉬풀로 구동하는 방식이 좋은

점도 많으나, 부품도 많이 들고 납땜한 곳이라도 더 해야 되니 조금이라도 더 번거롭고 트랜스도 복잡해지는 등 자작에 어려움이 많아지므로 이 책에서는 트랜지스터 하나로 구동하는 방식을 선택한다. CCFL을 켜기 위한 고압의 발생에서 승압용 트랜스가 문제인데, 자작하기는 도저히 무리일 것이고 애초에 주문생산품이라 시중에서 구하기도 어려우므로 WWW.OHM.CO.KR에서 구하도록 하자.

4047을 볼 때마다 필자가 모 회사에 근무하던 88올림픽이 한창이던 시절의 아픈 과거가 기억난다. 당시 차량용 오디오에 사용하는 채널 분배기를 설계하였는데, 내부 회로는 100% OP AMP 회로였고 OP AMP용 전원으로 ±15V를 공급하게 되었다. 승용차의 배터리는 12V이므로 12V를 승압하여 ±15V 정전압을 얻기 위하여 <그림 7-7>과 같은 회로를 사용하였다. 아 그런데 이 분배기가 판매된 이후에 동작이 안되는 불량이 생기는데, 원인인 즉 발진이 멈춰버리니 전원이 아예 공급이 안되는 것이었다. 실험실에서는 발진멈춤 현상을 발견할 수가 없는데, 소비자에게 가면 말썽이 일어나니 그 참! 그 당시 발진 방법을 <그림 7-6>과 같이 4047을 사용했더라면 하는 아쉬움이.......

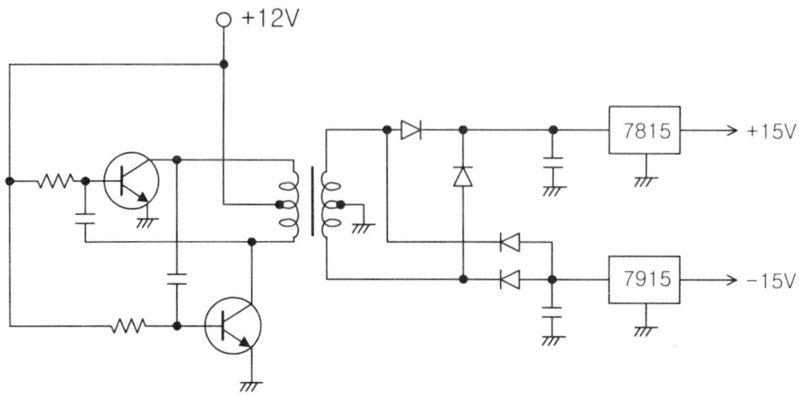

〈그림 7-7〉 **12V로 ±15V를 발생**

1) 램프 하나 깜빡이기

<그림 7-6>의 회로에서는 4047이라는 IC에서 신호를 발생하고 트랜지스터를 스위칭하여 램프를 켰으나, 램프가 깜빡이지는 않고 전원이 공급되면 램프가 계속 켜져 있는 동작이다. 예를 들어 1초 동안은 램프가 켜지고 1초 동안은 램프가 꺼짐을 반복하도록 하려면 트랜지스터에 가해지는 신호는 <그림 4-8>과 같이 1초 동안은 40㎑의 신호가 가해지고 1초 동안은 Low상태인 신호가 반복되어야 한다. 램프를 켤 때 신호의 주파수

가 반드시 40㎑라야 되는 것은 아니지만, 사용하는 트랜스의 인덕턴스와 램프의 특성과 주변회로의 조건 등을 고려하여 실험한 결과 적정한 주파수가 약 40㎑가 된 것이다.

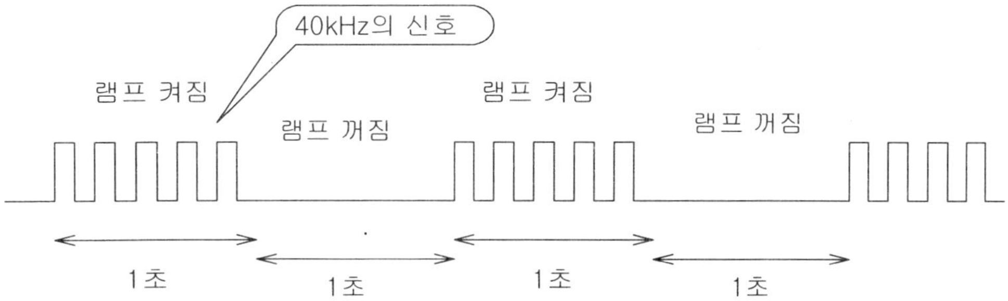

〈그림 7-8〉 **램프를 깜빡이기 위한 신호**

그림과 같은 신호를 발생하여 램프를 깜빡이는 방법으로 <그림 7-9>의 회로를 구상해 볼 수 있다. C-MOS IC 4069를 이용하여 2Hz와 40㎑의 신호를 각각 발생하고 두 개의 신호를 AND게이트를 거치면 원하는 신호가 얻어진다.

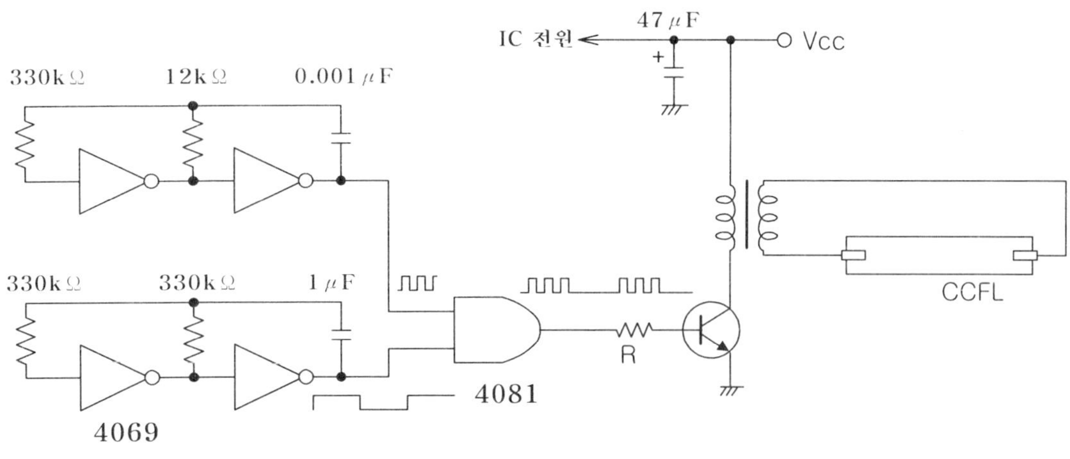

〈그림 7-9〉 **램프 깜빡임 회로**

적은 비용으로 많은 효과를 얻으려고 하는 것은 세상의 모든 일에 적용되는 것인데, 전자회로에서도 마찬가지이다. <그림 7-9>에서는 4069와 4081이라는 두 개의 IC를 사용하도록 회로가 구성되었는데 4081을 사용하지 않고 동일한 동작을 구현해 본다면 <그림 7-10>이 있다. 물론 또 다른 방법도 있을 수 있다.

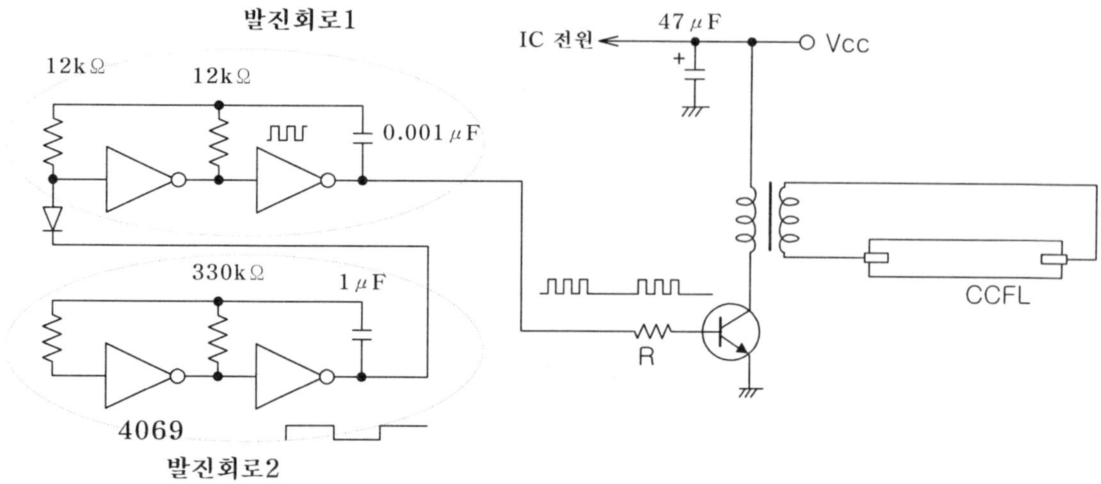

〈그림 7-10〉 **램프 깜빡임 회로2**

<그림 7-10>에서 다이오드에 주목하자. 다이오드가 없다면 '발진회로1'에서는 계속하여 40㎑의 신호가 발생되겠지만 다이오드로 결합된 '발진회로2'에 의해 '발진회로1'은 주기적으로 발진이 멈추게 된다. '발진회로2'의 출력이 High일 때는 '발진회로1'에 영향이 없이 '발진회로1'에서는 40㎑의 신호가 발생되어 램프가 켜지고, '발진회로2'의 출력이 Low일 때는 '발진회로1'의 발진이 멈추어 램프가 꺼지게 된다. 이러한 회로에서 주의해야할 점은 램프가 꺼질 때 트랜지스터의 베이스에 전류가 흐르면 안된다는 것이다. 트랜지스터의 콜렉터 측 부하는 직류적으로 0Ω이므로 트랜지스터에 전류가 흐르면 과전류에 의해 트랜지스터가 파손된다.

2) 램프 5개 순차 점등기

<그림 7-11>은 5개의 램프를 순차적으로 점등하는 회로이다.

상당히 복잡한 회로라고 느껴질지 모르겠다. 마이콤을 사용하여 <그림 7-25>와 같이 간단한 회로가 있는데 왜 복잡한 회로를 보아야 되는지 혹시 의문이 생긴다면?

◎ 이러한 회로가 전자회로를 공부하는 데에는 도움이 된다.

◎ 이 책의 제목처럼 졸업 작품을 만드는 데에는 회로가 다소 복잡해서 기판 상에 부품이 꽤 많이 있는 것이 정성을 많이 들인 느낌이 들어서 좋다. '전시효과'란 말이 있지 않은가.

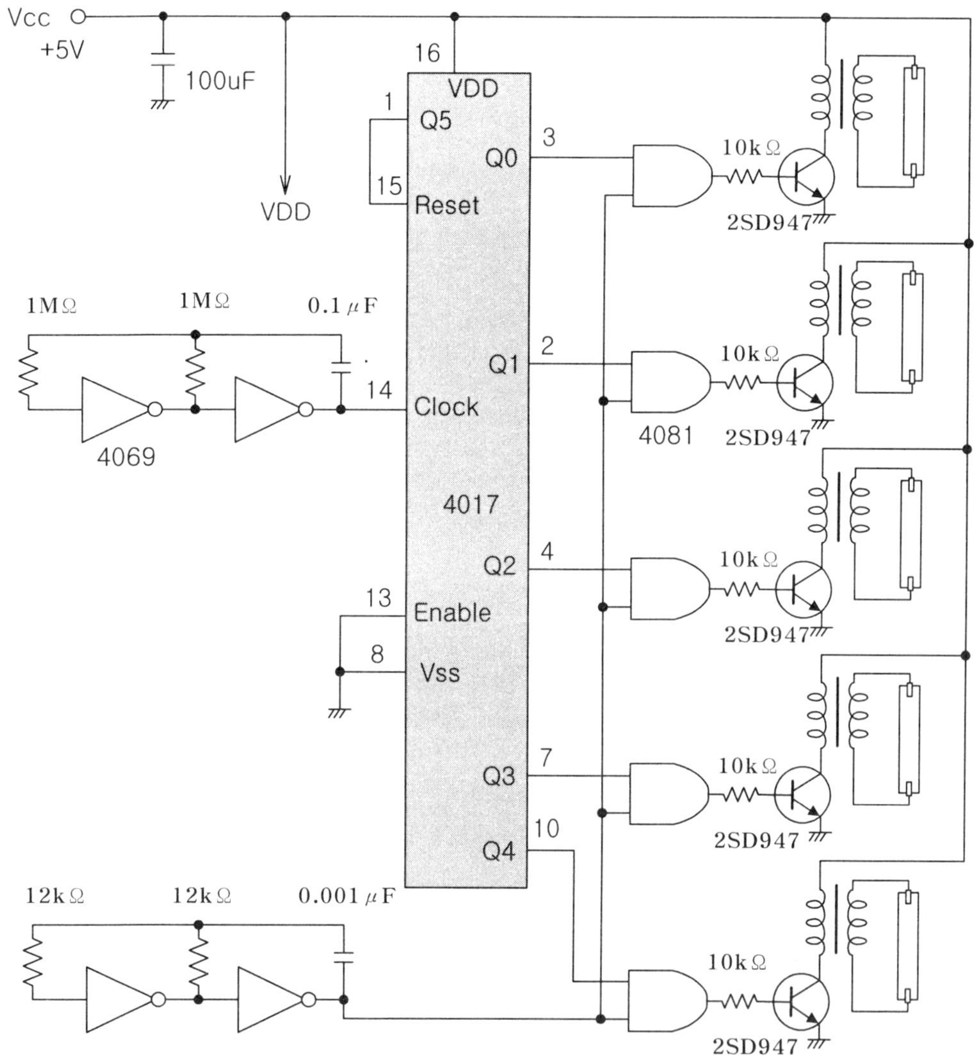

〈그림 7-11〉 램프 5개 깜빡이기

<그림 7-11>에서 AND게이트에 주목하자. <그림 7-9>에서 본 바와 같이 AND게이트에는 40㎑의 신호와 순차신호가 입력된다. 입력이 모두 High일 때 출력이 High가 되는 것이 AND게이트이므로 여러 램프 중 자기가 선택되면 40㎑의 신호가 트랜지스터에 가해져서 램프가 켜지게 된다. 필자는 <그림 7-12>와 같이 램프를 별 모양으로 배치하여 제작하여 보았다.

<그림 7-11>의 회로에서 트랜지스터는 2SD947이라 하였는데, 2SD947보다 IRF510, IRF640, IRF830, IRF720 등 FET가 더 좋다.

주의!!!

램프가 켜질 때에는 고압이 발생되고 있으며 회로에 인체가 접촉하면 감전의 위험이 있으므로 접촉하지 않도록 주의해야 한다.

〈그림 7-12〉 **완성된 모습**

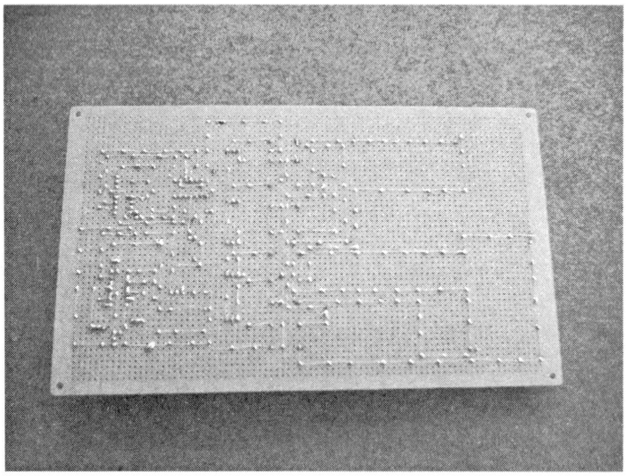

〈그림 7-13〉 **동박면의 모습**

3) 램프5개 점등기2

<그림 7-11>의 회로로 작품을 제작할 경우 어느 순간이던 램프는 한 개만 켜진다. 5개가 순서대로 켜지는 것이다. 램프 2개씩 이동하면서 켜지도록 하려면 <그림 7-14>와 같이 회로를 변형하면 된다. 회로에서 다이오드의 역할에 대해 생각해 보라. 단순히 작품을 제작하는 것 보다 제작을 통하여 회로의 동작을 이해하고 응용할 수 있는 능력을 기르는 것이 중요하니까.

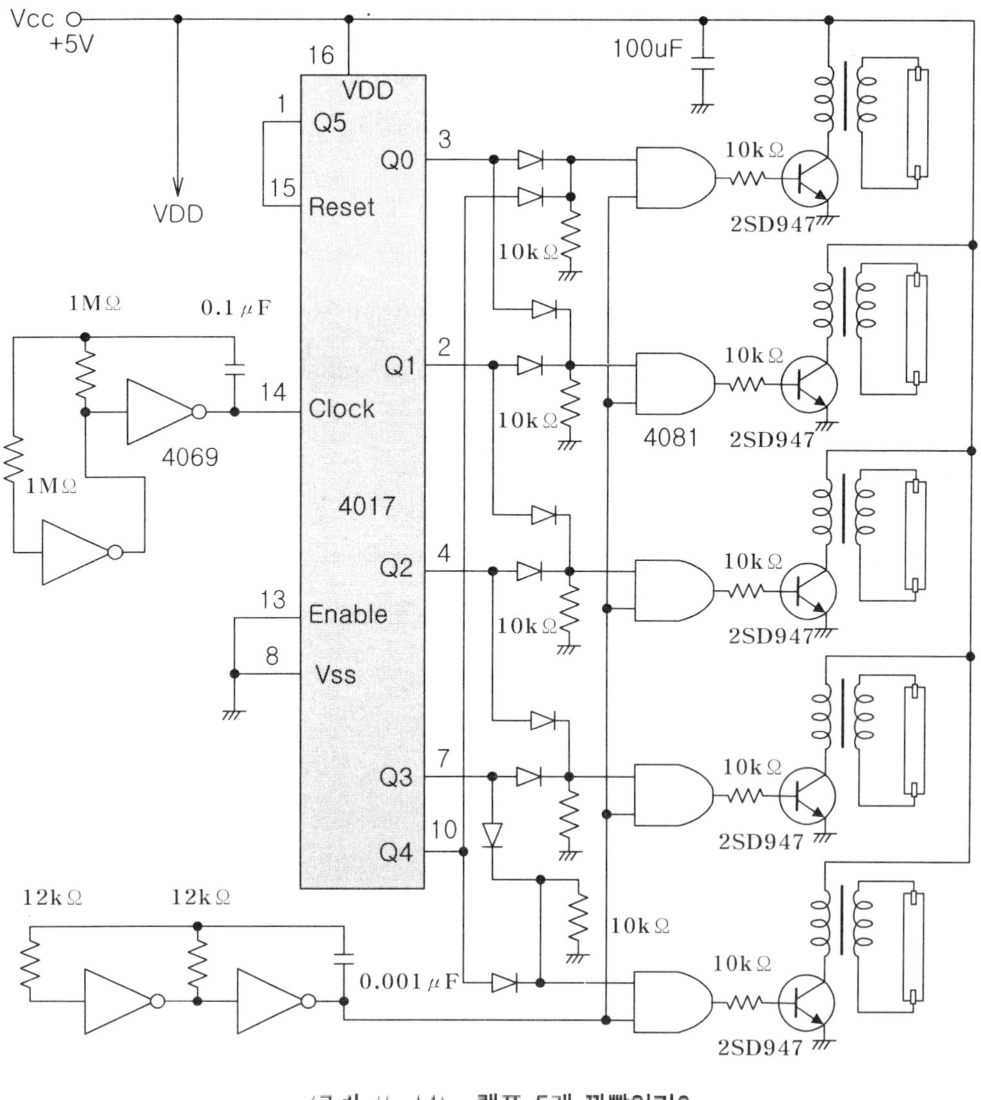

〈그림 7-14〉 램프 5개 깜빡이기2

4) 램프8개 깜빡이기

<그림 7-11>에서는 4069 1개, 4081 2개, 4017 1개 총 4개의 IC를 사용하였는데 적은 수의 부품으로 동작하는 회로를 고안해 본다. <그림 4-15>에서는 4060과 4028 두 개의 IC로 동작한다. 4060에는 발진이 가능하도록 NOT게이트가 있고 분주회로로 사용할 수 있는 플립플롭이 14개 내장되어 있다. NOT게이트로 20㎑의 신호를 발생하여 4028에 공급함과 동시에 이를 분주하여 램프를 순차적으로 켜는 타이밍으로 이용한다.

4060에는 14개의 플립플롭이 직결되어 있는데 14개를 모두 사용할 때의 분주비는

2^{14} = 16384 이다.

발생주파수는 20㎑이니까 20000÷16384 = 약 1.22Hz -- 즉 램프를 원형으로 배치하여 빙빙돌면서 켜지게 한다면 1초에 1.22회전하게 된다.

회로에서 4028은 신호분배기(Demultiplexer)처럼 동작한다. 즉

C, B, A 가 000 때는 20㎑의 신호가 TR0 에 전송

C, B, A 가 001 때는 20㎑의 신호가 TR1 에 전송

C, B, A 가 010 때는 20㎑의 신호가 TR2 에 전송

C, B, A 가 011 때는 20㎑의 신호가 TR3 에 전송

C, B, A 가 100 때는 20㎑의 신호가 TR4 에 전송

C, B, A 가 101 때는 20㎑의 신호가 TR5 에 전송

C, B, A 가 110 때는 20㎑의 신호가 TR6 에 전송

C, B, A 가 111 때는 20㎑의 신호가 TR7 에 전송된다.

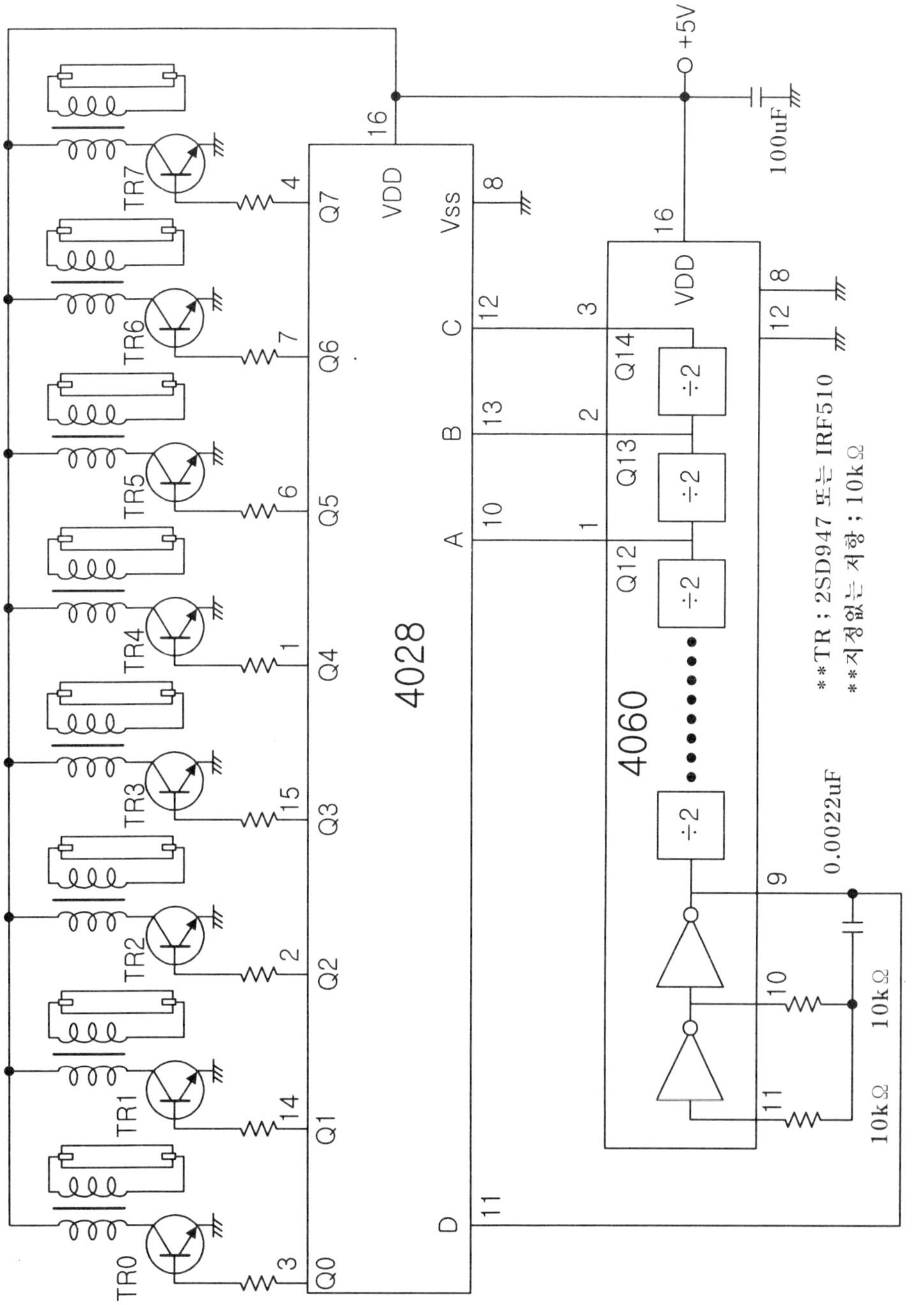

**TR ; 2SD947 또는 IRF510
**지정없는 저항 ; 10kΩ

<그림7-15> 순차 점멸기

4028이란 IC는 1-OF-10 디코더(Decoder)인데 어떻게 디멀티플렉서처럼 동작하는가? <그림 7-16>에서 4028의 진리표를 보면

입 력				출 력									
D	C	B	A	Q0	Q1	Q2	Q3	Q4	Q5	Q6	Q7	Q8	Q9
0	0	0	0	1	0	0	0	0	0	0	0	0	0
0	0	0	1	0	1	0	0	0	0	0	0	0	0
0	0	1	0	0	0	1	0	0	0	0	0	0	0
0	0	1	1	0	0	0	1	0	0	0	0	0	0
0	1	0	0	0	0	0	0	1	0	0	0	0	0
0	1	0	1	0	0	0	0	0	1	0	0	0	0
0	1	1	0	0	0	0	0	0	0	1	0	0	0
0	1	1	1	0	0	0	0	0	0	0	1	0	0
1	0	0	0	0	0	0	0	0	0	0	0	1	0
1	0	0	1	0	0	0	0	0	0	0	0	0	1
1	0	1	0	0	0	0	0	0	0	0	0	1	0
1	0	1	1	0	0	0	0	0	0	0	0	0	1
1	1	0	0	0	0	0	0	0	0	0	0	1	0
1	1	0	1	0	0	0	0	0	0	0	0	0	1
1	1	1	0	0	0	0	0	0	0	0	0	1	0
1	1	1	1	0	0	0	0	0	0	0	0	0	1

D입력이 '1'일 때 출력은 모두 '0'이다

〈그림 7-16〉 **4028의 진리표**

4028의 출력 중 Q0~Q7만 사용한다면, 입력 'D'가 '0'일 때 A, B, C의 상태에 따라 '1'이 출력되며 입력'D'가 '1'일 때는 출력이 모두 '0'이다. 그러므로 20㎑의 신호를 입력 'D'에 연결한다면 20㎑의 신호가 A, B, C의 상태에 따라 출력 Q0~Q7 중 하나에 선택되어 출력된다. 이와 같이 표준형 IC를 그때 그때의 상황에 따라 응용하여 사용하는 것도 하나의 기술이라 할 수 있을 것이다.

5) 좀더 안정된 회로를 생각하여

<그림 7-15>의 회로는 이론상으로는 하자가 없는 것으로 생각하였으나 필자가 실제 제작하였을 때 좀 더 안정된 회로로 개조하여 제시함이 좋을 것으로 보이는 것이 있어서 <그림 7-17>의 회로로 바꾸어 제작하여 보았다.

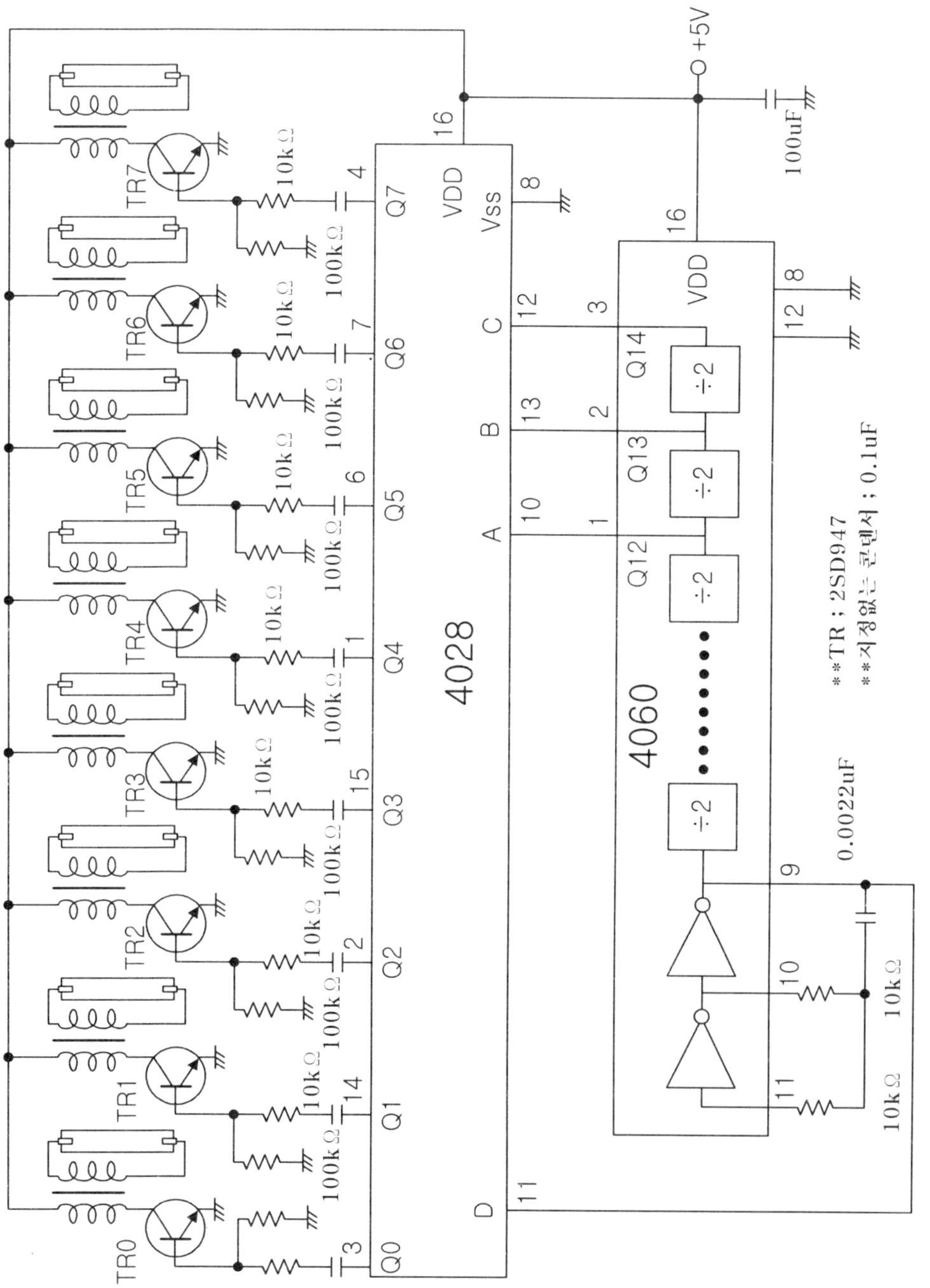
+5V
100uF
4028
Q0
Q1
Q2
Q3
Q4
Q5
Q6
Q7
VDD
Vss
A
B
C
D
TR0
TR1
TR2
TR3
TR4
TR5
TR6
TR7
10kΩ
100kΩ
4060
Q12
Q13
Q14
÷2
0.0022uF
**TR ; 2SD947
**지정없는 콘덴서 ; 0.1uF

<그림7-17> 순차 점멸기

<그림 7-15>와 <그림 7-17>을 비교해 본다. 트랜지스터의 베이스에 0.1㎌ 콘덴서와 100㏀ 저항이 추가되었다. 이들 저항과 콘덴서가 어떤 도움을 주는가?

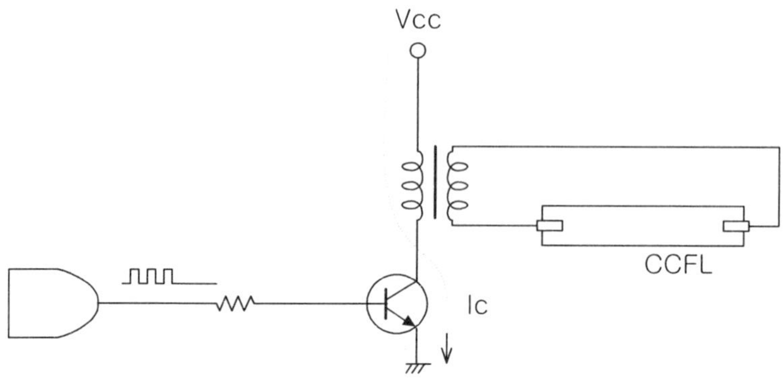

〈그림 7-18〉 **콜렉터 전류를 생각한다**

콜렉터전류를 생각해 본다. 트랜지스터의 부하는 트랜스의 1차코일이다. 코일은 구리선이므로 직류적으로 저항이 0Ω이다. 트랜지스터가 ON되었을 때 부하가 0Ω이라면 전류는 ∞A가 되므로 트랜지스터는 견디지 못하고 파손된다. 그러나 트랜지스터의 베이스에 교류신호가 들어가고 부하로 연결된 코일의 여러 조건이 적절하다면 <그림 7-18>에서 CCFL이 없을 때의 콜렉터전류는 0A가 될 수 있다. 여기서 트랜지스터의 베이스에 콘센서를 끼워넣는다면 교류신호만 통과하는 효과가 있다. 어차피 트랜스의 코일에는 40㎑의 교류신호가 필요하므로 트랜지스터의 베이스에 교류신호만 통과하고 직류가 차단되면 회로를 보호하는 결과가 된다.

제작하기

필자는 <그림 7-19>와 같이 만능기판에 <그림 7-17>의 회로를 조립하여 보았다.

> 주의!!!
>
> 램프가 켜질 때에는 고압이 발생되고 있으며 회로에 인체가 접촉하면 감전의 위험이 있으므로 접촉하지 않도록 주의해야 한다.

〈그림 7-19〉 기판에 부품이 조립된 예

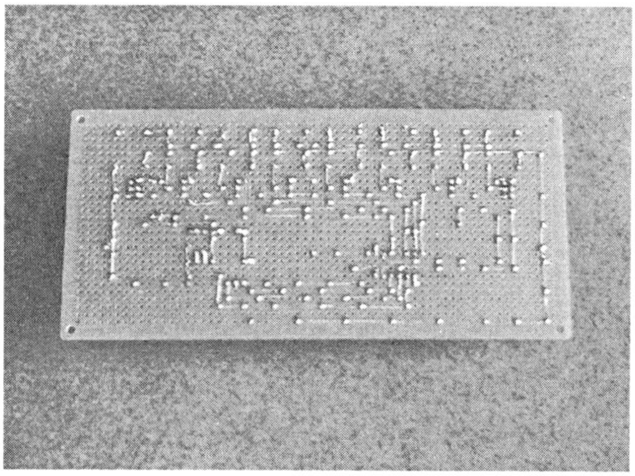

〈그림 7-20〉 동박면

예전에 사용하던 레코드판(LP DISC)에 램프를 고정하여 작품을 만들어 보았다.

〈그림 7-21〉 디스크에 구멍 뚫기

〈그림 7-22〉 디스크에 램프를 부착

〈그림 7-23〉 디스크 뒷면에 기판을 고정하고 배선

〈그림 7-24〉 긴 볼트와 너트로 기판을 고정

3. 마이컴 이용하여 CCFL 깜빡이기

앞에서 본 <그림 7-14>, <그림 7-15> 등의 회로는 기본적이 동작에는 문제가 없으나 좀 더 복잡한 타이밍으로 여러 가지 재미있는 동작을 구현하기에는 한계가 있다. 이제 마이크로 콘트롤러를 사용하여 좀 더 복잡하고 재미있는 CCFL 깜빡이를 제작해 본다.

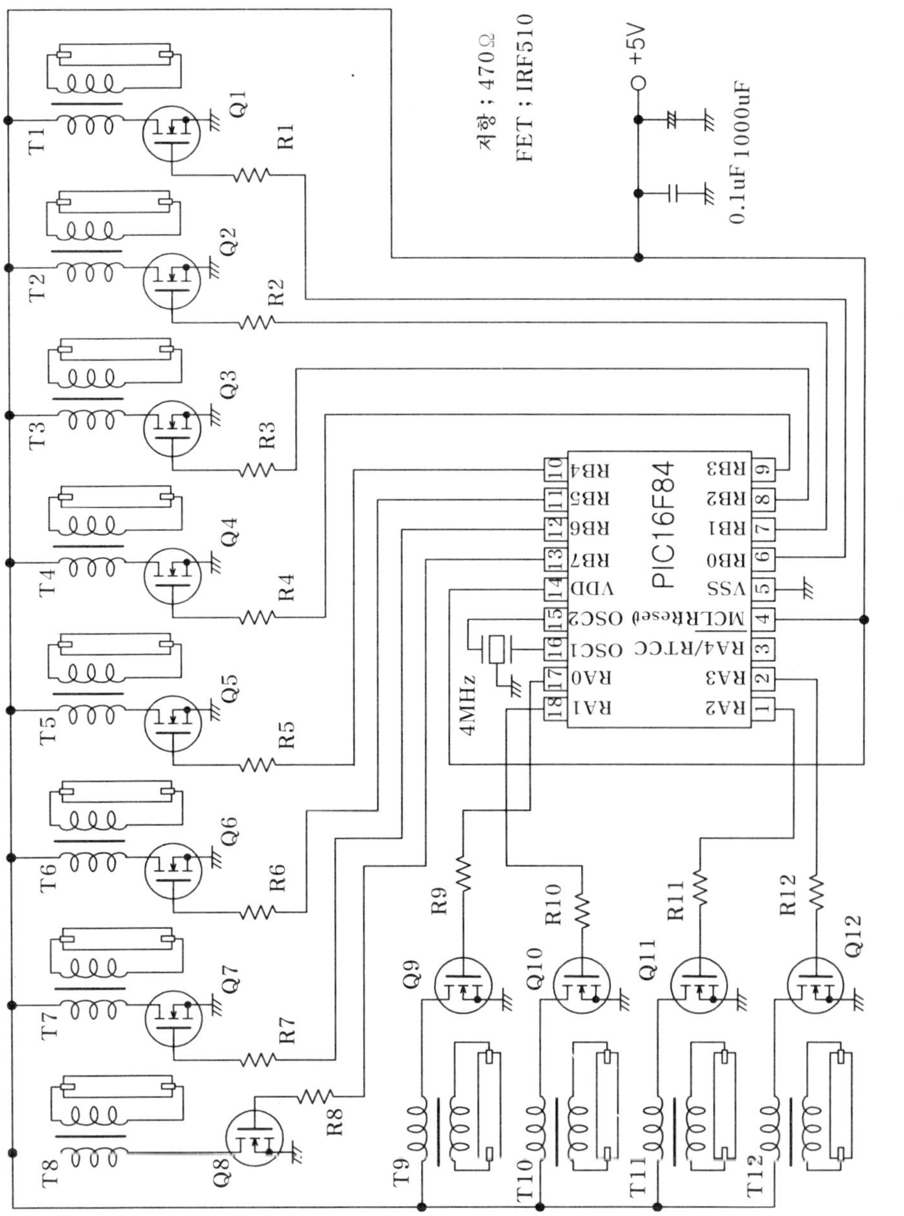

<그림7-25> PIC16F84를 사용한 깜빡이의 회로

<그림 7-25>의 회로에서는 램프 12개를 구동하도록 하였다. 더 많은 숫자의 램프를 사용하고 싶다면 포트 수가 더 많은 PIC16F73이나 PIC16F74를 사용하면 된다. 앞에서 보았던 여러 회로와 마찬가지로 PIC16F84에서는 램프의 구동에 필요한 신호를 출력하고 그 신호에 따라 FET를 스위칭하여 트랜스에서 고압을 발생하여 램프를 켜게 된다. 램프가 구동될 때에는 700V 이상의 높은 전압이 발생된다. 그러므로 기판이나 전선 등 전기가 통하는 곳에 인체를 접촉하면 감전되어 위험하므로 특히 주의해야 한다.

(1) 부품

품명	규격	수량	비고
저항	470Ω	12	색띠 ; 노랑 보라 갈색
레조네이터	4㎒ 3P	1	
고압 트랜스		12	
IC 소켓	18P	1	
IC	PIC16F84A	1	
FET	IRF510	12	
전해 콘덴서	1000㎌/10V	1	
세라믹 콘덴서	0.1㎌	1	'104'라고 표기
램프	CCFL 100㎜	12	
기판(PCB)		1	책 뒤에 첨부된 것을 사용

◎ 레조네이터(Resonator)

마이컴의 발진을 위한 소자이다. 시계라던가 정밀한 타이밍이 필요한 경우에는 수정발진자(X-TAL ; 크리스탈)를 사용해야 하지만 그렇지 않은 경우에는 레조네이터를 사용한다. 레조네이터는 발진 주파수의 오차가 최대 1% 정도로서 이번 작품처럼 램프를 구동하는 정도에는 이상이 없으며 가격이 저렴하고 콘덴서가 내장되어 있어 편리하다.

〈그림 7-26〉 레조네이터

◎ 고압 트랜스

작품 제작을 위한 부품 구입에서 가장 골치 아픈 것이 고압트랜스이다. 전원트랜스를 구입할 경우에는 '입력 220V 출력 12V 1A트랜스 주세요' 하면 되겠지만 CCFL을 켜기 위한 고압을 발생하는 트랜스는 램프의 특성에 맞게 주문제작 되어야 하므로 부품가게에서 구입할 수가 없는 것이다.

트랜스는 WWW.OHM.CO.KR에서 주문하여 사용하도록 한다.

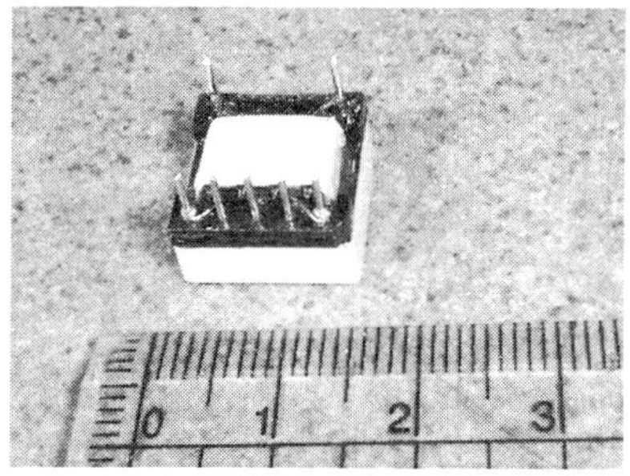

〈그림 7-27〉 **고압 트랜스**

◎ CCFL 램프

램프는 매우 여러 종류를 찾아볼 수 있으나 어떤 것이 작품제작에 적절한 것인지 식별이 곤란하며 램프가 달라질 경우에는 동작전압과 트랜스의 규격이 달라져야하므로 부품가게에서 구입하기는 어려운 부품이다. 트랜스와 함께 램프도 WWW.OHM.CO.KR에서 주문하여 사용하도록 한다.

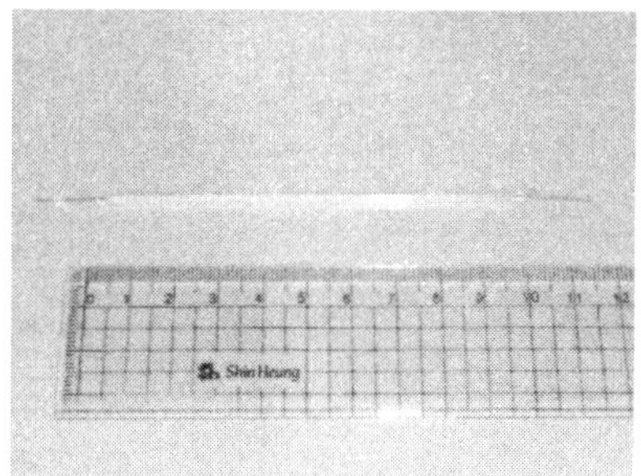

〈그림 7-28〉 **CCFL**

◎ IC PIC16F84A

부품상가에서 구입한 PIC16F84A에는 프로그램이 들어 있지 않고, IC를 구입 후 프로그램은 자신이 구워서 넣어야 한다. OHM사의 전자공작시리즈 4권 'PIC16F84 응용제작'을 참조하기 바라며 프로그램을 구워서 넣기가 어려운 독자는 프로그램된 IC를 WWW.OHM.CO.KR에서 주문하여 사용하도록 한다.

◎ FET IRF510

고압 트랜스를 구동하는 FET로서 IRF510 외에도 IRF830, IRF620, IRF740 등 사용이 가능하다.

(2) 제작

<그림 7-29>와 같이 기판에 부품을 장착한다. 전해콘덴서, FET 등 방향성 있는 부품은 방향을 잘 확인하고 사용한다.

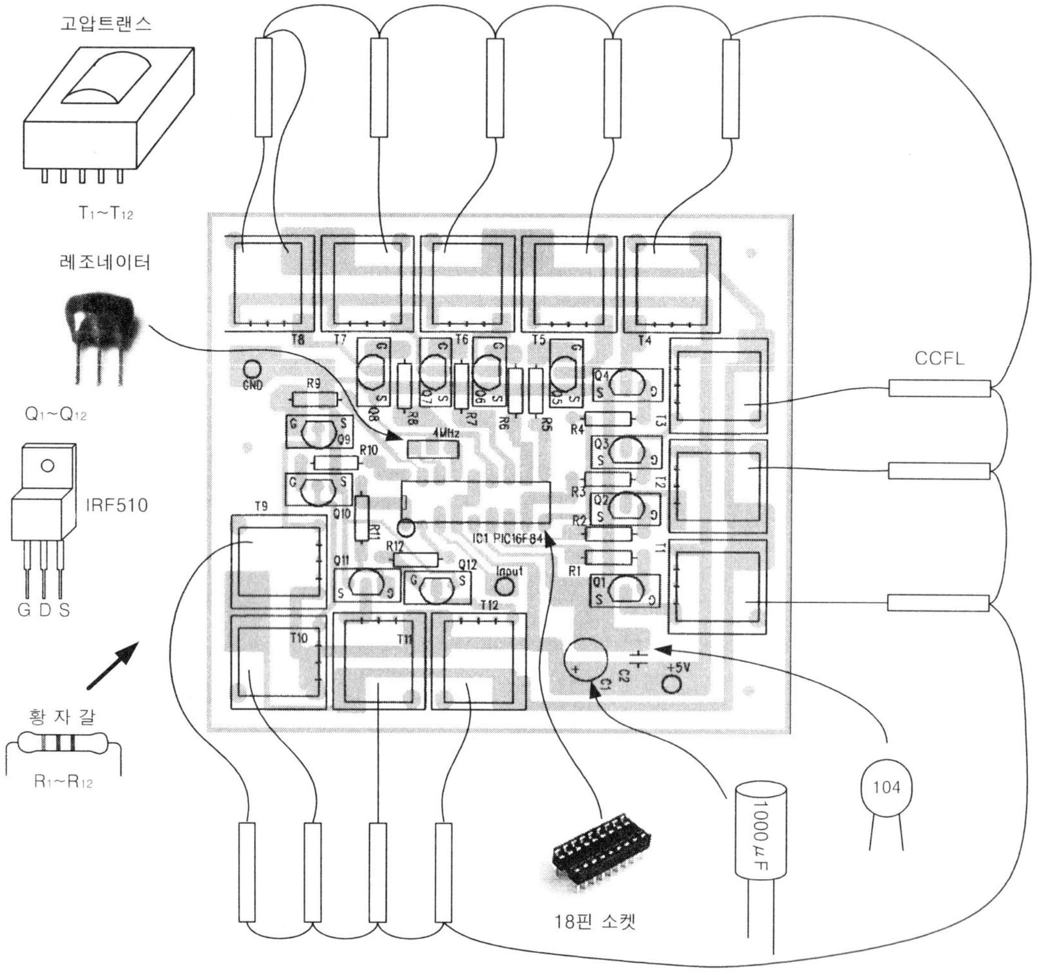

〈그림 7-29〉 기판에 부품을 장착

〈그림 7-30〉 완성된 기판

램프의 장착

<그림 7-31>과 같이 레코드 판(LP DISC)에 램프를 장착하여 보았다. 독자 여러분은 각자 재미있는 작품을 완성해 보기 바란다.

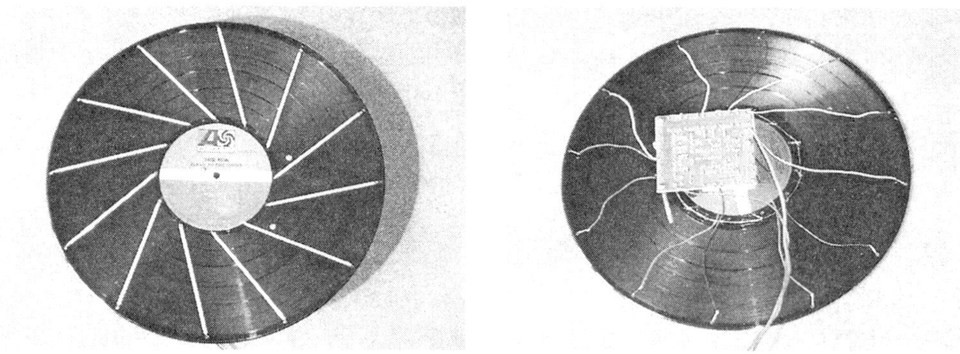

(a) 앞면 (b) 뒷면

〈그림 7-31〉 완성된 모습

(3) 프로그램과 동작이해

① 램프 1개 켜기

일단 램프 1개 켜기를 생각해 본다. 램프 1개를 깜빡이는 것이 아니라 그냥 켜져 있는 것이다. 그냥 켜져 있기 위해서도 약 40㎑의 신호를 출력해야 하므로 프로그램7-1과 같은 간단하지 않은 프로그램이 필요하다.

```
        LIST     P=16f84 ; lamp
        ; 램프켜기  40KHz

        ORG          0
        BSF          03H,5
        MOVLW        B'00000000'    ;출력으로 설정
        MOVWF        05H
        MOVWF        06H
        BCF          03H,5
        CLRF         05H        ;포트A를 클리어한다
        CLRF         06H        ;포트B를 클리어한다
START   BSF          06H,2      ;출력 HIGH
        NOP
        NOP
        NOP
        NOP
        NOP
        NOP
        NOP
        NOP
        NOP
        NOP

        BCF          06H,2      ;출력 LOW
        NOP
        NOP
        NOP
        NOP
        NOP
        NOP
        NOP
        NOP
        NOP

        GOTO         START

        END
```

소스 프로그램 7-1

```
        BSF         03H,5
        MOVLW       B'00000000'     ;출력으로 설정
        MOVWF       05H
        MOVWF       06H
        BCF         03H,5
```

이 부분은 초기조건 설정이다.
포트A(05H)와 포트B(06H)를 출력으로 설정한다.

```
        CLRF     05H      ;포트A를 클리어한다
        CLRF     06H      ;포트B를 클리어한다
```

최초에 포트A(05H)와 포트B(06H) 모든 출력을 클리어하여 Low상태로 만든다. 이러한 지정을 하지 않고 시작할 경우에 출력의 상태가 Low가 될지 High가 될 지 알 수 없다. 만약 High 상태의 출력을 그냥 방치한다면 코일과 FET로 직류전류가 계속 흘러 어떤 부품이건 망가지게 되므로 반드시 Low상태로 설정해 놓고 시작해야 한다.

```
START   BSF     06H,2           ;출력 HIGH
        NOP
        NOP

        BCF     06H,2   ;출력 LOW
        NOP
        NOP
        GOTO    START
```

'BSF 06H,2'하여 얼마간 High 상태를 유지하고 'BCF 06H,2'하여 얼마간 Low 상태를 유지하는 동작을 한없이 반복하여 <그림 7-32>와 같은 신호를 만들어 출력한다. <그림 7-25>의 회로에서 '06H,2'는 IC 8번이므로 T3이 구동된다.

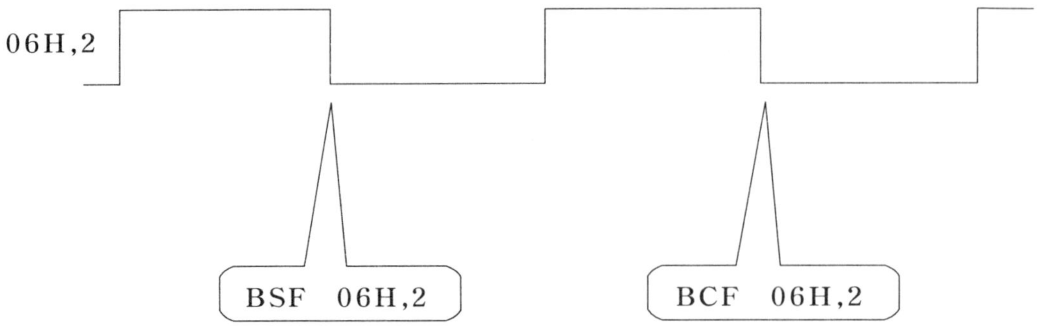

〈그림 7-32〉 신호의 출력

② 램프 8개 순차 점멸하기

포트B(PIC16F84의 6~13번)에 신호를 출력하여 램프 8개를 순차 점멸해 본다.

```
        LIST    P=16f84 ; lamp-jol8A
          ; 램프켜기 순차점멸8

        ORG     0
        BSF     03H,5
        MOVLW   B'00000000'   ;포트를 출력으로 설정
        MOVWF   05H
        MOVWF   06H
        BCF     03H,5
CC      EQU     22H
BB      EQU     21H
AA      EQU     20H
        CLRF    05H           ;포트A를 클리어 한다.

START   MOVLW   B'00000001'   ;출력
        MOVWF   AA
        CALL    OUTPRE

        MOVLW   B'00000010'   ;출력
        MOVWF   AA
        CALL    OUTPRE

        MOVLW   B'00000100'   ;출력
```

```
        MOVWF   AA
        CALL    OUTPRE

        MOVLW   B'00001000'   ;출력
        MOVWF   AA
        CALL    OUTPRE

        MOVLW   B'00010000'   ;출력
        MOVWF   AA
        CALL    OUTPRE

        MOVLW   B'00100000'   ;출력
        MOVWF   AA
        CALL    OUTPRE

        MOVLW   B'01000000'   ;출력
        MOVWF   AA
        CALL    OUTPRE

        MOVLW   B'10000000'   ;출력
        MOVWF   AA
        CALL    OUTPRE

        GOTO    START

OUTPRE  MOVLW   .200
        MOVWF   BB

ROTATE2 MOVLW   .40
        MOVWF   CC

ROTATE  MOVF    AA,W
        MOVWF   06H         ;AA값을 출력
        NOP
        CLRWDT
        NOP
        NOP
        NOP
        NOP
        NOP
```

```
NOP
NOP
CLRF        06H      ;출력을 LOW로 클리어
NOP
NOP
NOP
NOP
NOP
NOP
NOP

DECFSZ   CC
GOTO     ROTATE
NOP
DECFSZ   BB
GOTO     ROTATE2
NOP
RETURN

END
```

소스 프로그램 7-2

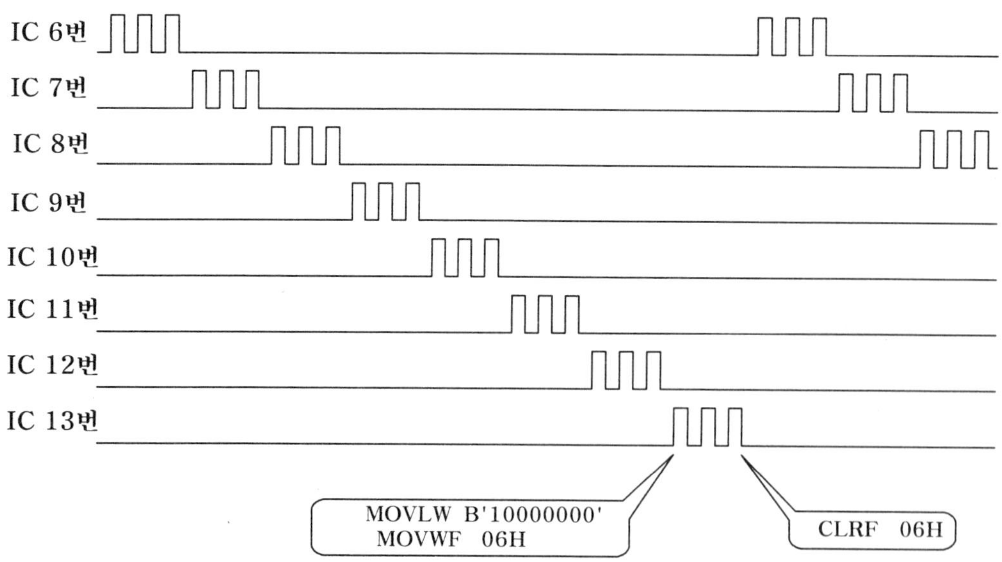

〈그림 7-33〉 **순차 신호의 출력**

포트 B에 연결된 8개의 램프를 순차적으로 켜기 위해서는 <그림 7-33>에서와 같은 순차 신호가 필요하다.

프로그램 7-2에서 'DECFSZ CC'는 메모리CC의 숫자를 -1하여 0이면 다음 명령을 스킵하는 명령이다.

여기서 처음 CC에 40이란 숫자가 저장되어 있으므로

AA값을 출력하고 포트B를 클리어하여 펄스 하나를 출력한 후 40-1=39

이는 0이 아니므로 'GOTO ROTATE'하여 같은 명령을 다시 수행하여

펄스 하나를 출력한 후 39-1=38, 또 0이 아니므로 GOTO ROTATE

펄스 하나를 출력한 후 38-1=37, 또 0이 아니므로 GOTO ROTATE

펄스 하나를 출력한 후 37-1=36, 또 0이 아니므로 GOTO ROTATE

펄스 하나를 출력한 후 36-1=35, 또 0이 아니므로 GOTO ROTATE

:

:

:

:

펄스 하나를 출력한 후 3-1=2, 또 0이 아니므로 GOTO ROTATE

펄스 하나를 출력한 후 2-1=1, 또 0이 아니므로 GOTO ROTATE

펄스 하나를 출력한 후 1-1=0, 하여 0이므로 'GOTO ROTATE'는 스킵하고 다음 명령을 수행한다.

즉 이 과정에서 펄스 40개를 출력하게 된다.

펄스 40개를 출력하는 것을 하나의 묶음으로 볼 때 BB에 200이란 숫자를 소진해야 이 루프를 빠져나가게 되므로 40×200=8000개의 펄스를 출력해야 다음 명령을 수행하게 된다.

즉 IC 6번에 8000개의 펄스를 출력한 다음

IC 7번에 8000개의 펄스를 출력한 다음

IC 8번에 8000개의 펄스를 출력한 다음

IC 9번에 8000개의 펄스를 출력한 다음

:

:

이는 <그림 7-33>의 순차신호가 된 것이다.

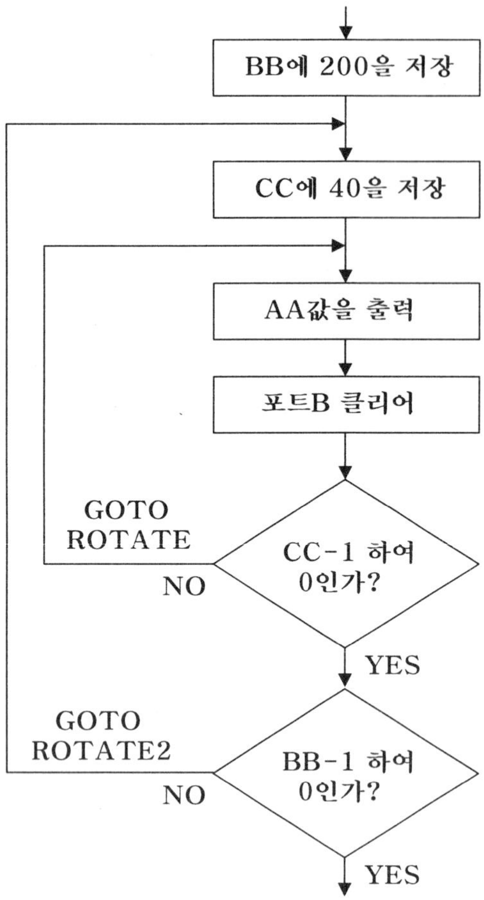

〈그림 7-34〉 **신호출력 흐름도**

③ 램프 12개 순차점멸

이제 램프 12개를 순차 점멸하는 동작이다. 프로그램 7-2와 프로그램 7-3을 비교해 본다.

프로그램 7-2에서는

```
MOVLW    B'00100000'   ;출력
MOVWF    AA
CALL     OUTPRE          이며
```

프로그램 7-3에서는

```
MOVLW    B'00000100'   ;출력 포트B
MOVWF    AA
MOVLW    B'00000000'   ;출력 포트A
MOVWF    DD
CALL     OUTPRE
```

로서 포트A에 해당되는 출력 값이 추가된다. 물론 출력의 서브루틴에서도

```
MOVF     DD,W
MOVWF    05H      ;DD값을 출력
```

과

```
CLRF     05H      ;출력을 LOW로 클리어
```

이 추가된다.

```
        LIST    P=16f84 ; lamp-jol12
          ; 램프켜기 순차점멸12

          ORG       0
          BSF       03H,5
          MOVLW     B'00000000'   ;포트를 출력으로 설정
          MOVWF     05H
          MOVWF     06H
          BCF       03H,5
DD         EQU       23H
CC         EQU       22H
```

```
BB       EQU      21H
AA       EQU      20H


START    MOVLW    B'00000001'    ;출력 포트B
         MOVWF    AA
         MOVLW    B'00000000'    ;출력 포트A
         MOVWF    DD
         CALL     OUTPRE

         MOVLW    B'00000010'    ;출력 포트B
         MOVWF    AA
         MOVLW    B'00000000'    ;출력 포트A
         MOVWF    DD
         CALL     OUTPRE

         MOVLW    B'00000100'    ;출력 포트B
         MOVWF    AA
         MOVLW    B'00000000'    ;출력 포트A
         MOVWF    DD
         CALL     OUTPRE

         MOVLW    B'00001000'    ;출력
         MOVWF    AA
         MOVLW    B'00000000'    ;출력
         MOVWF    DD
         CALL     OUTPRE

         MOVLW    B'00010000'    ;출력
         MOVWF    AA
         MOVLW    B'00000000'    ;출력
         MOVWF    DD
         CALL     OUTPRE

         MOVLW    B'00100000'    ;출력
         MOVWF    AA
         MOVLW    B'00000000'    ;출력
         MOVWF    DD
         CALL     OUTPRE
```

```
        MOVLW    B'01000000'   ;출력
        MOVWF    AA
        MOVLW    B'00000000'   ;출력
        MOVWF    DD
        CALL     OUTPRE

        MOVLW    B'10000000'   ;출력
        MOVWF    AA
        MOVLW    B'00000000'   ;출력
        MOVWF    DD
        CALL     OUTPRE

        MOVLW    B'00000000'   ;출력
        MOVWF    AA
        MOVLW    B'00000001'   ;출력
        MOVWF    DD
        CALL     OUTPRE

        MOVLW    B'00000000'   ;출력
        MOVWF    AA
        MOVLW    B'00000010'   ;출력
        MOVWF    DD
        CALL     OUTPRE

        MOVLW    B'00000000'   ;출력
        MOVWF    AA
        MOVLW    B'00000100'   ;출력
        MOVWF    DD
        CALL     OUTPRE

        MOVLW    B'00000000'   ;출력
        MOVWF    AA
        MOVLW    B'00001000'   ;출력
        MOVWF    DD
        CALL     OUTPRE

        GOTO     START

OUTPRE  MOVLW    .200
        MOVWF    BB
```

```
ROTATE2  MOVLW    .40
         MOVWF     CC

ROTATE   MOVF     AA,W
         MOVWF     06H      ;AA값을 출력
         MOVF     DD,W
         MOVWF     05H      ;DD값을 출력
         NOP
         NOP
         NOP
         NOP
         NOP
         NOP
         CLRWDT
         CLRF      06H     ;출력을 LOW로 클리어
         NOP
         CLRF      05H     ;출력을 LOW로 클리어
         NOP
         NOP
         NOP
         NOP
         NOP

         DECFSZ   CC
         GOTO     ROTATE
         NOP
         DECFSZ   BB
         GOTO     ROTATE2
         NOP
         RETURN

         END
```

소스 프로그램 7-3

④ 복잡한 패턴으로 램프켜기

앞에서 본 프로그램 7-3은 램프 12개를 순서대로 켜는 동작이다. <그림 7-31>과 같이 램프를 배치하여 프로그램 7-3을 실행한다면 빙글빙글 돌아가는 단순한 동작이 된다. 램프 1개가 움직이다가 2개, 3개가 움직이며 왼쪽 오른쪽으로 번갈아 움직이는 등 복잡한 패턴으로 좀 더 재미있게 동작하도록 제작하여 본 것이 프로그램 7-4이다.

```
        LIST    P=16f84 ; lamp-jol12junsi
                ; 복잡한 패턴으로 램프켜기12

        ORG     0
        BSF     03H,5
        MOVLW   B'00000000'    ;포트를 출력으로 설정
        MOVWF   05H
        MOVWF   06H
        BCF     03H,5
DD      EQU     23H
CC      EQU     22H
BB      EQU     21H
AA      EQU     20H

START   MOVLW   B'00000001'    ;출력
        MOVWF   AA
        MOVLW   B'00000000'    ;출력
        MOVWF   DD
        CALL    OUTPRE

        MOVLW   B'00000010'    ;출력
        MOVWF   AA
        CALL    OUTPRE

        MOVLW   B'00000100'    ;출력
        MOVWF   AA
        CALL    OUTPRE

        MOVLW   B'00001000'    ;출력
        MOVWF   AA
        CALL    OUTPRE
```

```
MOVLW     B'00010000'   ;출력
MOVWF     AA
CALL      OUTPRE

MOVLW     B'00100000'   ;출력
MOVWF     AA
CALL      OUTPRE

MOVLW     B'01000000'   ;출력
MOVWF     AA
CALL      OUTPRE

MOVLW     B'10000000'   ;출력
MOVWF     AA
CALL      OUTPRE

MOVLW     B'00000000'   ;출력
MOVWF     AA
MOVLW     B'00000001'   ;출력
MOVWF     DD
CALL      OUTPRE

MOVLW     B'00000010'   ;출력
MOVWF     DD
CALL      OUTPRE

MOVLW     B'00000100'   ;출력
MOVWF     DD
CALL      OUTPRE

MOVLW     B'00001000'   ;출력
MOVWF     DD
CALL      OUTPRE

MOVLW     B'00000001'   ;출력
MOVWF     AA
MOVLW     B'00001000'   ;출력
MOVWF     DD
CALL      OUTPRE
```

```
MOVLW     B'00000011'    ;출력
MOVWF     AA
MOVLW     B'00000000'    ;출력
MOVWF     DD
CALL      OUTPRE

MOVLW     B'00000110'    ;출력
MOVWF     AA
CALL      OUTPRE

MOVLW     B'00001100'    ;출력
MOVWF     AA
CALL      OUTPRE

MOVLW     B'00011000'    ;출력
MOVWF     AA
CALL      OUTPRE

MOVLW     B'00110000'    ;출력
MOVWF     AA
CALL      OUTPRE

MOVLW     B'01100000'    ;출력
MOVWF     AA
CALL      OUTPRE

MOVLW     B'11000000'    ;출력
MOVWF     AA
CALL      OUTPRE

MOVLW     B'10000000'    ;출력
MOVWF     AA
MOVLW     B'00000001'    ;출력
MOVWF     DD
CALL      OUTPRE

MOVLW     B'00000000'    ;출력
MOVWF     AA
MOVLW     B'00000011'    ;출력
MOVWF     DD
CALL      OUTPRE
```

```
MOVLW   B'00000110'   ;출력
MOVWF   DD
CALL    OUTPRE

MOVLW   B'00001100'   ;출력
MOVWF   DD
CALL    OUTPRE

MOVLW   B'00001110'   ;출력
MOVWF   DD
CALL    OUTPRE

MOVLW   B'00000111'   ;출력
MOVWF   DD
CALL    OUTPRE

MOVLW   B'10000000'   ;출력
MOVWF   AA
MOVLW   B'00000011'   ;출력
MOVWF   DD
CALL    OUTPRE

MOVLW   B'11000000'   ;출력
MOVWF   AA
MOVLW   B'00000001'   ;출력
MOVWF   DD
CALL    OUTPRE

MOVLW   B'11100000'   ;출력
MOVWF   AA
MOVLW   B'00000000'   ;출력
MOVWF   DD
CALL    OUTPRE

MOVLW   B'01110000'   ;출력
MOVWF   AA
CALL    OUTPRE

MOVLW   B'00111000'   ;출력
MOVWF   AA
CALL    OUTPRE
```

```
MOVLW    B'00011100'   ;출력
MOVWF    AA
CALL     OUTPRE

MOVLW    B'00001110'   ;출력
MOVWF    AA
CALL     OUTPRE

MOVLW    B'00000111'   ;출력
MOVWF    AA
CALL     OUTPRE

MOVLW    B'00000011'   ;출력
MOVWF    AA
MOVLW    B'00001000'   ;출력
MOVWF    DD
CALL     OUTPRE

MOVLW    B'00000001'   ;출력
MOVWF    AA
MOVLW    B'00001100'   ;출력
MOVWF    DD
CALL     OUTPRE

MOVLW    B'00000000'   ;출력
MOVWF    AA
MOVLW    B'00001110'   ;출력
MOVWF    DD
CALL     OUTPRE

MOVLW    B'01000000'   ;출력
MOVWF    AA
MOVLW    B'00001100'   ;출력
MOVWF    DD
CALL     OUTPRE

CALL     PAT11
CALL     PAT11

CALL     PAT22
CALL     PAT22
```

```
            GOTO        START

PAT11       MOVLW       B'01000100'     ;출력
            MOVWF       AA
            MOVLW       B'00000100'     ;출력
            MOVWF       DD
            CALL        OUTPRE

            MOVLW       B'00100010'     ;출력
            MOVWF       AA
            MOVLW       B'00000010'     ;출력
            MOVWF       DD
            CALL        OUTPRE

            MOVLW       B'00010001'     ;출력
            MOVWF       AA
            MOVLW       B'00000001'     ;출력
            MOVWF       DD
            CALL        OUTPRE

            MOVLW       B'10001000'     ;출력
            MOVWF       AA
            MOVLW       B'00001000'     ;출력
            MOVWF       DD
            CALL        OUTPRE
            RETURN

PAT22       MOVLW       B'11001100'     ;출력
            MOVWF       AA
            MOVLW       B'00001100'     ;출력
            MOVWF       DD
            CALL        OUTPRE

            MOVLW       B'01100110'     ;출력
            MOVWF       AA
            MOVLW       B'00000110'     ;출력
            MOVWF       DD
            CALL        OUTPRE

            MOVLW       B'00110011'     ;출력
            MOVWF       AA
```

```
            MOVLW     B'00000011'  ;출력
            MOVWF     DD
            CALL      OUTPRE

            MOVLW     B'10011001'  ;출력
            MOVWF     AA
            MOVLW     B'00001001'  ;출력
            MOVWF     DD
            CALL      OUTPRE
            RETURN

OUTPRE      MOVLW     .200
            MOVWF     BB

ROTATE2     MOVLW     .40
            MOVWF     CC

ROTATE      MOVF      AA,W
            MOVWF     06H        ;AA값을 출력
            MOVF      DD,W
            MOVWF     05H        ;DD값을 출력
            NOP
            NOP
            NOP
            NOP
            NOP
            NOP
            CLRWDT
            CLRF      06H        ;출력을 LOW로 클리어
            NOP
            CLRF      05H        ;출력을 LOW로 클리어
            NOP
            NOP
            NOP
            NOP
            NOP
            DECFSZ    CC
            GOTO      ROTATE
            NOP
            DECFSZ    BB
            GOTO      ROTATE2
```

```
        NOP
        RETURN

        END
```

소스프로그램 7-4

4. CCFL을 사용한 대형 Seven Segment Display

숫자를 표시하는 Seven Segment Display는 크기가 작은 것도 있지만 시계탑 같은 곳에 사용하는 커다란 것도 있다. 보통 여러 개의 LED를 사용하여 크기가 큰 Seven Segment Display를 제작하는데, 여기서는 CCFL을 사용하여 제작하여 보기로 한다.

Display를 구동하는 Decoder로는 <그림 5-2>와 <그림 5-18>에서 보았던 표준 CMOS 4511을 활용한다. 원하는 숫자에 맞게 LED를 켜기로 한다면 4511의 출력에 저항과 LED를 직렬로 연결하는 것으로 간단히 회로가 구성될 수 있다. 그러나 CCFL을 켜려면 700V 이상의 높은 전압이 필요하므로 전원을 스위칭하여 트랜스로 승압하는 꽤 복잡한 회로가 필요하게 된다. 만약 <그림 7-35>에서 '3'이라는 숫자가 입력된다면 'DCBA'에는 '0011'이 입력된다. 이에 따른 출력으로는 abcdg가 High가 되는데, 그냥 High가 아니라 약 40㎑의 주파수로 High/Low가 반복되어야 한다. 4511의 출력이 High/Low가 반복되도록 하기 위하여 '4번 핀 BI(Blanking Input)'를 활용한다. <그림 5-18>에서 4511의 진리표를 보았는데 BI 단자가 '0'이면 출력은 모두 '0'이 되고 '1'이면 정상적인 디코딩이 되므로 이곳에 High/Low가 반복되는 40㎑의 신호를 넣어 준다면 출력 abcdefg는 40㎑의 디코딩된 신호가 나오게 된다.

40㎑의 신호를 발생하는 방법으로는 트랜지스터 2개를 사용하는 비안정 멀티바이브레이터(Astable multivibrator)를 사용할 수도 있고, 타이머 IC NE555를 사용할 수도 있으며 NOT GATE 2개를 사용하는 방법도 있다.

<그림 7-35>에서는 NOT GATE 2개를 사용하였는데 4011(NAND GATE) 4001(NOR GATE) 등으로도 구현이 가능하다. 그러나 74LS04와 같은 TTL은 NOT GATE라 하더라도 <그림 7-35>에서와 같은 발진회로가 동작되지 않는다. CMOS와 TTL은 내부의 물리적인 구조가 다르기 때문이다. 한편 TTL처럼 보이는 74HC04의 경우에는 내부구조가 CMOS이므로 <그림 7-35>에서와 같은 발진회로의 동작이 가능하다.

회로에서 발진주파수

$$f = \frac{1}{2.3RC} \text{ [Hz]}$$

인데 R과 C가 12kΩ, 0.001㎌이므로 계산에 의한 주파수는 36.23㎑이다.

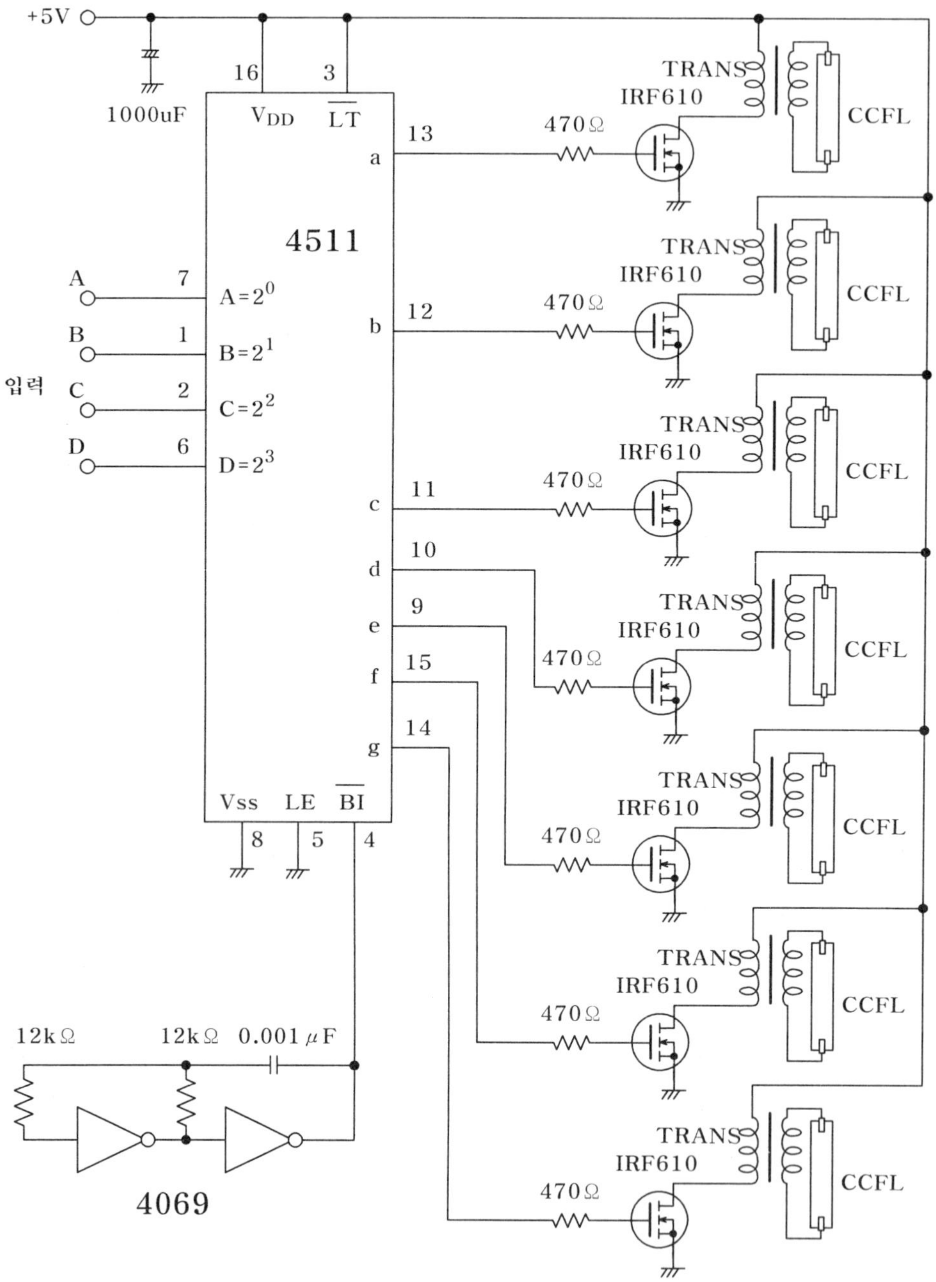

〈그림7-35〉 Seven Segment Display 구동회로

〈그림 7-36〉 램프를 기판에 배열

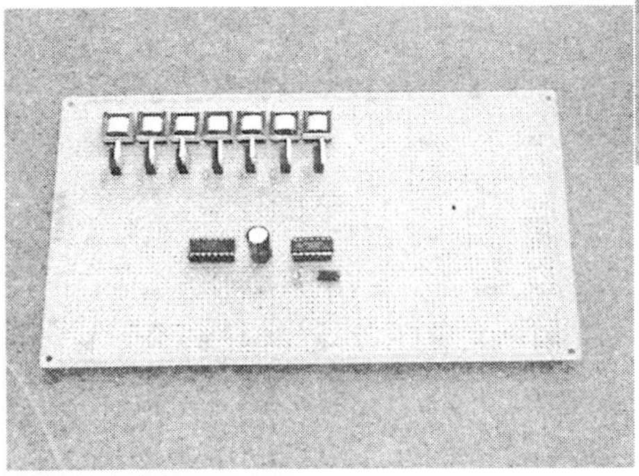

〈그림 7-37〉 만능기판에 구동회로를 조립

만능기판 2장을 준비한다. 한 장에는 램프를 배치하고, 다른 한 장에는 구동회로를 조립한다. 램프와 트랜스를 전선으로 연결하고 <그림 7-38>과 같이 스페이서로 기판 2장을 고정한다.

〈그림 7-38〉 완성된 Display

응용제작 - 엘리베이터가 몇 층에 있나 표시하기

'작품4'에서 제작한 엘리베이터는 현재위치가 몇 층인지 표시되지 않아 뭔가 미흡하다는 생각이 들므로 현재 위치를 표시하도록 생각해 본다. 표시 방법으로는 <그림 5-3>에서의 디스플레이를 사용할 수도 있다. 여기서는 <그림 4-15>의 회로와 <그림 7-35>의 회로를 결합하여 엘리베이터가 몇 층에 있는지 표시하도록 해 본다.

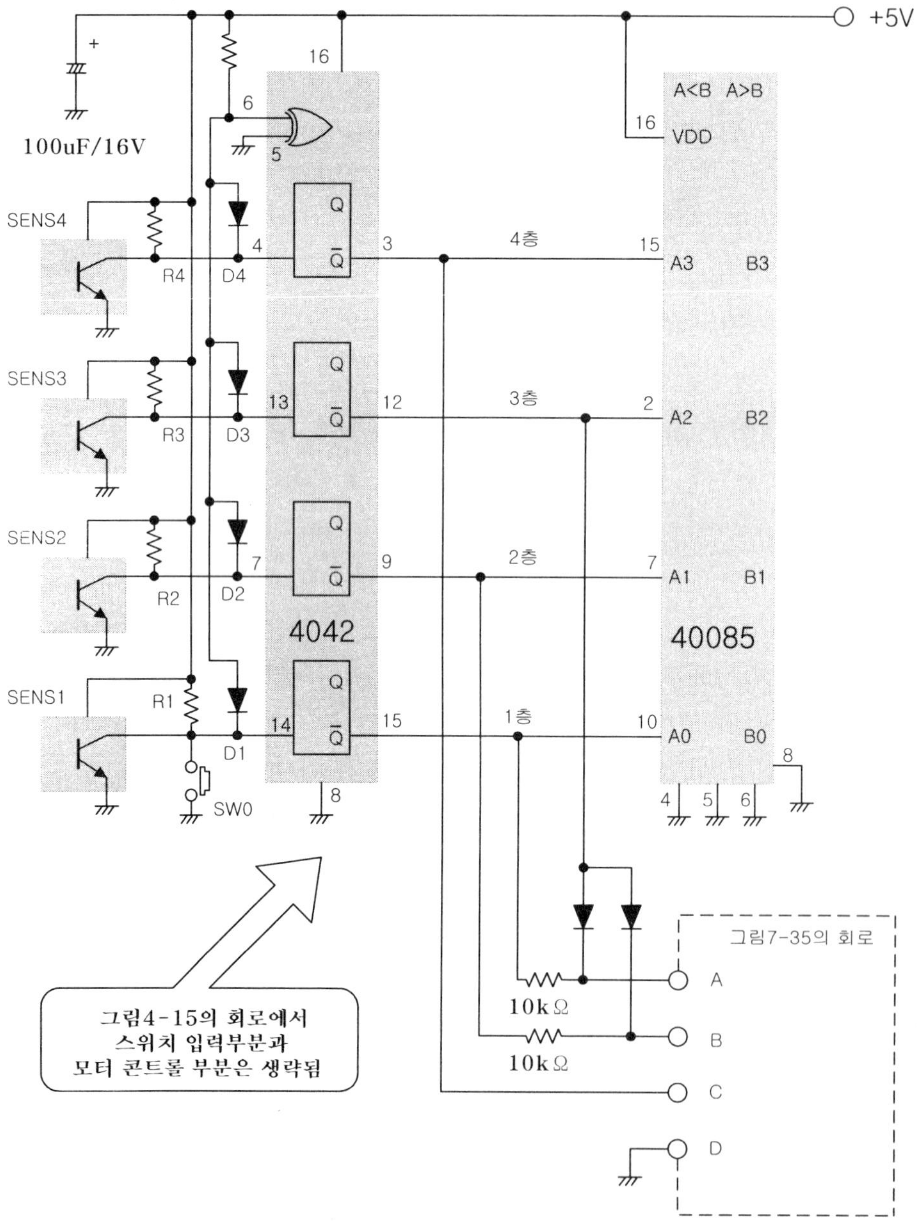

〈그림 7-39〉 **엘리베이터의 위치를 표시하기**

<그림 4-15>의 회로와 <그림 7-35>의 회로를 결합하기 위하여 <그림 7-39>에서는 저항 2개와 다이오드 2개를 사용하였으며 <그림 7-40>에서는 OR 게이트를 사용하였다.

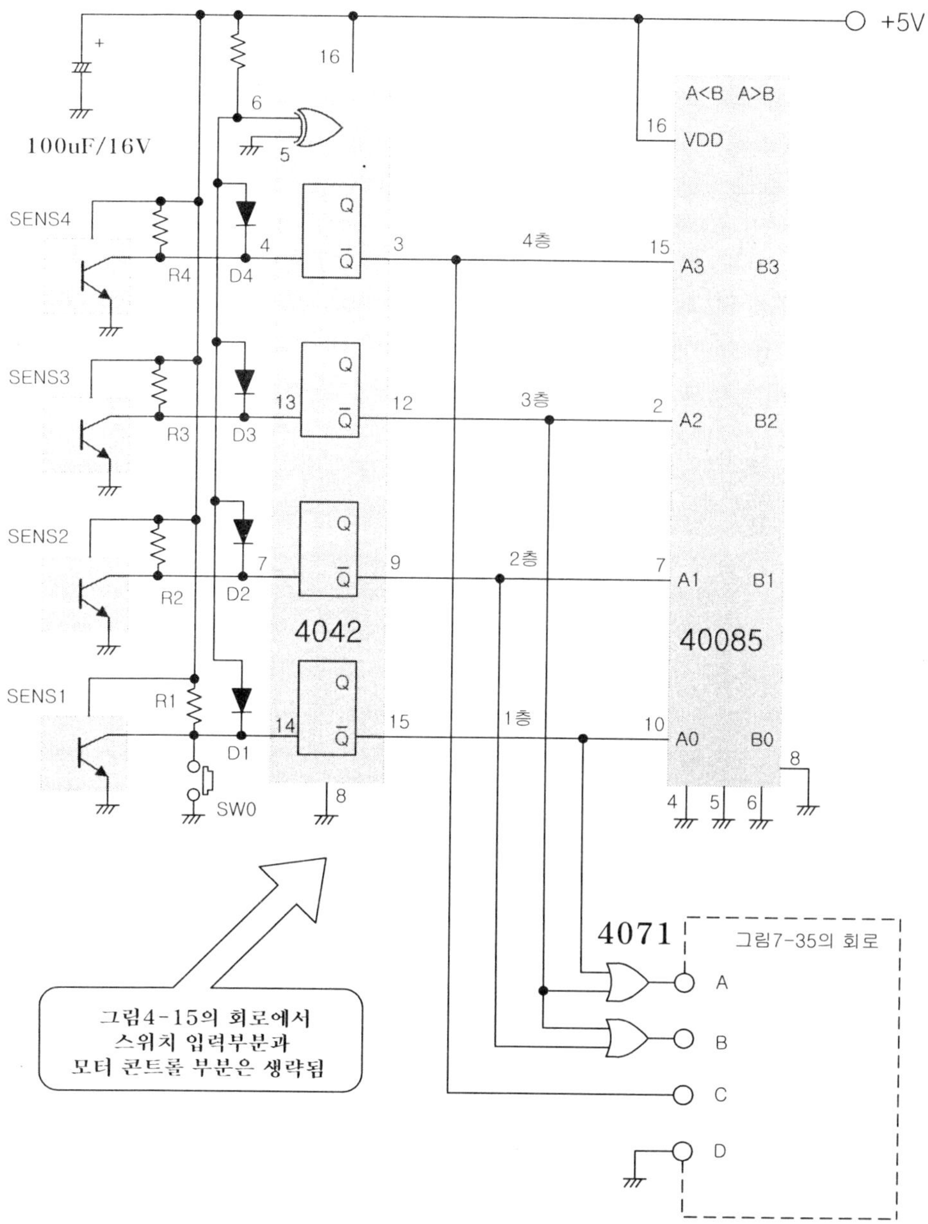

〈그림 7-40〉 OR 게이트를 사용한 회로

<그림 7-39>와 <그림 7-40>에서 층에 따른 BCD입력은

1층	2층	3층	4층	D	C	B	A
1	0	0	0	0	0	0	1
0	1	0	0	0	0	1	0
0	0	1	0	0	0	1	1
0	0	0	1	0	1	0	0

의 상태인데 두 회로에서 각 층에 따라 BCD입력의 상태를 확인해 보라.

<그림 7-39>와 <그림 7-40> 중 어떤 회로가 더 좋은가를 논하는 것 보다, 같은 동작을 구현하는 방법에 여러 가지가 있을 수 있다는 것을 생각해 본다는 그 자체가 중요하다 하겠다.

<그림 4-15>의 회로를 사용하여 <그림 4-22>에서 제작하였던 엘리베이터에 위치를 표시할 수 있는 디스플레이를 결합하여 제작한 것이 <그림 7-41>이다.

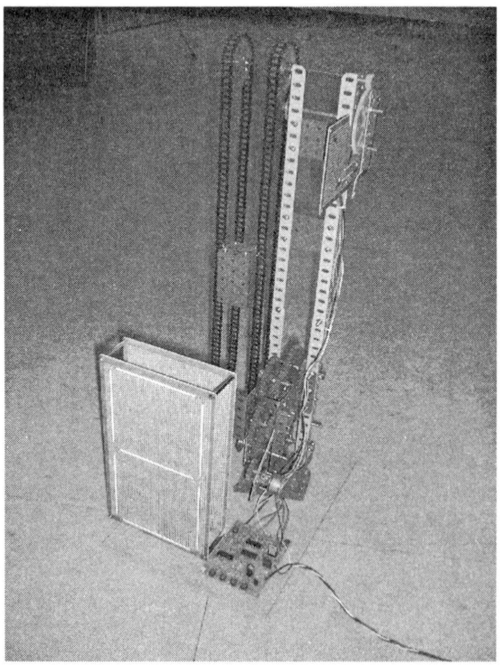

〈그림 7-41〉 완성된 모습

AVR-8515 Kit

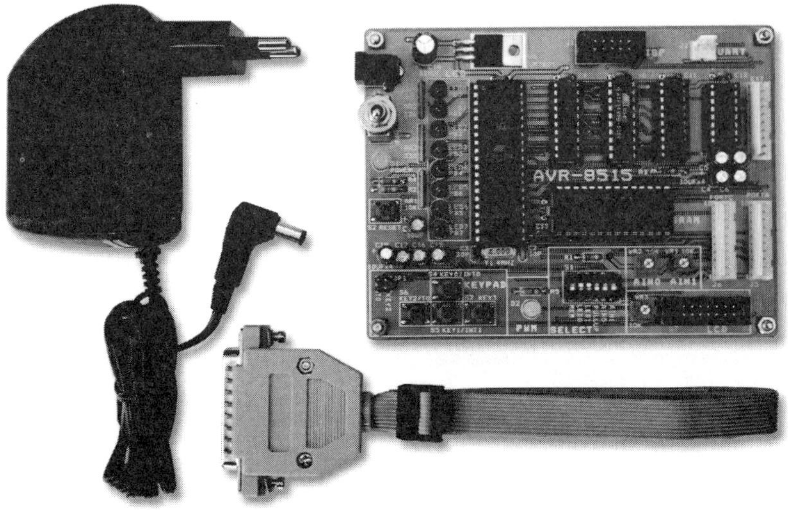

♣ 부품 SET 별도 판매

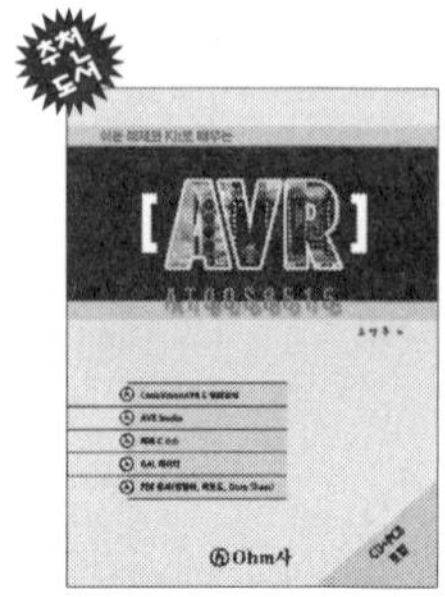

저 자 : 조영준
ISBN : 89-7101-717-1
판 형 : B5
쪽 수 : 301
가 격 : 25,000원

AVR-8515 KIT의 주요 사양

항 목	사 양	비 고
CPU	AT90S8515	4MHz 클럭 사용(8MHz 까지 가능)
메모리	RAM : 32K 바이트	선택적 사용
내장 주변장치	B 포트 : LED×8	선택적 사용
	D 포트 : LED×4	인터럽트와 연동 사용
	PWM	LED로 확인
	아날로그 입력	가변저항 이용
	직렬 포트 : RS232C	MAX232 내장
외부 인터럽트	RAM : 32K 바이트	스위치 입력
디스플레이	LCD : 16 문자 × 2줄	C 포트에 연결
전원	+9V ~ +12V 외부 전원 사용	아답터 잭, 5V 정전압 회로 내장
외부 인터페이스	ISP 케이블	프로그래밍용(PC의 프린터 포트에 연결)
PCB 외형	132×102mm 2층 에폭시 기판	

ATMEL사의 AVR 8 비트 RISC 프로세서인 AT90S8515의 기본적인 하드웨어 구조와 프로그래밍 연습을 해볼 수 있는 **쉽고 간단하며, 저렴한** Training KIT이다. 가장 기본적인 기능을 익히고 실험하는데 필요한 최소한의 하드웨어로 구성되어 초보자가 익히고 실험하기에 적합하다.

ISP 케이블과 CodeVisionAVR C 컴파일러를 이용하여 사용자가 작성한 프로그램을 PC로 다운로드하여 즉시 실험해 볼 수 있기 때문에 롬라이터와 같은 별도의 장비가 필요하지 않으며, 기본적인 사양만으로 설계되어 학생들이나 AVR을 익히려는 일반인이 사용하기 적합한 저가형 KIT이다.

KUT-51 Kit

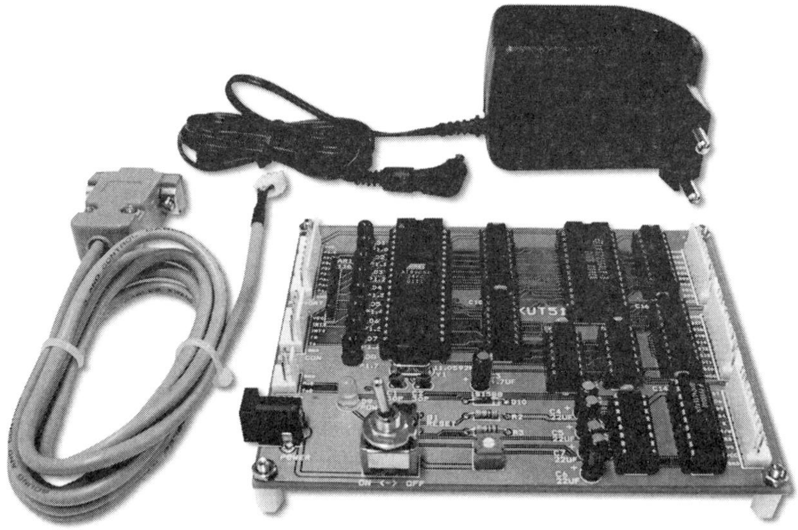

♣ 부품 SET 별도 판매

저 자 : 신동욱, 조영준
ISBN : 89-7101-718-X
판 형 : B5
쪽 수 : 382
가 격 : 28,000원

KUT-51 KIT의 주요 사양

항 목	사 양	비 고
CPU	AT89C51(ATMEL)	11.0592MHz 클럭 사용
메모리	FLASH : 4K 바이트 RAM : 32K 바이트	AT89C51에 내장 프로그램 & 데이터 메모리로 사용
내장 주변장치	P1 포트 : LED×8 직렬 포트 : RS232C	커넥터를 통해 외부와 연결 가능 MAX232 내장
디스플레이	LCD : 16문자 ×2줄	외부 커넥터에 연결
확장 커넥터	입력 : 8 비트 출력 : 8 비트 LCD : 8 비트 P1 포트 : 8 비트 인터럽트 신호 : 4 비트 총 36비트	래치에 의한 입력 래치에 의한 출력 래치에 의한 출력 - 4비트 제어 P1 포트의 입출력 사용 INTn, Tn 신호
전원	+5V의 외부 전원 사용	아답터 잭, 5V 정전압 아답터 사용
프로그래밍	직렬 포트에 의한 다운로딩	모니터 프로그램 내장
PCB 외형	127×101mm 2층 에폭시 기판	

Intel의 MCS51과 100% 호환되는 ATMEL의 AT89C51을 사용한 **KUT51 Training KIT**는 8051을 배우고 익힐 수 있는 최소한의 기능을 내장하고 있다. 간단하게 구성되었기 때문에 가격이 저렴하고 크기가 작아 좁은 공간에서도 쉽게 사용할 수 있으며, 응용 실험을 할 수 있도록 외부 커넥터를 내장하여 사용자가 직접 구성한 외부 기기나 책의 응용예제에 사용된 보드 등을 제작 연결하여 실험해 볼 수 있도록 되어 있다.
또한, **AT89C51 내부의 플래시 메모리에 모니터 프로그램을 내장하고 있어서 별도의 롬라이터가 필요 없이 시리얼 포트를 통해서 프로그램을 다운로드하여 실행시켜 볼 수 있는 장점**이 있다.
KEIL-C 컴파일러 평가판을 사용하여 C언어와 어셈블러로 플그램을 연습할 수 있다.

OK-8051 Kit

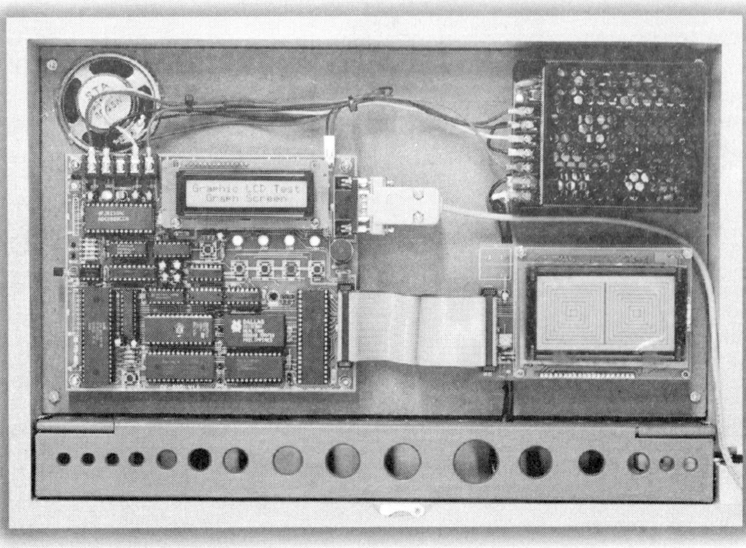

저 자 : 윤덕용
ISBN : 89-7101-715-5
판 형 : B5
쪽 수 : 870
가 격 : 30,000원

OK-8051 KIT의 주요 사양

항 목	사 양	비 고
CPU	89C52(12MHz)	12MHz 수정발진 모듈 사용
ROM	27C256-15(32 KB)	모니터 프로그램 및 응용 프로그램
RAM	62256-7(32 KB) (80C32에 내장된 256바이트는 별도)	사용자의 프로그램 및 데이터 저장
프로그램의 입력 및 실행	1. IBM PC의 직렬 포트를 사용하는 방법 (RS-232C 통신 에뮬레이터 DL51 기본 제공) 2. 키트에 ROM을 삽입하여 사용하는 방법 3. ROM 에뮬레이터를 사용하는 방법	1. 9핀 RS-232C 케이블 기본 제공 2. 모니터 프로그램 기본 내장 (트레이스 기능, 2개의 브레이크 포인트 기능, 역어셈블러 내장)
I/O	1. CPU가 직접 제어하는 I/O (1) RS-232C 직렬통신 포트(CN2) (2) +5V용 버저, 스피커 사운드 제어 (3) 스위치에 의한 사용자 인터럽트 (4) 포트1 콘넥터(CN3) 2. DS12C887 배터리 백업형 리얼타임 클럭 3. 82C54 타이머 (1) 외부 클럭 입력(CN4) (2) 스피커 출력(CN5) 4. 82C55 병렬 인터페이스 (1) 외부 병렬 입출력 콘넥터(CN4) (2) 4개의 키입력 스위치 및 상태표시 LED (3) 스텝 모터 제어 콘넥터(CN6) 5. 16자×2행 LCD 모듈 (backlight 가능) 6. ADC0809 8채널 8비트 A/D 컨버터 (1) 전압센서, 온도센서, 광센서 각 1개 (2) 4채널 아날로그 입력 콘넥터(CN7) 7. DAC0800 8비트 D/A 컨버터	1. 기본적인 주변 인터페이스용 LSI와 TTL 소자만을 사용하여 저렴한 가격으로 손쉽게 키트를 조립할 수 있도록 설계 2. A/D 입력 범위는 0V~+5V 3. D/A 출력 범위는 0V~+10V, -10V~+10V 중에서 선택 사용 4. 모니터 프로그램 사용시 9600, 19200 bps 중에서 선택 사용 5. 어셈블리 및 C언어로 작성된 수십가지의 응용 예제 프로그램을 기본으로 제공
전원	+5V, ±15V (또는 ±12V도 사용 가능)	±15V는 아날로그 회로에서만 사용
PCB	160×130mm 양면 에폭시 기판	

구입문의 : 학습기기 R&C사 / 도서출판 Ohm사 ✆ 02) 776-4868-9

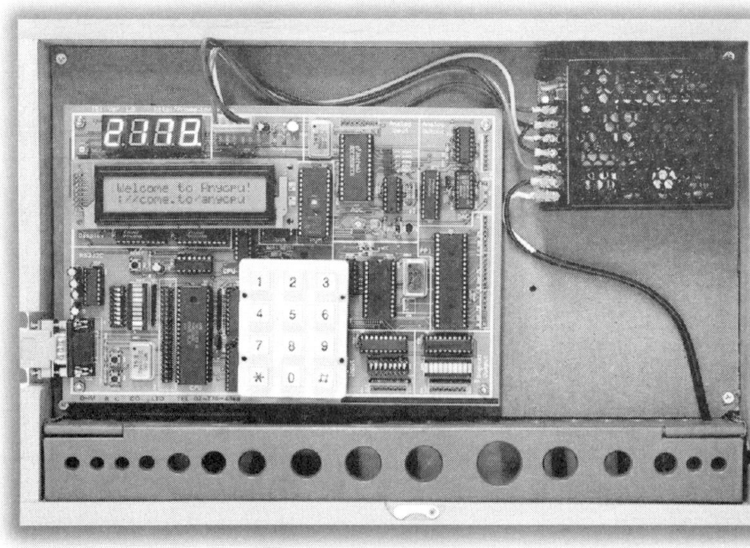

♣ PCB 별도 판매

저 자 : 박귀태, 이상락
ISBN : 89-7101-713-9
판 형 : B5
쪽 수 : 650
가 격 : 25,000원

T-51 KIT의 주요 사양

항 목	사 양	비 고
CPU	8051/8052 겸용	11.0592MHz
	80C251 지원	15배 성능 향상
메모리	ROM : 32K 바이트	27C256, 플래시 사용 가능
	RAM : 32K 바이트	62256
내장 주변장치	P1 포트 : LED×8, 스위치×8	
	직렬 포트 : RS232C	MAX232 내장
	타이머/카운터 : 16비트×2	입력 스위치 내장
외부 인터럽트	2채널	입력 스위치 내장
디지털 입출력 포트	디지털 입력 : 8채널, 스위치×8 내장	8핀 헤더 제공
	디지털 입력 : 8채널, LED×8 내장	8핀 헤더 제공
	PPI 8255 : 24채널 입출력	8핀 헤더×3 제공
디스플레이	7세그먼트 표시기 : 4자리	숫자 표시용
	LCD 표시기 : 20자×2줄	80×2, 40×4 확장 가능
키패드	12키	전화기용, 64키 확장 가능
아날로그 입력 DAC	8채널 입력	ADC0809
	입력범위 : 0~5[V]	OpAmp 버퍼 내장
	분해능 : 8비트	8핀 헤더 제공
	변환시간 : 100usec	
	가변저항, Cds, 온도센서, DAC 루프백 내장	LM35DZ
아날로그 출력 DAC	1채널 출력	DAC0800
	출력범위 : 0~5 또는 ±10V[V]	OpAmp 버퍼 내장
	안정시간 : 150nsec	8핀 헤더
	슬루레이트 : 8mA/usec	
전원	−12, 0, +12, 0, 5[V]	5핀 헤더
윈도우용 소프트웨어	문제출시, 풀이제시	AnyCpu Tutor 제공
	프로그램 컴파일 통합환경	Keil사 제공
	프로그램 다운로드	AnyCpu Tutor 제공
	트레이스, 실행	Os51.hex 제공
	직렬통신 터미널, 그래픽 터미널	AnyCpu Tutor 제공

OK-196 Kit

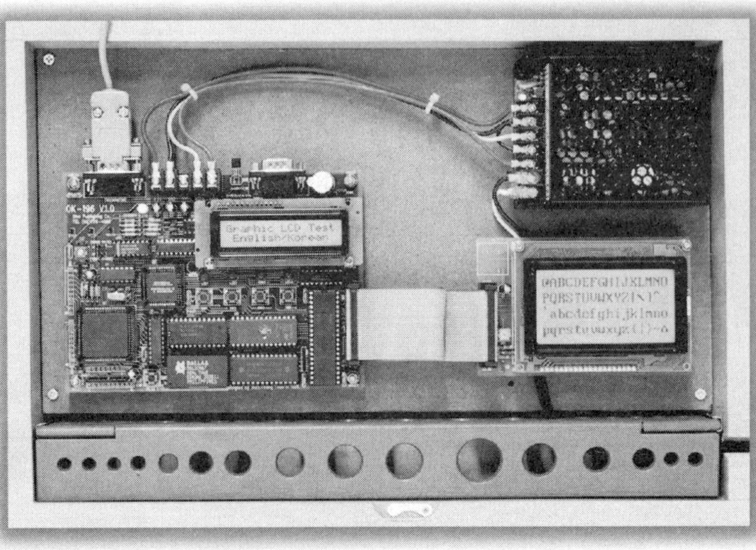

♣ PCB 별도 판매

저 자 : 윤덕용
ISBN : 89-7101-726-0
89-7101-727-9
판 형 : B5
쪽 수 : 808/535
가 격 : 33,000/28,000원

OK-196 KIT의 주요 사양

항 목	사 양	비 고
CPU	N80C196KC20(20MHz)	20MHz 수정발진자 사용
ROM	27C256-15(32 KB)	모니터 프로그램 및 응용 프로그램
RAM	62256-7(32 KB) (80C196KC에 내장된 488바이트는 별도)	사용자의 프로그램 및 데이터용
프로그램의 입력 및 실행	1. IBM PC의 직렬 포트를 사용하는 방법 2. 키트에 ROM을 삽입하여 사용하는 방법 3. ROM 에뮬레이터를 사용하는 방법	1. 9핀 RS-232C 케이블 기본 제공 2. 모니터 프로그램 기본 내장 (트레이스 기능, 4개의 브레이크 포인트 기능, 역어셈블러 내장)
I/O	1. CPU가 직접 제어하는 I/O (1) +5V용 버저, 온도센서, 전압센서 (2) RS-232C 직렬통신 포트(CN3) (3) 스텝/서보 모터 제어 콘넥터(CN5) (4) 포트1 콘넥터(CN6) (5) HSI/HSO 콘넥터(CN7) (6) 6채널 아날로그 입력 콘넥터(CN8) 2. 1채널 8비트 D/A 컨버터(DAC0800) 3. 8255A 병렬 인터페이스 (1) 4개의 키입력 스위치 (2) 4개의 상태표시 LED (3) 외부 병렬 입출력 콘넥터(CN4) 4. 8251A 및 RS-232C 포트(CN2, 모니터 전용) 5. 8254 타이머 및 스피커(CN9) 6. 16자×2행 LCD 모듈 (backlight 기능) 7. DS12887 배터리 백업형 리얼타임 클럭	1. EPLD를 사용하여 컴팩트하고 유연한 인터페이스 설계 2. A/D 입력 범위는 0V~+5V 3. D/A 출력 범위는 0~+10V, -10V~+10V중에서 선택 사용 4. 모니터 프로그램 사용시 9600, 19200 bps 중에서 선택 사용 5. 어셈블리 및 C언어로 작성된 수십가지의 응용 예제 프로그램을 기본으로 제공
전원	+5V, ±15V (또는 ±12V도 사용 가능)	±15V는 아날로그 회로에서만 사용
PCB	163×120mm 4층 에폭시 기판	

구입문의 : 학습기기 R&C사 / 도서출판 Ohm사 ✆ 02) 776-4868-9

저 자 : 김대근, 정순배 외
ISBN : 89-7101-725-2
판 형 : B5
쪽 수 : 770
가 격 : 33,000원

MDS-196 KIT의 주요 사양

항 목	사 양	비 고
CPU	N80C196KC20(20MHz)	
ROM	27C256-15(32 KB)	
RAM	62256-7(32 KB) (80C196KC에 내장된 488바이트는 별도)	
프로그램의 입력 및 실행	1. IBM PC의 직렬 포트를 사용하는 방법 2. 키트에 ROM을 삽입하여 사용하는 방법	
I/O	1. 기본 입출력 기판 (1) 출력 장치-LCD 모듈 (2) 입력 장치-키패드 2. 응용 보드 (1) 소형 DC 모터 제어 회로 (2) 스텝 모터 구동 회로 (3) AD 변환기 - 광센서 - 온도센서 - 가변저항 3. 다양한 시스템 응용을 위한 입출력 인터페이스 보드	 16문자×2줄 LCD 사용 16진 숫자 입력 스위치 16개 제어 입력 스위치 3개 PWM을 이용한 속도 제어 고속 출력(HSO)를 이용한 구동회로 고속 입력(HSI) 기능을 이용 포토 TR과 적외선 LED 사용 CdS 광센서 사용 외부 확장용 전원 회로 포함
전원	+12V(외부 입력 전압), +5V(정전압 회로 내장)	+12V는 모터 제어에 사용

TMS-31 Kit

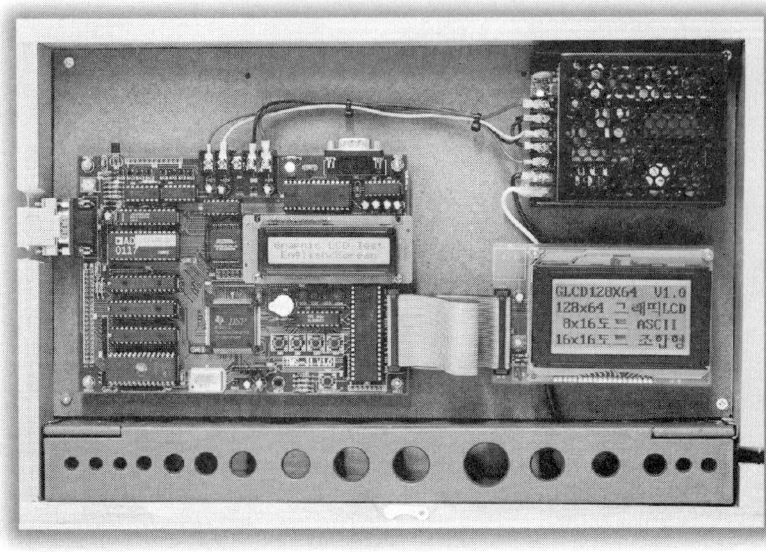

♣ 중간형 별도 판매
PCB+CPU+EPLD

저 자 : 윤덕용
ISBN : 89-7101-750-3
판 형 : B5
쪽 수 : 636
가 격 : 30,000원

TMS-31 KIT의 주요 사양

항 목	사 양	비 고
DSP	TMS320C31PQL-40 (40MHz)	40MHz 수정발진 모듈사용
ROM	27C256(32 KB) 또는 27C512(64KB)	PCB 진단 및 각종 응용 프로그램
RAM	68257-15(32 KB)×4개= 32K 워드 (TMS320C31에 내장된 2K 워드는 별도)	사용자의 프로그램 및 데이터용
프로그램의 입력 및 실행	1. XDS-510 에뮬레이터를 사용하는 방법 2. 내장 ROM을 사용하는 방법 3. IBM PC의 프린터포트를 사용하는 방법	1. 에뮬레이터용 콘넥터 내장 2. 예제가 포함된 27C256 기본 제공 3. 프린터포트용의 케이블 기본 제공
A/D 컨버터	12비트 MAX122 1개 (5MHz, 2.6μs) 8채널 아날로그 스위치 (1) 4개 채널은 콘넥터로 아날로그 입력 (2) 반고정 저항에 의한 −5V~+5V 입력 (3) 온도센서 LM35DZ 입력 (4) 2개 채널은 D/A 컨버터의 출력을 입력	1. 아날로그 입력 범위는 −5V~+5V 2. 아날로그 출력 범위는 −5V~+5V 3. 내장된 D/A 컨버터의 출력을 A/D 컨버터 에 입력함으로써 외부에 별도의 함수발생기 를 사용하지 않고 신호처리 실험이 가능
D/A 컨버터	12비트 AD664 (4채널 전압 출력) (1) 4개 채널 모두 콘넥터로 외부출력 (2) 2개 채널은 A/D 컨버터에 입력 가능	
기타 I/O	1. 시스템 확장용 콘넥터 2. 8255A 1개 내장 (1) 16자×2행 LCD 모듈 (backlight 가능) (2) buzzer (3) 4개의 상태표시용 LED (4) 4개의 입력키 (5) 8255A를 통한 외부 입출력 콘넥터 3. 8251A 및 MAX232 내장 외부와 RS-232C 직렬통신 4. 직류 서보모터 제어를 위한 콘넥터	
전원	+5V, ±15V (또는 ±12V)	±15V는 A/D, D/A 컨버터에서 사용
PCB	180×130mm 4층 에폭시 기판	

구입문의 : 학습기기 R&C사 / 도서출판 Ohm사 ✆ 02) 776-4868-9

TMS-32 Kit

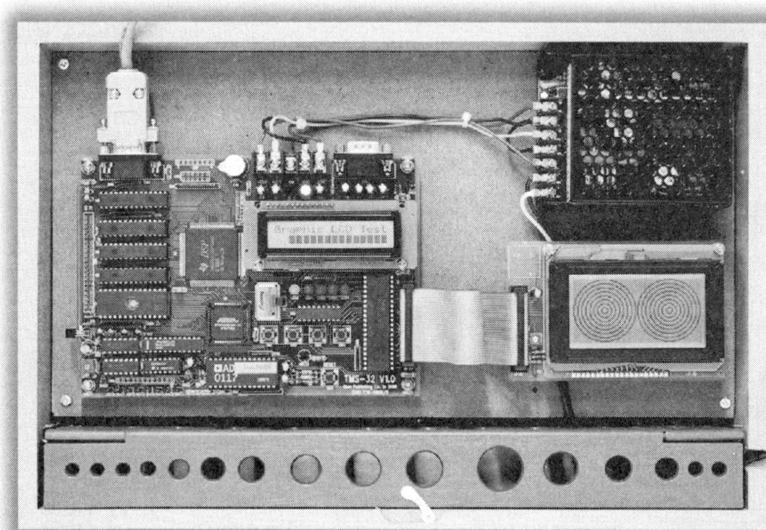

♣ 중간형 별도 판매
PCB+CPU+EPLD

저 자 : 윤덕용
ISBN : 89-7101-751-1
판 형 : B5
쪽 수 : 768
가 격 : 33,000원

TMS-32 KIT의 주요 사양

항 목	사 양	비 고
DSP	TMS320C32PCM50 (50MHz) 기본사양 TMS320C32PCM40 (40MHz)도 사용가능	50MHz 수정발진 모듈사용 40MHz 수정발진 모듈사용
ROM	27C512-15(64KB)	PCB 진단 및 각종 응용 프로그램
RAM	KM68257-15(32 KB)×4개= 32K 워드 (TMS320C32에 내장된 512 워드는 별도)	사용자의 프로그램 및 데이터용
프로그램의 입력 및 실행	1. IBM PC의 프린터 포트를 사용하는 방법 2. 키트에 내장된 ROM을 사용하는 방법 3. XDS510 에뮬레이터를 사용하는 방법	1. 에뮬레이터용 콘넥터 내장 2. 예제가 포함된 27C256 기본 제공 3. 프린터포트용의 케이블 기본 제공
A/D 컨버터	12비트 MAX122BCNG 1개 (5MHz, 2.6μs) 8채널 아날로그 스위치 (1) 4개 채널은 콘넥터로 아날로그 입력 (2) 내장 온도센서 LM35D 입력 (3) 내장 광센서 Cds 입력 (4) 내장 가변 저항에 의한 -5V~+5V 입력 (5) 1개 채널은 A/D 컨버터의 출력을 입력	1. 아날로그 입력 범위는 -5V~+5V 2. 아날로그 출력 범위는 -5V~+5V 3. D/A 컨버터의 출력을 A/D 컨버터에 다시 입력함으로써 외부에 별도의 함수발생기를 사용하지 않고 신호처리 실험이 가능
D/A 컨버터	12비트 AD664JN-BIP (4채널 전압 출력) (1) 4개 채널 모두 콘넥터로 외부출력 (2) 1개 채널은 A/D 컨버터에 입력 가능	4. 각종 응용 프로그램 기본 제공
기타 I/O	1. DSP가 직접 제어하는 I/O (1) +5V용 버저 (2) 1개의 동작 테스트용 LED (3) 직류 서보모터 제어를 위한 콘넥터 2. 8255A 1개 내장 (1) 16자×2행 LCD 모듈 (backlight 가능) (2) 4개의 상태표시용 LED (3) 4개의 키 입력 스위치 (4) 외부 병렬 입출력 콘넥터 3. 8251A 및 MAX232 내장 외부와 RS-232C 직렬통신 4. 시스템 I/O 확장용 콘넥터	각종 응용 프로그램 기본 제공
전원	+5V, ±15V (또는 ±12V)	±15V는 A/D, D/A 컨버터에서 사용
PCB	180×130mm 4층 에폭시 기판	

OK-162 Kit

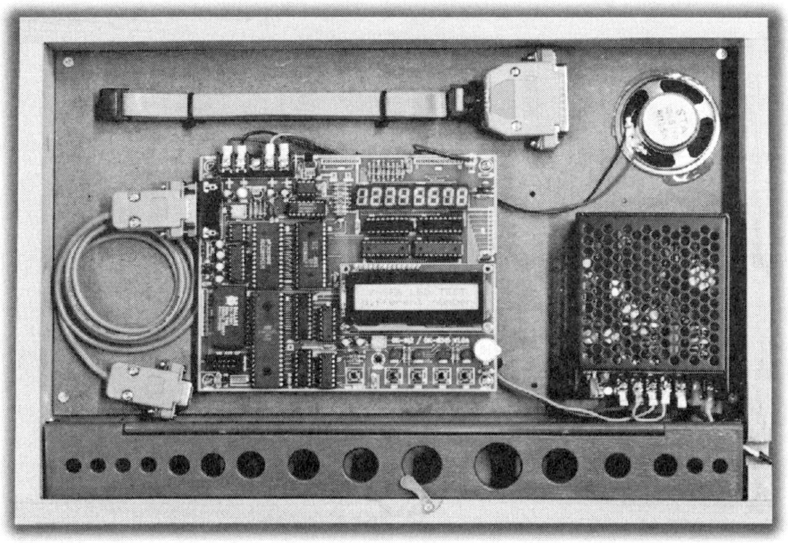

♣ PCB 별도 판매
(MPU 장착)

저 자 : 윤덕용
ISBN : 89-7101-759-7
판 형 : B5
쪽 수 : 726
가 격 : 32,000원

OK-162 KIT의 주요 사양

항 목	사 양	비 고
CPU	ATmega162-16PI(16MHz)	16MHz 수정발진자 사용
ROM	CPU에 내장된 16KB의 플래시 메모리	프로그램 저장
외부 RAM	62256-7(32 KB) (CPU에 내장된 1KB는 별도)	사용자 데이터 저장
프로그램의 입력/실행	1. AVR ISP와 병렬 포트를 사용하는 방법 2. 기타 ISP와 직렬 포트를 사용하는 방법 3. JTAG ICE 에뮬레이터를 사용하는 방법	1. AVR ISP 케이블 기본 제공 2. 응용 프로그램 기본 제공 (☞ JTAG 콘넥터는 사용자가 조립)
I/O	1. CPU 프로그램용 콘넥터 (1) AVR ISP용 10핀 DIP 콘넥터(CN2) (2) JTAG용 콘넥터는 사용자가 조립해야 함 2. CPU가 직접 제어하는 I/O (1) 포트 B 및 포트 D 확장 콘넥터(CN3) (2) 2개의 RS-232C 직렬포트(CN4, CN5) (3) 4개의 키입력 스위치(SW1~SW4) (4) 4개의 상태표시 LED(LED1~LED4) (5) +5V용 버저, 스피커 사운드 출력(CN6) (6) DAC0800 8비트 D/A 컨버터 (7) SPI 직렬통신에 의한 시리얼 EEPROM (8) 아날로그 비교기(J2, J3) 3. CPU 외부의 확장 I/O (1) 16자×2 문자 텍스트형 LCD 모듈 (2) 8개의 7세그먼트 LED (3) 8비트 병렬출력 인터페이스(CN7) (4) 스텝모터 구동 인터페이스(CN8) (5) DS12C887 베터리 백업형 리얼타임 클럭 (6) 8비트 8채널 A/D 컨버터 ADC0809 - 전압센서(VR1), 온도센서(LM35), 광센서(CdS) - 4채널 A/D 입력 콘넥터(CN9)	STK200/300의 AVR ISP 표준 RS-232C 통신 케이블 기본 제공 0V~+10V, -10V~+10V 중에서 선택 화면밝기 조절 및 백라이트 기능 포함 ULN2803 출력 A/D 입력 범위는 0V~+5V
전원	+5V, ±15V (또는 ±12V도 사용 가능)	±15V는 아날로그 회로에서만 사용
PCB 외형	160×130mm 양면 에폭시 기판	

☞ *OK-162* 키트는 *OK-8515* 키트와 PCB를 공통으로 사용한다.

Homepage : http://www.ohm.co.kr E-mail : ohm@ohm.co.kr

OK-8515 Kit

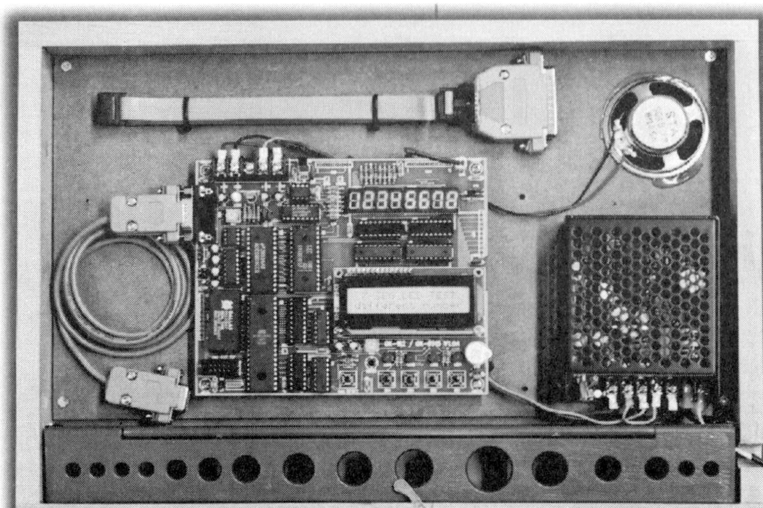

♣ PCB 별도 판매

저 자 : 윤덕용
ISBN : 89-7101-762-7
판 형 : B5
쪽 수 : 692
가 격 : 28,000원

OK-8515 KIT의 주요 사양

항 목	사 양	비 고
CPU	ATmega8515-16PI(16 MHz)	16 Mhz 수정발진자 사용
ROM	CPU에 내장된 8KB의 플래시 메모리	프로그램 저장
외부 RAM	62256-7(32 KB) (CPU에 내장된 512바이트는 별도)	사용자 데이터 저장
프로그램의 입력/실행	1. AVR ISP와 병렬 포트를 사용하는 방법 2. 기타 ISP와 직렬 포트를 사용하는 방법	1. AVR ISP 케이블 기본 제공 2. 응용 프로그램 기본 제공
I/O	1. CPU 프로그램용 콘넥터 AVR ISP용 10핀 DIP 콘넥터(CN2) 2. CPU가 직접 제어하는 I/O (1) 포트 B 및 포트 D 확장 콘넥터(CN3) (2) 1개의 RS-232C 직렬포트(CN4) (3) 4개의 키입력 스위치(SW1~SW4) (4) 4개의 상태표시 LED(LED1~LED4) (5) +5V용 버저, 스피커 사운드 출력(CN6) (6) DAC0800 8비트 D/A 컨버터 (7) SPI 직렬통신에 의한 시리얼 EEPROM (8) 아날로그 비교기(J2, J3) 3. CPU 외부의 확장 I/O (1) 16X2 문자 텍스트형 LCD 모듈 (2) 8개의 7세그먼트 LED (3) 8비트 병렬출력 인터페이스(CN7) (4) 스텝모터 구동 인터페이스(CN8) (5) DS12C887 배터리 백업형 리얼타임 클럭 (6) 8비트 8채널 A/D 컨버터 ADC0809 -전압센서(VR1), 온도센서(LM35), 광 센서(CdS) -4채널 A/D 입력 콘넥터(CN9)	STK200/300의 AVR ISP 표준 RS-232C 통신 케이블 기본 제공 0V~+10V, -10V~+10V 중에서 선택 화면밝기 조절 및 백라이트 기능 포함 ULN2803 출력 A/D 입력 범위는 0V~+5V
전원	+5V, ±15V (또는 ±12V도 사용 가능)	±15V는 아날로그 회로에서만 사용
PCB 외형	160×130mm 양면 에폭시 기판	

☞ *OK-8515* 키트는 *OK-162* 키트와 PCB를 공통으로 사용한다.

구입문의 : 학습기기 R&C사 / 도서출판 Ohm사 ✆ 02) 776-4868-9

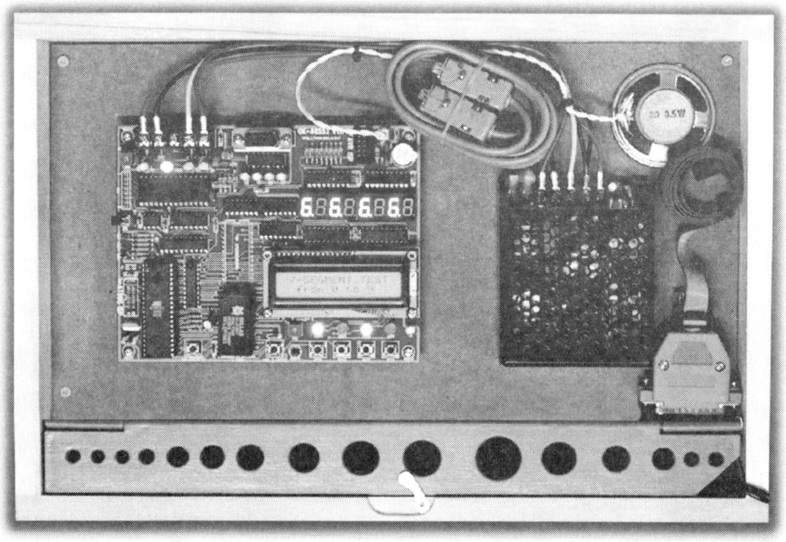

♣ PCB 및 AT89S ISP 케이블 별도 판매

저 자 : 윤덕용
ISBN : 89-7101-769-4
판 형 : B5
쪽 수 : 830
가 격 : 30,000원

OK-89S52 KIT의 주요 사양

항 목	사 양	비 고
CPU	AT89S52-24PC 또는 AT89S52-24PI (AT89S51이나 AT89S8253도 사용 가능)	24MHz 수정발진자 사용
ROM	1. CPU에 내장된 8KB의 플래시 메모리 2. 외부 확장 27C256 또는 29C256(32KB)	사용자 프로그램용
RAM	CPU에 내장된 256 바이트	스택 및 데이터 저장용
프로그램의 입력/실행	1. 병렬포트형 AT89ISP를 사용(Atmel 표준) 2. 병렬포트형 AVR ISP를 사용 3. 직렬포트형 AVR ISP를 사용 4. USB포트형 AVR ISP를 사용	1. AT89S ISP 케이블(Atmel 호환) 2. AVR-ISP Parallel 케이블(기본 제공) 3. AVR-ISP Studio/STK500 케이블 4. USB-ISP 케이블
I/O	1. CPU가 직접 제어하는 I/O (1) RS-232C 직렬통신 포트(CN4) (2) +5V용 버저 (3) 스피커 사운드 출력(CN5) (4) 4개의 키입력 (5) 스위치에 의한 사용자 인터럽트(SW2) (6) AT89S ISP 케이블 접속용 콘넥터(CN2) (7) AVR ISP 케이블 접속용 콘넥터(CN3) 2. 외부 확장 I/O (1) 16×2행 텍스트형 LCD 모듈 (2) 8글자의 7세그먼트 LED (3) 4개의 상태표시 LED (4) ADC0809 8채널 8비트 A/D 컨버터 - 전압센서, 온도센서, 조도센서 각 1개 - 4채널 아날로그 입력 콘넥터(CN6) (5) DAC0800 8비트 D/A 컨버터 (6) DS12C887 배터리 백업형 리얼타임 클럭	backlight 기능 사용 가능 A/D 입력 범위는 0V~+5V D/A 출력 범위는 0V~+10V, -10V~+10V 중에서 선택 사용
전원	+5V, ±15V (또는 ±12V도 사용 가능)	±15V는 아날로그 회로에서만 사용
PCB 외형	160×130mm 양면 에폭시 기판	

KUT-8515 Kit

AVR ATmega8515

♣ 제작용 PCB 포함

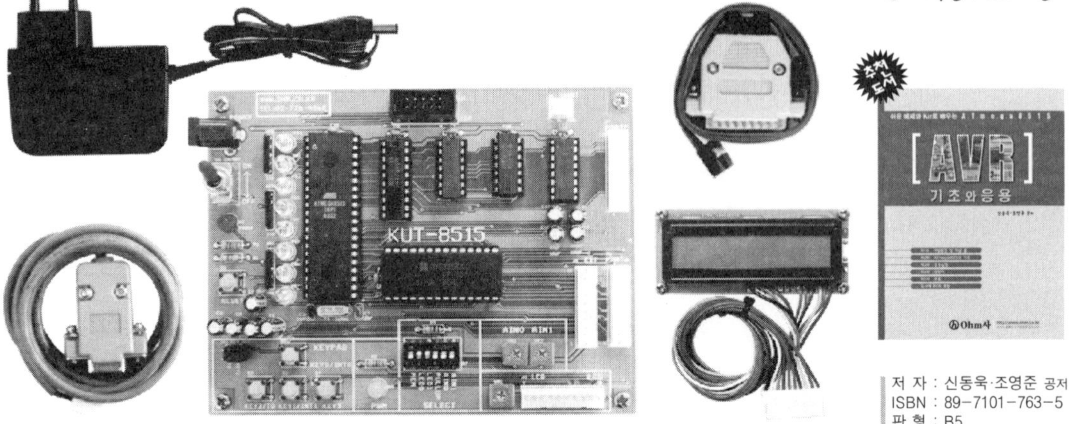

저 자 : 신동욱·조영준 공저
ISBN : 89-7101-763-5
판 형 : B5
쪽 수 : 350
가 격 : 32,000원

KUT-8515 KIT의 주요 사양

항 목	사 양	비 고
CPU	ATmega8515	16MHz 클럭 사용
메모리	RAM : 32K 바이트	선택적 사용
내장 주변장치	B 포트 : LED×8	선택적 사용
	D 포트 : 스위치×4	인터럽트와 연동 사용
	PWM 출력	LED로 확인
	아날로그 입력 비교	가변저항 이용
	2채널	스위치 입력, 외부 커넥터
전원	+5V	아답터 잭
외부 인터페이스	A 포트 커넥터	5V, PA0~PA7, GND(10핀)
	C 포트 커넥터	5V, PC0~PC7, GND(10핀)
	제어신호 커넥터	INT1 등 제어 신호 (10핀)
	RS-232C 커넥터	MAX232 내장(3핀)
	LCD 커넥터	4비트 데이터 버스 방식 (16문자×2라인 LCD 사용)
	ISP 커넥터	ISP 케이블 제작 필요 (또는 Ohm사 별매용 이용 가능)
PCB 외형	132×102mm 2층 에폭시 기판	

KUT-8515 완성 키트는 Atmel사의 AVR 8비트 RISC 프로세서인 ATmega8515의 기본적인 기능을 익히고 실험하는데 필요한 **최소한의 하드웨어로 구성된 쉽고 간단하며, 저렴한 트레이닝 키트**이다.
기존의 트레이닝 키트와는 달리 많은 주변기기를 내장하고 있지 않기 때문에 크기가 작아서 PC 옆에 놓고 사용하기에도 편리하다. 그리고 어느정도의 기본 학습이 끝나면, 단순한 교육용 키트가 아니라 독자 여러분이 제작하는 응용 시스템의 메인 CPU 보드로도 손쉽게 이용할 수가 있다. 책에서 소개된 ISP 케이블과 *CodeVisionAVR C* 컴파일러를 이용하여 사용자가 작성한 프로그램을 PC로부터 다운로드 하여 즉시 실험해 볼 수 있기 때문에 롬라이터와 같은 별도의 장비가 필요하지 않다.

구입문의 : 학습기기 R&C사 / 도서출판 Ohm사 ✆ 02) 776-4868-9

▲
KUT-128 인터페이스 보드 + MCU 보드 장착

MCU 보드 ▶

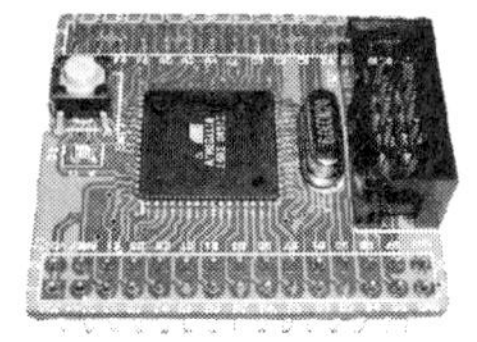

♣ 상품 구성
Interface 보드+CPU 보드(Full Set) 판매
Interface 보드 별도 판매
MCU 보드 별도 판매

저 자 : 신동욱/오창헌 공저
ISBN : 89-7101-768-6
판 형 : B5
쪽 수 : 380
가 격 : 20,000원

KUT-128 KIT의 주요 사양

항 목	사 양	비 고
MCU	ATmega128	16MHz 클럭 사용
내장 주변장치	· 포트 B, F : 7-Segment × 4 · 포트 C : LED × 8 · 포트 E : 스위치 × 4 · PWM 출력 · 아날로그 입력 비교 · A/D변환 2 입력	· 동적 구동 · 선택적 사용 · 인터럽트와 연동 사용 · LED로 확인 · 가변 저항 이용 · 가변저항 이용
전원	+5V	아답터 잭
외부 인터페이스	· 포트 A 커넥터 · 포트 C 커넥터 · 포트 G 커넥터 · RS-232 커넥터 · LCD 커넥터 · ISP 커넥터	· 5V, PA0-PA7, GND(10핀) · 5V, PC0-PC7, GND(10핀) · 메모리, I/O 확장 제어신호(10핀) · MAX232 내장(3핀) · 4비트 데이터 버스 방식 (16문자 × 2라인 LCD 사용) · ISP 케이블 제작 필요 (또는 Ohm사 별매품 이용 가능)
PCB 외형	KUT-128 MCU 보드 : 38mm × 40mm KUT-128 인터페이스 보드 : 142mm × 104mm	2층 에폭시 기판 2층 에폭시 기판

KUT-128 완성 보드는 Atmel사의 AVR 8비트 RISC 프로세서인 ATmega128 MCU 보드와 인터페이스 보드로 구성되며, ATmega128의 기본적인 기능을 익히고 실험하는데 필요한 최소한의 하드웨어로 구성된 **쉽고 간단하며, 저렴한 트레이닝 키트**이다. 기존의 트레이닝 키트와는 달리 많은 주변기기를 내장하고 있지 않기 때문에 크기가 작아서 PC 옆에 놓고 사용하기에도 편리하다. 그리고 어느 정도의 기본 학습이 끝나면, 단순한 교육용 키트가 아니라 독자 여러분이 제작하는 졸업작품 또는 응용 시스템의 메인 CPU 보드로도 손쉽게 이용할 수가 있다. 책에서 소개된 ISP 케이블과 *CodeVisionAVR C* 컴파일러를 이용하여 사용자가 작성한 프로그램을 PC로부터 다운로드 하여 즉시 실험해 볼 수 있기 때문에 롬라이터와 같은 별도의 장비가 필요하지 않다.

GLCD128X64

♣ PCB 포함

추천 도서

저 자 : 윤덕용
ISBN : 89-7101-760-0
판 형 : B5
쪽 수 : 798
가 격 : 43,000원

그래픽 LCD 확장보드의 주요 사양

항 목	사 양	비 고
해상도	128×64 도트, 단색	
사용 가능 LCD 모듈	(1) 삼성 SDI UG-13B04-SEAT5-2 (2) 현대 LCD HG12605NY-LY (3) 기타 이와 호환되는 그래픽형 LCD 모듈	EL 백라이트형 LED 백라이트형
접속 가능 키트	(1) *OK-8051* 키트 (2) *OK-196* 키트 (3) *TMS-31* 키트 (4) *TMS-32* 키트	
인터페이스 방법	(1) 82C55A를 사용하여 구동 (2) HIF3F-30PA-2.54DSA 콘넥터를 사용	
전원	키트에서 공급되는 +5V (LCD 모듈 내부에서 -10V를 만들어 사용)	30핀(전원 포함) EL 백라이트형은
PCB 외형	114×75 mm 양면 예폭시 기판	인버터 사용

그래픽형 LCD 모듈 확장보드 *GLCD128X64*는 *OK-8051* **키트**, *OK-196* **키트**, 그리고 *TMS-31/32* **키트**에 128×64 해상도의 그래픽형 LCD 모듈을 확장하여 사용할 수 있는 제품이다.
이들 키트에는 모두 16자×2행의 텍스트형 LCD 모듈이 내장되어 있으므로 이를 사용하는데는 문제가 없으나, 이들 키트들이 그래픽형 LCD 모듈은 가지고 있지 않으므로 이를 사용하려면 외부에 추가로 확장하여야 한다.

구입문의 : 학습기기 R&C사 / 도서출판 Ohm사 ✆ 02) 776-4868-9

MSTK2440 Training Kit

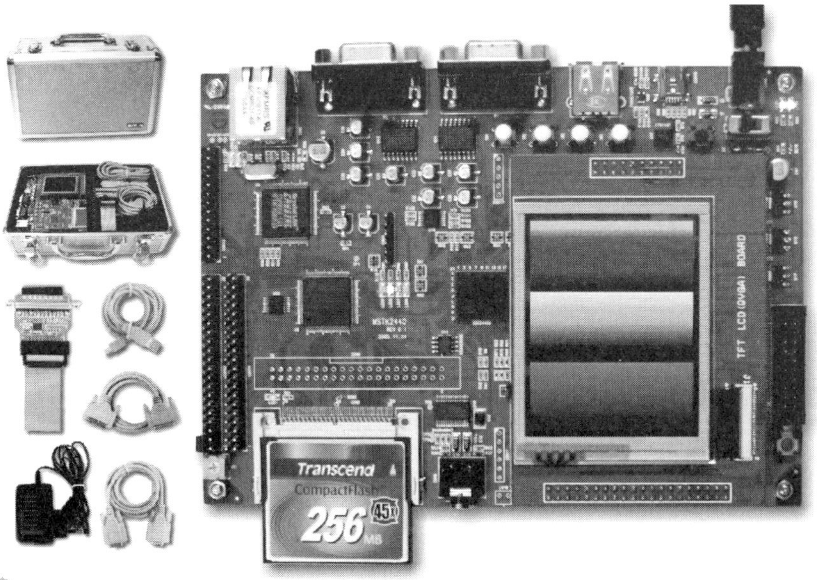

♣ 완성품 판매
RAM 별도 판매

저 자 : 홍건표/하동호 공저
ISBN : 89-7101-770-8
판 형 : B5
쪽 수 : 728
가 격 : 35,000원

MSTK2440 Training Kit의 주요 사양

항 목	사 양	
CPU	Samsung S3C2440A-40 (ARM920T with MMU) - CPU Operation Frequency : Up to 400MHz	
Boot ROM	AM29LV800 Nor Flash (1MByte) K9F1208 Nand Flash (64MByte)	
SDRAM	K4S561632E 4EA (128MByte)	
LCD	2.8" LTP280QV-E01 (240×320 Size TFT LCD, Touch Screen)	
Peripheral	IDE & CF Interface	XC95144XL-TQ100 (각각 1 Port)
	Ethernet	CS8900A (10 Based-T 1 Port)
	SD/MMC	1 Slot
	Audio	UDA1341TS (Audio Jack)
	Serial	RS-232 2 Port
	USB	Host & Device
	Speaker	0.25W/20mm
	JTAG	20 Pin Box Header
	Infrared Receiver	KSM603LM
	Key Pad	4EA & 1 External Interrupt SW
	Connector	Data, Address, Camera, IrDA External Interrupt, GPIO
Internal Function	IIC	AT24C16 EEPROM
	Timer, Watch-Dog, RTC, ADC(10bit 8:1 Mux CH & Pen Drag)	
OS Support	uC/OS-II	
OPerating Temperature	0 ~ 70℃	

MSTK2440은 삼성전자 S3C2440A(ARM920T 코어) 기반의 트레이닝 키트입니다. S3C2440A는 최대 400MHz까지의 빠른 속도와 다양한 Peripheral을 가지고 있는 강력한 프로세서이며 RTOS(Real Time O/S) 포팅 및 Pen Drag, CF & HDD 인터페이스가 가능합니다.

Homepage : http://www.ohm.co.kr E-mail : ohm@ohm.co.kr

OK-128 V3.0 Kit

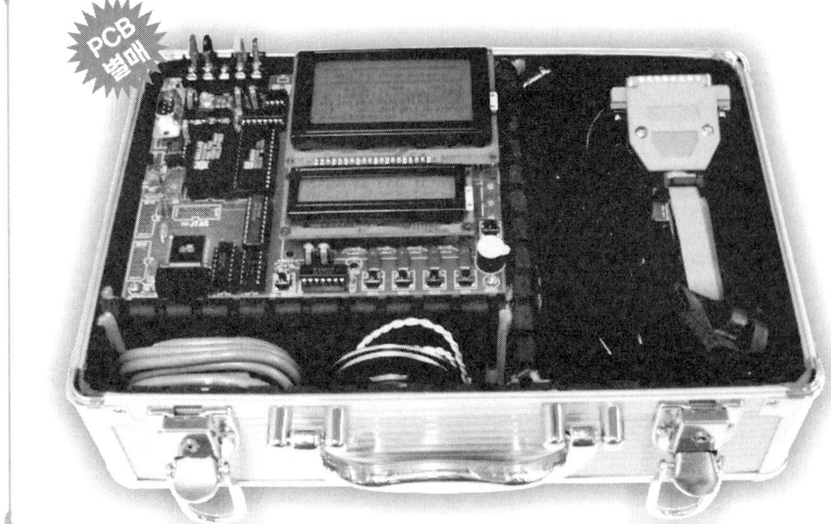

♣ PCB 별도 판매
(CPU 포함)

저 자 : 윤덕용
ISBN : 89-7101-771-6
판 형 : B5
쪽 수 : 1044
가 격 : 42,000원

OK-128 V3.0 KIT의 주요 사양

항 목	사 양	비 고
CPU	ATmega128-16AI/AU(16MHz)	16MHz 수정발진자 사용
ROM	CPU에 내장된 128KB의 플래시 메모리	프로그램 저장
외부 RAM	62256-7(32KB) (CPU에 내장된 4KB는 별도)	사용자 데이터 저장
프로그램의 입력/실행	1. AVR ISP 다운로드 케이블을 사용하는 방법 2. JTAG ICE 에뮬레이터를 사용하는 방법	1. 병렬포트형 AVR ISP 케이블 제공 (직렬포트형과 USB 포트형은 옵션) 2. 테스트 프로그램 기본 제공
I/O	1. CPU 프로그램용 콘넥터 (1) AVR ISP용 10핀 DIP 콘넥터(CN2) (2) JTAG ICE용 10핀 DIP 콘넥터(CN3) 2. CPU가 직접 제어하는 I/O (1) 4개의 키입력 스위치(KEY1~KEY4) (2) 4개의 상태표시 LED(LED1~LED4) (3) 외부 인터럽트 스위치(SW2) (4) +5V용 버저, 스피커 사운드 출력(CN6) (5) LM35D에 의한 온도센서(ADC1, ADC2) (6) 가변저항에 의한 전압센서(ADC3) (7) DAC0800 8비트 D/A 컨버터 (8) AT93C56 및 AT24C16 직렬 EEPROM (9) 2개의 RS-232C 직렬포트(CN4, CN5) (10) 병렬 I/O 포트 확장 콘넥터(CN8) (11) 도트 매트릭스 LED 접속 콘넥터(CN9) 3. 16×2 문자 텍스트형 LCD 모듈 4. 128×64 도트 그래픽형 LCD 모듈 5. 8개의 7세그먼트 LED 6. DS12C887 배터리 백업형 리얼타임 클록 7. 스텝모터 구동 인터페이스 콘넥터(CN7)	STK200/300의 AVR ISP 표준 Atmel사의 JTAG ICE 표준 A/D 입력 범위는 0V~+5V 0V~+10V, -10V~+10V 중에서 선택 RS-232C 통신 케이블 기본 제공 화면밝기 조절 및 백라이트 기능 포함 화면밝기 조절 및 백라이트 기능 포함 ULN2803 출력
전원	+5V, ±15V (또는 ±12V도 사용 가능)	±15V는 아날로그 회로에서만 사용
PCB 외형	160×130mm 양면 에폭시 기판	

☞ 이것은 *OK-128* 키트와 *OK-64* 키트 겸용이므로 ATmega64-16AI/AU를 조립하면 *OK-64* 키트가 된다.

구입문의 : 학습기기 R&C사 / 도서출판 Ohm사 ✆ *02) 776-4868-9*

OK-1281/2561 Kit

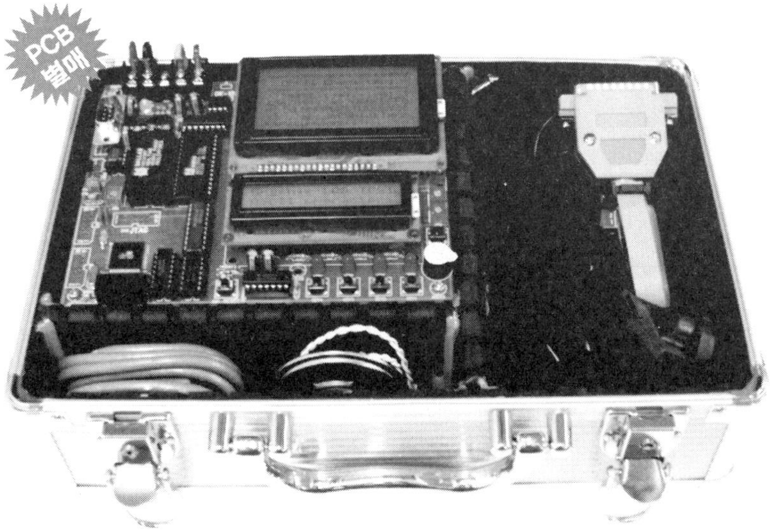

♣ 완성품 판매
SD, CF 카드 별매

저 자 : 윤덕용
ISBN : 89-7101-772-4
판 형 : B5
쪽 수 : 1092
가 격 : 43,000원

OK-1281/2561 KIT의 주요 사양

항 목	사 양	비 고
CPU	ATmega1281-16AU(16MHz) 또는 ATmega2561-16AU(16MHz)	16MHz 수정발진자 사용
ROM	CPU에 내장된 128/256KB의 플래시 메모리	프로그램 저장
외부 RAM	62256-7(32KB) (CPU에 내장된 8KB는 별도)	스택 및 사용자 데이터 저장
프로그램의 입력/실행	1. AVR ISP 다운로드 케이블을 사용하는 방법 2. JTAG ICE 에뮬레이터를 사용하는 방법	1. 병렬포트형 AVR ISP 케이블 제공 (직렬포트형과 USB 포트형은 옵션) 2. 테스트 프로그램 및 예제 기본 제공
I/O	1. CPU 프로그램용 콘넥터 (1) AVR ISP용 10핀 DIP 콘넥터(CN2) (2) JTAG ICE용 10핀 DIP 콘넥터(CN3) 2. CPU가 직접 제어하는 I/O (1) 4개의 키입력 스위치(KEY1~KEY4) (2) 4개의 상태표시 LED(LED1~LED4) (3) 외부 인터럽트 스위치(SW2) (4) +5V용 버저, 스피커 사운드 출력(CN6) (5) LM35D에 의한 온도센서(ADC1, ADC2) (6) 가변저항에 의한 전압센서(ADC3) (7) DAC0800 8비트 D/A 컨버터 (8) AT93C56 및 AT24C16 직렬 EEPROM (9) 2개의 RS-232C 직렬포트(CN4, CN5) (10) 병렬 I/O 포트 확장 콘넥터(CN8) (11) 도트 매트릭스 LED 접속 콘넥터(CN9) 3. 16×2 문자 텍스트형 LCD 모듈 4. 128×64 도트 그래픽형 LCD 모듈 5. 8개의 7세그먼트 LED 6. DS12C887 배터리 백업형 리얼타임 클록 7. 스텝모터 구동 인터페이스 콘넥터(CN7)	 STK200/300의 AVR ISP 표준 Atmel사의 JTAG ICE 표준 A/D 입력 범위는 0V~+5V 0V~+10V, -10V~+10V 중에서 선택 RS-232C 통신 케이블 기본 제공 화면밝기 조절 및 백라이트 기능 포함 화면밝기 조절 및 백라이트 기능 포함 ULN2803 출력
전원	+5V, ±15V (또는 ±12V도 사용 가능)	±15V는 아날로그 회로에서만 사용
PCB 외형	160×130mm 양면 에폭시 기판	

☞ 이것은 *OK-1281* 키트와 *OK-2561* 키트 겸용이므로 자신이 원하는 MCU 소자를 조립하면 된다.

OK-1280/2560 Kit

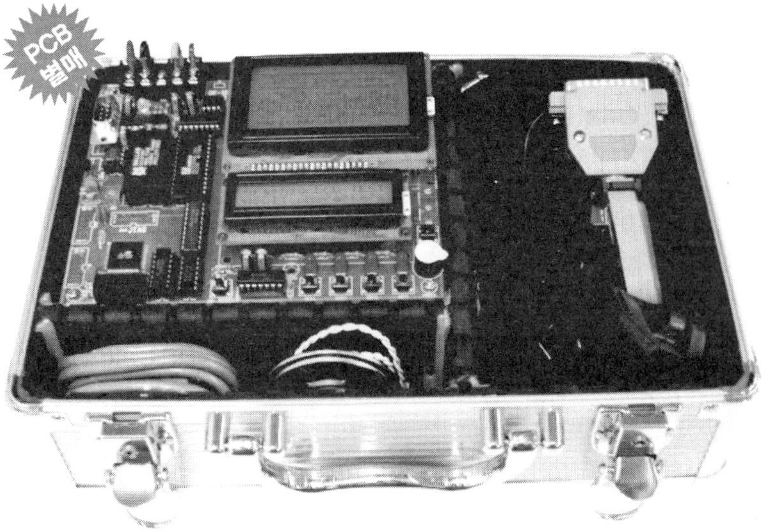

♣ PCB 별도 판매
(CPU 포함)

저 자 : 윤덕용
ISBN : 89-7101-773-2
판 형 : B5
쪽 수 : 1092
가 격 : 43,000원

OK-1280/2560 KIT의 주요 사양

항 목	사 양	비 고
CPU	ATmega1280-16AU(16MHz) 또는 ATmega2560-16AU(16MHz)	16MHz 수정발진자 사용
ROM	CPU에 내장된 128/256KB의 플래시 메모리	프로그램 저장
RAM	CPU에 내장된 8KB의 플래시 메모리	스택 및 사용자 데이터 저장
프로그램의 입력/실행	1. AVR ISP 다운로드 케이블을 사용하는 방법 2. JTAG ICE 에뮬레이터를 사용하는 방법	1. 병렬포트형 AVR ISP 케이블 제공 (직렬포트형과 USB 포트형은 옵션) 2. 테스트 프로그램 및 예제 기본 제공
I/O	1. CPU 프로그램용 콘넥터 (1) AVR ISP용 10핀 DIP 콘넥터(CN2) (2) JTAG ICE용 10핀 DIP 콘넥터(CN3) 2. CPU가 직접 제어하는 I/O (1) 4개의 키입력 스위치(KEY1~KEY4) (2) 4개의 상태표시 LED(LED1~LED4) (3) 외부 인터럽트 스위치(SW2) (4) +5V용 버저, 스피커 사운드 출력(CN6) (5) LM35D에 의한 온도센서(ADC1, ADC2) (6) 가변저항에 의한 전압센서(ADC3) (7) DAC0800 8비트 D/A 컨버터 (8) AT93C56 및 AT24C16 직렬 EEPROM (9) 2개의 RS-232C 직렬포트(CN4, CN5) (10) 병렬 I/O 포트 확장 콘넥터(CN8~CN10) (11) 16×2 문자 텍스트형 LCD 모듈 (12) 128×64 도트 그래픽형 LCD 모듈 (13) 8개의 7세그먼트 LED (14) 스텝모터 구동 인터페이스 콘넥터(CN7) 3. DS12C887 배터리 백업형 리얼타임 클록	 STK200/300의 AVR ISP 표준 Atmel사의 JTAG ICE 표준 A/D 입력 범위는 0V~+5V 0V~+10V, -10V~+10V 중에서 선택 RS-232C 통신 케이블 기본 제공 화면밝기 조절 및 백라이트 기능 포함 화면밝기 조절 및 백라이트 기능 포함 ULN2803 출력
전원	+5V, ±15V (또는 ±12V도 사용 가능)	±15V는 아날로그 회로에서만 사용
PCB 외형	160×130mm 양면 에폭시 기판	

☞ 이것은 *OK-1280* 키트와 *OK-2560* 키트 겸용이므로 자신이 원하는 MCU 소자를 조립하면 된다.

구입문의 : 학습기기 R&C사 / 도서출판 Ohm사 ✆ 02) 776-4868-9

도서 및 키트는 OHM사 홈페이지 SHOP에서 구입 가능!

AVR ISP Studio / STK500 · AVR ISP Studio / AvrProg [직렬포트형]

RS-232C 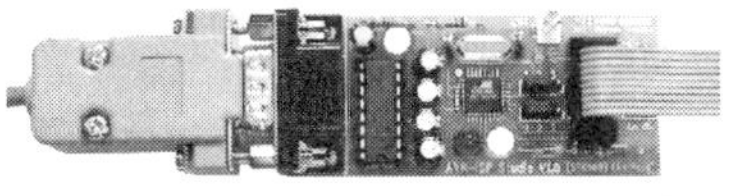 ISP

AVR ISP Studio 다운로드 케이블은 퍼스널컴퓨터 측에서 어떤 통신프로그램을 사용하는지에 따라 **AVR ISP Studio/STK500** 모델과 **AVR ISP Studio/AvrProg** 모델로 나누어진다. 이것들은 동일한 하드웨어를 사용하지만 ATmega8에 장착되는 펌웨어가 서로 다르다.

(1) AVR 모델의 모든 ATmega 패밀리에 적용
(2) 별도의 장비 없이 이 케이블만으로 사용자 프로그램을 다운로드
(3) AVR Studio 프로그램과 함께 사용
(4) 초고속 다운로드
(5) 10핀 80센티 플랫 케이블 포함

AVR ISP 케이블 [USB형]

노트북 사용자에게 꼭 필요한

USB  ISP

(1) AVR 모델의 모든 ATmega 패밀리에 적용
(2) 별도의 장비 없이 이 케이블만으로 사용자 프로그램을 다운로드
(3) AVR Studio 프로그램과 함께 사용
(4) 초고속 다운로드
(5) 10핀 80센티 플랫 케이블 포함

AVR ISP 케이블 [직렬포트형]

RS-232C  ISP

(1) AVR 모델의 모든 ATmega 패밀리에 적용
(2) 별도의 장비 없이 이 케이블만으로 사용자 프로그램을 다운로드
(3) PonyProg2000 프로그램과 함께 사용
(4) 병렬포트형 AVR ISP와 비슷한 다운로드 속도
(5) 10핀 80센티 플랫 케이블 포함

USB TO RS-232C 컨버터 동글

노트북 사용자에게 꼭 필요한

USB 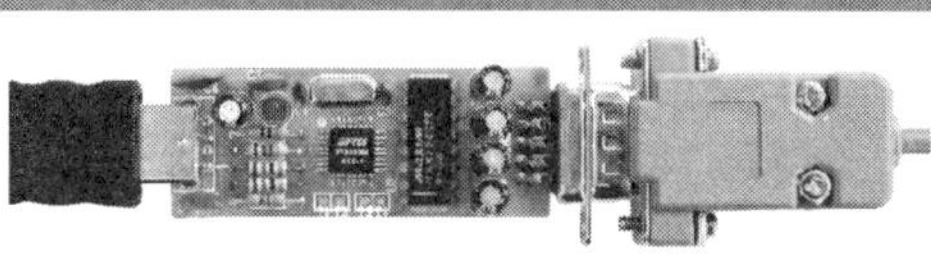 RS-232C

(1) USB 신호를 RS-232C 신호로 변환
(2) USB 포트를 가상적인 COM3 포트로 사용
(3) 하이퍼터미널등과 같은 직렬통신 프로그램 사용
(4) 9600, 19200, 115200 등 하이퍼터미널에서 설정할 수 있는 모든 통신 포맷 사용 가능
(5) 본사의 모든 키트에서 직렬통신 또는 모니터 프로그램용으로 사용 가능

MOTOR CONTROL BOARD

이 보드는 OK-128/162/8515 키트 또는 JJ-128 키트에 접속하여 스텝모터 및 직류서보모터를 동시에 구동 또는 제어할 수 있는 I/O 확장 보드.

스텝모터 또는 직류서보모터를 동시에 구동하지 않고 하나씩만 구동한다면 8051 등의 임의 마이크로콘트롤러 키트에 적용할 수 있다.

케이블 외

도서 및 키트는 OHM사 홈페이지 SHOP에서 구입 가능!

AVR ISP 케이블 [USB형]

노트북 사용자에게 꼭 필요한

USB 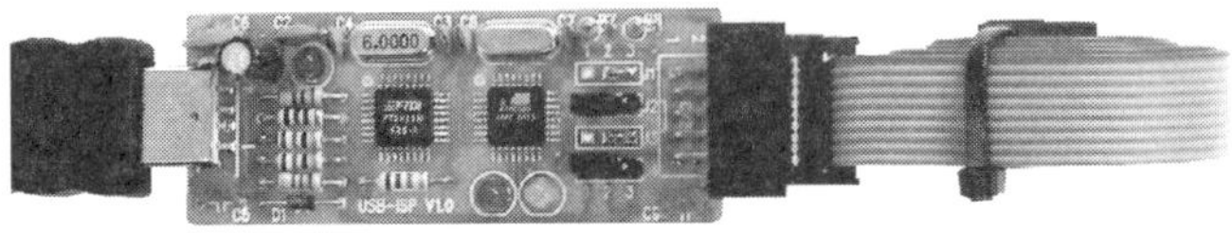 ISP

(1) AVR 모델의 모든 ATmega 패밀리에 적용
(2) 별도의 장비 없이 이 케이블만으로 사용자 프로그램을 다운로드
(3) AVR Studio 프로그램과 함께 사용
(4) 초고속 다운로드
(5) 10핀 80센티 플랫 케이블 포함

AVR ISP 케이블 [직렬포트형]

RS-232C  ISP

(1) AVR 모델의 모든 ATmega 패밀리에 적용
(2) 별도의 장비 없이 이 케이블만으로 사용자 프로그램을 다운로드
(3) PonyProg2000 프로그램과 함께 사용
(4) 병렬포트형 AVR ISP와 비슷한 다운로드 속도
(5) 10핀 80센티 플랫 케이블 포함

USB TO RS-232C 컨버터 동글

노트북 사용자에게 꼭 필요한

USB 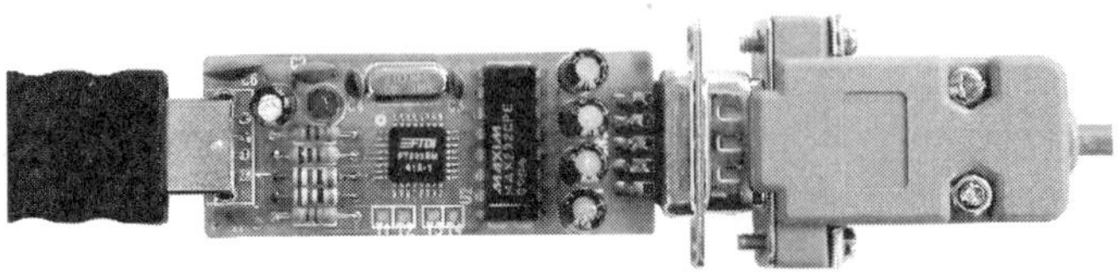 RS-232C

(1) USB 신호를 RS-232C 신호로 변환
(2) USB 포트를 가상적인 COM3 포트로 사용
(3) 하이퍼터미널등과 같은 직렬통신 프로그램 사용
(4) 9600, 19200, 115200등 하이퍼터미널에서 설정할 수 있는 모든 통신 포맷 사용 가능
(5) 본사의 모든 키트에서 직렬통신 또는 모니터 프로그램용으로 사용 가능

MOTOR CONTROL BOARD

이 보드는 OK-128/162/8515 키트 또는 JJ-128 키트에 접속하여 스텝모터 및 직류서보모터를 동시에 구동 또는 제어할 수 있는 I/O 확장 보드.

스텝모터 또는 직류서보모터를 동시에 구동하지 않고 하나씩만 구동한다면 8051 등의 임의 마이크로콘트롤러 키트에 적용할 수 있다.

구입문의 : 학습기기 R&C사 / 도서출판 Ohm사 ☏ 02) 776-4868-9

OK-128TFT 키트

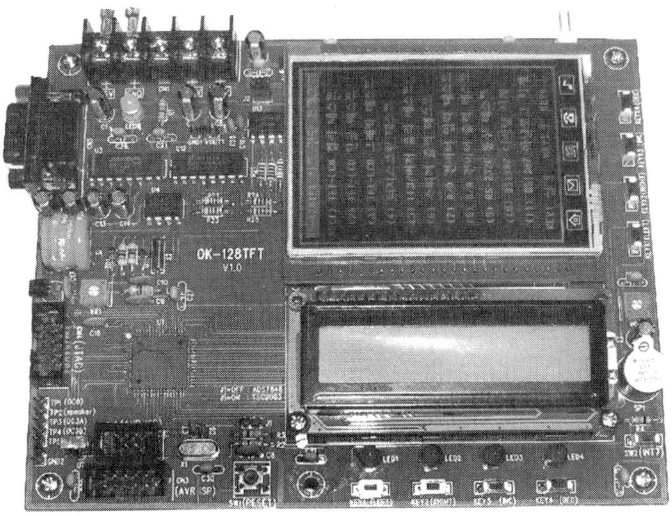

♣ 상품 구성 : 완성품 (Full Set) 판매
PCB 별도 판매

- 저 자 : 윤 덕 용
- 발행처 : OHM사
- 쪽 수 : 1100
- ISBN : 978-89-7101-785-6
- 정 가 : 50,000원

OK-128TFT 키트 V1.0의 주요 사양

항 목	사 양	비 고
1. MCU	ATmega128A-AU(16 MHz)	16MHz 수정 발진자 사용
2. ROM	MCU에 내장된 128KB의 플래시 메모리	프로그램 저장
3. RAM	MCU에 내장된 4KB	스택 및 사용자 데이터 저장용
4. 프로그램 입력/실행	1. AVR ISP 다운로드 케이블을 사용하는 방법 2. JTAG ICE 에뮬레이터를 사용하는 방법	병렬포트형 AVR ISP 케이블 제공 (USB 포트형은 옵션 사양) 테스트 프로그램 기본 제공
5. I/O	1. MCU 프로그램용 컨넥터 ① AVR ISP 6핀 DIP 컨넥터(CN2) ② AVR ISP용 10핀 DIP 컨넥터(CN3) ③ JTAG ICE용 10핀 DIP 컨넥터(CN4) 2. MCU가 직접 제어하는 I/O ① 16×2 문자 텍스트 LCD 모듈 ② 3.2인치 240×320 픽셀 TFT-LCD 모듈 ③ 4개의 키입력 스위치(KEY1~KEY4) ④ 4개의 상태표시 LED(LED1~LED4) ⑤ +5V용 버저, 스피커 사운드 출력(CN6) ⑥ RS-232C 직렬포트(CN5) ⑦ LM35D에 의한 온도센서(ADC1, ADC2) ⑧ 가변저항에 의한 전압센서(ADC3) ⑨ DAC0800 8비트 D/A 컨버터 출력 ⑩ DS1307 배터리 백업형 리얼타임 클록 ⑪ AT93C56 및 AT24C16 직렬 EEPROM ⑫ 외부 인터럽트 스위치(SW2)	 Atmel사의 AVR ISP 표준 Atmel사의 AVR ISP 표준 Atmel사의 JTAG ICE 표준 화면밝기 조절 및 백라이트 기능 포함 터치 스크린 및 SD 카드 컨넥터 포함 KEYX1~KEYX4도 각각 동일한 기능 RS-232C 통신 케이블 기본 제공 J2로 0V~+10V, -10V~+10V 범위 선택
6. 전원	+5V, ±15V(또는 ±12V도 사용 가능)	±15V는 아날로그 회로에서만 사용
7. PCB 외형	160×130mm 양면 에폭시 기판	

☞ 키트 내부에서 +5V 전원으로부터 +3.3V를 만들어 TFT-LCD 모듈에서 사용함.

구입문의 : 학습기기 R&C사 / 도서출판 Ohm사 ✆ 02) 776-4868-9 http://www.ohm.co.kr

♠ 기판 사용시 주의 사항

기판은 손으로 만질 경우 염분(땀)에 의해 납땜될 부위가 부식되어 납땜이 잘 되지 않으므로 맨 손으로 만지지 말고 납땜 직전에 개봉하여 사용할 것.

♠ 공구 및 부품 통신판매 안내

이 책의 작품 제작에 필요한 부품은 통신판매 하며, 아래의 방법으로 주문이 가능합니다.

1. 가격확인

   부품의 시장 가격이 변동될 수 있으므로 전화로 문의 또는 Ohm사 홈페이지 참조.

http://www.ohm.co.kr

2. 주문방법

   전화 주문 또는 홈페이지를 통해 주문이 가능하며, 무통장 입금 및 카드결재 확인 후 발송해 드립니다.

3. 계좌안내

   국민은행 822-21-0309-833 곽 민 수

   농 협 033-02-138611 곽 민 수

http://www.ohm.co.kr
E-mail : ohm@ohm.co.kr

소스는 홈페이지 자료실에 있습니다.

전자응용과 기계장치제어
졸업작품 만들기(Ⅱ)
-제작용 PCB 포함-

초판발행 2006년 4월 25일
초판 2쇄 2010년 1월 5일

저 자 안 희 백
발 행 인 곽 종 학
발 행 처 도서출판 Ohm사

주 소 140-150 서울 용산구 갈월동 17번지. 세기B/D
전 화 02-776-4868~9
팩 스 02-779-6757
등록번호 1975년 9월 12일 제3-3호

ISBN 89-7101-128-9 정가 28,000원